Bis zum bitteren Ende...

Die Toten Hosen erzählen IHRE Geschichte

Bis zum bitteren Ende...

Die Toten Hosen erzählen IHRE Geschichte

Geordnet von Bertram Job

Kiepenheuer & Witsch

Erste Auflage 1996

Redaktion: Andreas Graf, Köln
Umschlaggestaltung: Johann Zambryski und die Hosen-Cover-AG
Gesetzt aus der Berthold Garamont Amsterdam
bei Kalle Giese Grafik, Overath
Druck und Bindearbeiten Clausen & Bosse, Leck
ISBN 3-462-02532-5

»There's no stoppin' the cretins from hoppin«

The Ramones

Inhalt

Auf der Suche nach der Schnapsinsel

Drei Chinesen mit dem Kontrabaß
Saßen auf der Straße und erzählten sich was
Da kam die Polizei...

Hundert schwer bewaffnete Polizisten in sauberen Kampfanzügen stehen an der Anlegestelle, als die Fähre aus Bremerhaven eintrifft. Es ist der 27. September 1986, ein heller Tag. Automotoren werden angelassen, Taue um Poller gelegt; ein stetiger Strom aus Einheimischen und Tagestouristen ergießt sich zähflüssig an Land. Die Blicke der Uniformierten sind aber nicht auf die Butterkreuzfahrer geheftet, sondern auf den großen Pulk Jugendlicher dahinter, deren Kleidung und Frisuren bei ihnen das Alarmlämpchen aufleuchten läßt: etwa drei- bis vierhundert männliche wie weibliche Subjekte, überwiegend angetan in derben Stiefeln, bunten Jacken, Hosen und Haaren, das ganze Punk-Programm. Die Männer der Hundertschaft, die man heute morgen per Helikopter auf die Nordseeinsel geflogen hat, beobachten diese Jugendlichen ungerührt, aber äußerst wachsam. Willkommen auf Helgoland.

Hundert Polizisten? Aus dem Unterdeck des großen Fährschiffes steigen zweimal fünfzig weitere Polizisten vorne und hinten die Aufgänge hoch. Nicht weit dahinter kommt auf dem Wasser noch ein Polizeischiff mit Besatzung zum Vorschein; es war der Fähre vom Ablegen in Bremerhaven an gefolgt. Zweihundertundnochmehr Uniformierte für fünf Musiker in knallig bunten Schlaghosen und ihre mitgereisten Fans, die nun gemeinsam die bizarrste Prozession in der Geschichte Helgolands beginnen: Verfolgt von den grün-weißen Bodentruppen und einer kreischenden Möwenschar, staksen die Jugendlichen scheinbar unbeirrt den Kreidefelsen in Richtung Dorfplatz empor. Unterwegs ist vorne in dem bunten Haufen eine Stimme zu vernehmen: »Ey, lass uns aufteilen. Mal sehen was die dann machen!«

So spaltet man sich in je zweimal zwei Gruppen auf, um auf dem Dorfplatz wieder zusammenzukommen, die Ordnungshüter immer im Schlepptau, und begrüßt dort ein paar junge Insulaner. Nicht viel später stehen die fünf Musiker und ihre Freunde in zwei kompletten Mannschaften auf dem Feld und tragen untereinander ein Spiel aus, dessen Sicherheitsvorkehrungen im Bereich des europäischen Fußballs bis heute nicht wieder erreicht worden sind. Einer von ihnen, den die anderen »Campi« rufen, geht zwar mehrmals mit gestrecktem Bein zum Ball. Aber dafür gleich einen Polizeieinsatz?

Der 27. September 1986, ein ganz besonderer Tag für Helgoland. Nicht jedoch für die Toten Hosen. Andi, Breiti, Campi, Kuddel und Wölli sind Triumphe auf dem Bolzplatz gewohnt. Auch die heutige Schlacht gewinnen sie am Ende, wie so häufig, turmhoch. Und die Manöver der Staatsmacht sind ihnen mindestens ebenso vertraut. Seit ihrer Gründung vor viereinhalb Jahren hat die Band mehr Mißverständnisse und unfreiwillige Kollisionen produziert als Schallplatten.

Dabei sind die fünf alles andere als eine Hardcore-Truppe. Bloß fünf Punkrocker auf der Suche nach der guten Dosis täglichen Spaß, die eigentlich ins Grundgesetz müßte. Will man mal eine Reise nach Helgoland machen, ein Konzert geben und etwas rumbolzen mit der Urbevölkerung, stehen schon zweihundert Uniformierte vor einem und fragen wortlos, was das soll. Schmeiß einen Stein ins Wasser, sagt der irische Dichter Flann O'Brian, und du weißt nicht, wohin er fällt.

Später finden die Hosen heraus, wie die Kausalkette begann. Ein Konzert in der Hamburger »Fabrik« ein paar Tage vorher, einige Ausschreitungen im Publikum und vor der

Halle, ein Helgoländer Bürgermeister, der sich telefonisch beim Hamburger Polizeichef informiert – schon ist ein neues Auftrittsverbot ausgesprochen. Doch niemand ist es untersagt, ein Fährschiff zu betreten und auf der Insel dem Nationalsport nachzugehen; auch Punkrockern nicht. So seifen Andi und die anderen ihre durchaus nicht erzürnten Gastgeber beim Kicken ab und setzen mit ihnen am Abend gemeinsam nach Nordenham über, dem neuen Schauplatz für das geplante Abschlußkonzert ihrer Tournee. Da werden die Membrane in den Boxen zum Tanzen gebracht, da schäumt das Flaschenbier mit der Stimmung über.

Dreihundertundnochwas Hosen-Fans auf der Abschlußparty, fünf »Chinesen«, ein Contra und ein Bass. Hallo in Nordenham, fuck Helgoland!

Auf der Suche nach der Schnapsinsel: Die Hosen Mitte der 80er

1
Wie alles anfing
oder
Das Grauen geht auf große Fahrt

Der Doc sagt, daß ich, Campino, meine Art zu leben ändern müßte, wenn ich jemals so alt werden wollte, wie es jetzt meine Eltern sind. Er sagt, daß ich körperlich ziemlich am Ende bin und »Raubbau« treibe. Raubbau durch zuviel Auftreten, Trinken und Ausfall von Schlafphasen, Raubbau durch die ständige Überdosis Leben. Der Doc sagt auch, daß meine eingerissenen Stimmbänder über kurz oder lang definitiv reißen werden, wenn ich nicht schleunigst anfange, etwas für sie zu tun. Mich »einsingen«, mit Kochsalzlösungen gurgeln, Tinkturen auf die Bänder pinseln usw. »Pflegen Sie Ihre Stimme«, sagt er. »Schließlich leben Sie davon.«

Ein Arztzimmer in der Hals-Nasen-Ohren-Klinik von Hannover, Mitte Dezember 1988. Ich sitze dem großen weißhaarigen Stimmband-Spezialisten an seinem cremefarbenen Schreibtisch genau gegenüber und lasse meinen Blick durch das Fenster wandern, wo geparkte Autos und eine Ecke vom Klinikpark sichtbar werden. Gestern abend noch haben wir in Bielefeld den vierten Gig unserer winterlichen Monstertournee absolviert, die nun unterbrochen ist. Mit letzter Kraft und einer großen Portion Hilfe durch die Fans, die ich, so oft es ging, für mich singen ließ, habe ich mich aus der Affäre gezogen. Seitdem höre ich gar nichts mehr, wenn ich meinen Schlund aufreiße. Deshalb hat mich Kiki, unser Tour-Manager, hier ins Hospital gebracht. Kiki kennt den Doc; er hat ihn angerufen, weil ich, sechsundzwanzig Jahre alt und Sänger einer Punkrock-Band, momentan völlig am Ende bin.

Acht Tage liege ich in der Klinik, ohne sprechen zu dürfen. Acht Tage lang je drei- bis viermal ans Inhalationsgerät, drei- bis vier Durchgänge am Atmungsschlauch, regelmäßig das Fieberthermometer unter der Achsel und den Doc vor Augen, der im Abstand von ein paar Stunden vorbeischaut. Der große Spezialist scheint sich für die Idee zu begeistern, daß er hier einen echten Rock'n'Roller für sein Publikum repariert. Einen komischen Kauz aus der fernen Welt riesiger Lautsprechertürme, der irgendwie aus dem Nest gefallen ist und erbärmlich leise um Hilfe kräht. Jeden Abend um acht muß ich an die Leute denken, die irgendwo in Saarbrücken oder sonstwo jetzt gerade vor verschlossenen Eingangstüren stehen und auf das Schild »Konzert fällt wg. Krankheit aus« starren.

Der Doc zieht meine Zunge wie eine Einlegesohle raus.

»Jetzt noch mal: Iiiiiiiii!«

»Iihhh-«

»Iiiiiiiii!«

»Iihhh-«

Als Fan bin ich immer in Abgründe gestürzt, wenn ich mich einen ganzen Tag lang auf ein Konzert gefreut habe, das dann am Abend aus irgendeinem Grund platzte. Nun habe ich selbst die Party abgesagt. Ich bin der Linksaußen, der den entscheidenden Elfmeter vergeigt hat; ich bin der Fahrer des quer über der Autobahn liegenden Trucks. Das ist eine Katastrophe, die die ganze Band betrifft, denn natürlich haben wir wegen der gigantischen Beitragssätze keine Ausfallversicherung abgeschlossen.

Was mir aber mehr zu schaffen macht, ist mein persönliches Fiasko, das dahinter steckt. Nach einem kleineren Stimmbandausfall vor zwei, drei Jahren ist dies nun das erste deutliche Zeichen, daß ich an meiner Art zu leben schleunigst etwas ändern muß.

Seit ich vor etwa zehn Jahren und fünfhundert Konzerten begann, als Frontman von »ZK« und den »Toten Hosen« auf der Bühne zu stehen – oder von der Hallendecke herunterzubaumeln, oder mit Salto vorwärts in die Menge zu fliegen – habe ich meine Regler immer voll hochgezogen. Ohne mir darüber klar zu sein, lebte ich ständig in dem Vertrauen, daß man das Schlimmste verhindern kann, indem man sein Bestes gibt. Und es war zugegebenermaßen ein geiler Trip, von einer grottenhaft mäßigen Subkult-Combo mit tausend verkauften Singles im Selbstverlag zu einer der erfolgreichsten Bands im deutschen Sprachraum zu werden – und das hauptsächlich durch konstantes Weitermachen und Weiter-So-Sein.

Aber nur Autobatterien laden sich auf, wenn man die Karre ständig pusht. Menschen, vor allem Sänger, schaffen das über große Zeiträume hinweg nicht. In Hannover sehe ich zum ersten Mal ganz deutlich einen Weg, den weiter runterzubrettern meinen Hals kosten kann. Höchste Zeit, aufs Bremspedal zu steigen!

»Und: Iiiiiiii!«

»Ihh!«

»Iiiiiiii!«

»----«

Es ist nicht leicht, die Wege einer elektrisch verstärkten Band bis zu den Anfängen zurückzuverfolgen, ohne ständig auf Tretminen eines fertigen Mythos zu trampeln.

Wir selbst haben immer die Geschichte von den zwei Pizzas Margherita erzählt, die eines Nachts von zwei hungrigen Typen namens Andreas und Andreas, die bis vor kurzem noch gemeinsam in einer Punkrock-Kapelle gespielt hatten, in eine nicht besonders komfortable Wohnung in Düsseldorf-Flingern bestellt wurden. Das war an einem Freitag, dem 13. Februar 1982, irgendwann nach Mitternacht. Und der Kerl, den die beiden Pizzakartons dann mitbrachten, hieß ebenfalls Andreas und behauptete, Gitarre spielen zu können. Da entstand natürlich augenblicklich die Idee, als »Die drei Andreas« aufzutreten, was dann ein vierter Typ namens Michael, der durch den Besitz eines Gitarrenverstärkers praktisch unablehnbar war, gründlich verdarb. Sonst aber und danach lief es dann im großen und ganzen historisch belegt vorzüglich.

Klingt gut, oder? Wir hegen und pflegen diese Geschichte wegen ihrer Wahrheit, ihrer sozialen und mystischen Andeutungen (Pizza ohne was drauf/ Freitag, der 13.) und ihrer erfrischenden Banalität. Denn es ist ja wirklich nicht so, daß Eddie Cochran oder Sid Vicious aus einer Wolke steigen, dich am Arm berühren, und schon geht es mächtig los. Und wenn es klingelt, ist es selten jemand Bedeutenderes als der Pizzamann. Weil wir nun aber doch »erfolgreich« geworden sind, wie man das nennt, verkehrt sich bei solchen Geschichten im nachhinein alles, was zuerst banal gemeint war, in etwas nachgereicht Glorioses. Es sieht dann immer so aus, als habe es sozusagen zwangsläufig so kommen müssen, weil auch im trostlosesten Käse schon der Keim zukünftiger Größe steckt – wenn man nur begabt ist und an sich selber glaubt.

Ich, Campino, darf euch deshalb im Namen der Band, besonders aber des dritten Andreas, aufrichtig versichern, daß dies nicht stimmt. Jedes dritte Pizzapaar in Deutschland wird an zwei weitere Andreas' oder Franks oder Markus' geliefert, die auch in einer Band spielen, aber nie die Gelegenheit haben werden, der halben Welt von einer Freitagnacht zu erzählen, in der an zwei dampfenden Pappkartons ihr zukünftiger dritter Partner in der Combo hing. Und das nicht etwa, weil diese anderen Andreas', Franks und Markus' weniger begabt wären oder weniger an sich selbst glaubten, sondern weil das große Ding bei ihnen einfach nicht passiert. Wir andererseits, die Hosen, können auch nach mehreren

Millionen verkaufter CDs und einem Dutzend Gold- und Platinplatten noch immer nicht so ganz an unsere astrale Natur glauben. Und was die Handhabung unserer Instrumente betrifft, gilt weiter unwidersprochen, was Breiti einmal gesagt hat: »Wir spielen so, wie wir Auto fahren: nicht besonders gut, aber immer so schnell wie möglich.«

Hier deshalb eine zweite, die historisch fundierte Bildungsbürgerversion. Danach liegt der Ursprungsort der Hosen in einem winzig kleinen Club in Neuss, dessen Wände längst Opfer der Abrißbirne geworden sind. Im geschmackvoll vermufften »Okie Dokie« stieg im Dezember '81 das letzte Konzert der Abschiedstournee von ZK. Kuddel, ich und ein bißchen auch Andi gehörten zu dieser einmaligen Punkrock-Truppe, die eine Mischung aus Peter and the Test Tube Babies und den »kleinen Strolchen« war. Das »Okie«, nahe dem Neusser Hafen, war uns durch zahlreiche Auftritte und einen Pool-Tisch schon so etwas wie eine zweite Firmenniederlassung geworden, und an diesem Abend wurden wir mitsamt unseren nachgereisten Fans, Feinden und Verwandten am Ende ein einziges biergetränktes, vergnügtes Knäuel. Dabei soll in der gleichen Nanosekunde, als alles zu Ende ging, schon ein neuer Anfang mit einer neuen Band beschlossen worden sein.

Auch diese Geschichte ist nicht unbedingt falsch und hat ihren Reiz. Die neurotisch gesteuerten Künstler, die unter dem Drang ihres innersten Selbst nicht anders können, als sich immer wieder zu neuen Formationen und Projekten zusammenzutun – das versteht auch noch der letzte »Aspekte«-Zuschauer am Fernsehgerät. Und es hat genau den historischen Drive, den sich Verfasser und Benutzer von Rock-Anthologien wünschen (»Aus der Punkrockband ZK hervorgegangene, fünfköpfige Düsseldorfer Formation ...«). Aber ehrlich gesagt haben sich diese Wochen, als wir zwischen zwei Bands in der Luft hingen, damals nicht so zielgerichtet angefühlt, wie es im Rückblick vielleicht aussieht. Es war eine Frage des Zufalls, in welche ebenso umtriebigen Figuren man auf der Ratinger Straße in Düsseldorf gerade hineinrannte. Wer weiß überhaupt, was geschehen wäre, hätte mir der »Gatzbrunnen« in Flingern in jenem Winter einen eigenen Frikadellenstand angeboten hätte – oder die Alemannia 08 das Amt eines zweiten Zeugwarts.

Noch schlimmer aber ist, was mich betrifft, eine dritte Version, die von Gesprächspartnern meiner Eltern gelegentlich ins Spiel gebracht wird. Anständig wirkenden Journalisten pflegt meine Mutter früher oder später die Geschichte eines Schaufelstöckchens anzuvertrauen, das ich im Kindergartenalter jahrelang pausenlos mit mir herumgeführt habe. An dieser Stelle schließt jeder Interviewer messerscharf, daß dieses Stöckchen nichts anderes gewesen sein könne als ein erster Mikrofonständer – und ich also von Beginn an »diese Neigung« in mir gehabt haben müsse. Und als wenn das noch nicht reicht, zieht meine liebe Mutter dann eventuell noch die pikante Erwähnung einer klassischen Trompetenausbildung nach, die ich als Schüler für vier lange Jahre wirklich erlitten habe.

Abgesehen davon, daß ich in keinem Buch der Welt als ein frühbegabter Neurotiker mit einer seltsamen Fixierung auf einen Schaufelstock festgehalten werden möchte, vermittelt auch diese Version einen falschen Eindruck. Ich war bestimmt nicht begabter als irgendeiner der Franks, Markus' oder Detlefs, die zur gleichen Zeit in eine Plastikflöte von der Rheinkirmes geblasen haben, mit zwei Topfdeckeln scheppernd durch den Vorgarten rannten oder in der Badewanne krakeelten – deren Mütter aber später nie mehr danach gefragt werden. Wenn ich neben Notenlesen noch irgendeine weitere Fähigkeit auf der Musikschule Mettmann erworben habe, so allenfalls die aus dem Eishockey entlehnte Technik, zwanzig Minuten reiner Spielzeit auf eine Dreiviertelstunde auszudehnen.

Manchmal sehe ich mich noch in diesem Musikzimmer stehen – ein ratloser Schuljunge mit einer Trompete in den Händen, die er nicht zum Leben erwecken kann. Ich schaue aus dem Fenster, schaue auf die Uhr. So rette ich mich vier Jahre lang über die Runden, weil ich Mummy nicht enttäuschen will. Eines Tages hatte sie mit einem Merkblatt der Musikhochschule vor mir gestanden, das genau sieben Instrumente zeigte. Ich sollte mir eins davon aussuchen, um darauf spielen zu lernen. Ich wählte also die Trompete und brachte es darauf bis zum Einsatz im St. Martins-Zug, aber das war genauso wenig mein Ding wie das Klavier, an dem mein völlig unmusikalischer Bruder Mike bittere Stunden verbrachte. Er wollte viel lieber Hockey spielen, und ich war scharf auf Fußball.

Heute weiß ich, daß ich den Stunden in diesem eigenartigen Musikzimmer doch einiges verdanke. Als ich später bei einer Band war, konnte ich immer noch Noten lesen. Bei ZK habe ich die Trompete gelegentlich auch wieder ausgepackt (zu hören zum Beispiel auf »Putzfrauen-Song« und »Monika«). Ich weiß dadurch einfach, was es bedeutet, mit einem Instrument zu arbeiten. Aber damals war es eine Qual. Ich sollte jeden Tag zuhause üben, mindestens eine Dreiviertelstunde lang. Das ging natürlich nur mit Bescheißen. Du bescheißt deinen Lehrer, und du bescheißt dich selbst – und Mom and Dad, die zuhause darauf warten, daß deine musischen Neigungen und deine Persönlichkeitsbildung endlich einen Häuserblock weit vorwärtskommen.

Das alles war es also nicht. Was aber war es dann? Schuld hat im Grunde mein Bruder John. Von ihm, dem um zwölf Jahre älteren, wurde ich schon sehr früh mit der jeweils neuesten Musik versorgt. John hatte alle Neuheiten aus der Welt der Popkultur immer als erster am Start, ob das Deep Purple waren oder später The Clash. John war der Älteste von uns sechs, und er war der Vermittler zwischen unserem Vater und uns, den Kleinen. Wenn Dad mit uns nicht klarkam, holte er schlimmstenfalls den Gürtel raus. In seinen besseren Momenten holte er sich einen Rat von John. Er sandte seinen Ältesten als Botschafter aus, und der machte sich im Gegenzug zum Anwalt der Kids. Von John bekam ich mein erstes Mikro geschenkt; er wollte, daß ich mich genauso ernst nahm mit meinen ersten Versuchen, wie er es tat. Mit ihm ging ich auf mein allererstes Punk-Konzert.

Das war im Sommer 1976 in England. Ich war bei der Familie meiner Mutter, die von der Insel stammte, und damit »in the country«. Morgens Cornflakes, mittags grüne Erbsen und Lammfleisch mit Mintsauce und abends fernsehen ohne Limit – alles war »nice« und bald schon ein bißchen öde, auch wenn es am Mittwoch immer zum Cattle-Market in Holsworthy ging. Einmal den Arm falsch gehoben, und man hatte plötzlich eine Kuh gekauft! Da kreuzte John auf. Er nahm mich nach London mit, und eines Abends ging er mit mir in einen kleinen Schuppen namens »Rock Garden«, irgendwo im Zentrum. Ich hatte meinen Maurice-André-Mantel an, den meine Mutter mir vor drei Wochen zum Konzert dieses großen Trompeters gekauft hatte, ein völliger Mißgriff an diesem Ort, und ich erwartete nur das Schlechteste. Alles was nicht Philipshallengröße hatte, war mir mit meinen vierzehn Jahren damals äußerst verdächtig. Was konnte man schon von einem halbdunklen Kellerschuppen erwarten, der kaum

Die Brüder John und Campino

größer war als eine Schachtel Ingwerkekse? Das kann ja nur scheiße werden, dachte ich.

Irrtum! Die Band im »Rock Garden« waren die Count Bishops. Von dem Moment an, als sie auf die Bühne kamen, war alles ein einziger Tumult. Die Leute sprangen auf und tanzten auf den Tischen; neben mir krachte einer durch den Stuhl und pogte einfach weiter. Alle pogten, alle drehten unglaublich durch – ein Paar ohrfeigte sich wegen einer Halskette gegenseitig durch den Raum. Nur der Junge in dem lächerlichen Maurice-André-Mantel rührte sich kein bißchen und fand sich unheimlich cool. Nachher sagte ich zu meinem Bruder: »Hast du gesehen, ich war der einzige im ganzen Laden, der cool geblieben ist.« Und John sagte: »Du warst der einzige richtige Idiot im ganzen Laden!«

Das war die Zündung. Am nächsten Tag bin ich mit ihm in die Plattenläden gepilgert und habe mir als erstes die EP von den Bishops gekauft, mit »Route 66« und »Teenage Letter« drauf. Wir pilgerten auch zu »Stiff Records« und den anderen einschlägig bekannten Plattenfirmen, sackten Poster, Badges und natürlich Platten ein. Überall wurde man informiert, war willkommen. Ein paar Kids aus Deutschland, die was über Punkrock wissen wollten – das kannten die Briten noch nicht. Die Punkszene war klein, Läden und Treffpunkte winzig. Alles hatte den Charme der Gründerzeit: Irgendwo vorbeizuschauen hieß automatisch, bei irgendwem im Wohnzimmer zu stehen.

EIN REZEPT IN der Hand halten, den großen Dreh, wie es ab jetzt besser laufen könnte. Sich artig verabschieden von dieser Welt aus zuviel Weiß. Weiße Arzthelferinnensocken in weißen Gesundheitsschuhen sagen dir: Ja, du hast gesündigt, das ist wahr. Aber wir lieben dich trotzdem; und nun erhebe dich, geh nach Hause und mach es ab jetzt besser!

Als ich vor der Klinik in Hannover zu Kiki in die Karre steige, muß ich an meine Schwester Judy denken. Judy, die professionelle Tänzerin geworden ist und wegen einer Rükkengeschichte beinahe aufgegeben hätte. Die Ärzte hatten ihr gesagt, daß sie sich eine Querschnittslähmung einfangen könnte, wenn sie weitermacht. Judy hat trotzdem weitergemacht, und im nachhinein sieht es so aus, als hätte sie die Lähmung damit sogar wirksam bekämpft. Aber etwas für seine Stimmbänder tun, in dem man sie Abend für Abend zwei Stunden und mehr strapaziert?

Als wir die Tour fortsetzen, reise ich in einer Art Konversations-Quarantäne mit. Statt im Tourbus mit den Jungs und der Crew Sprüche zu klopfen, werde ich von Kiki immer erst kurz vor dem Auftritt zur Halle gefahren. Ich komme um fünf vor neun *backstage* an und stehe um neun auf der Bühne; etwa um halb elf bringt Kiki mich ins Hotel zurück. Jede Zugabe ist ein genau abzuwägender Kontoüberzug. Ich trinke Milch mit Honig statt Alt, ich gehe früh ins Bett. Es wird die beschissenste Tour meines Lebens, weil alles nur auf Durchkommen ausgerichtet ist. Es ist Rock'n'Roll als Arbeit, ohne all das, was das Unterwegssein mit einer Band zum Erlebnis werden läßt.

In der Silvesternacht, nach dem Ende der Tour, stehe ich gerade eine halbe Stunde lang fröstelnd auf dem Dach unseres Büros in Lierenfeld und nippe an einem einsamen Gläschen Sekt. Aber die neue Phase hat auch viel Gutes: Die Konturen der Dinge werden wieder klarer, das Verhältnis zu mir selbst ist auf einmal wieder ehrlicher. Wir hatten unsere besten und unsere schlechtesten Konzerte auf Alk, Speed, Koks, auf irgendwas. Aber ist das dann wirklich noch deine Leistung? Jeder Hohlkopf findet sich nach zwölf Gläsern Alt im »Uerige« witzig, jeder saftlose Schnarcher dreht in

Schampuslaune plötzlich auf. Aber erst, wenn du die gleiche Nummer genauso gut nüchtern bringst, kannst du wirklich was. Erst dann bist du Meister.

Ich will wieder ein guter Junge sein, mit Milch, Tee, Honig und Joghurt. Ich will mich bei denen, die mir in Hannover geholfen haben, einfach bedanken. Ich schnüre dem großen Stimmbandspezialisten ein Care-Paket mit Hosen-CDs, rufe meinen Vater an, der mich in der Klinik besuchen kam. Der gute Mann hat es wirklich nicht leicht gehabt. Immer wieder hat er mich gedrängt, »parallel zur Musik« ein Studium zu starten, für »die Zukunft« vorzubauen. Es gab harte Gefechte zwischen uns, als er über die Häufigkeit meckerte, mit der ich dann tatsächlich zur Uni ging – als Teil unserer »Rahmenabmachung«. Aber kurz vor dem Ärgsten kam immer wieder ein Ereignis in meinem Leben, wie in Hannover, wo mein alter Herr plötzlich vorbehaltlos da war – auch wenn er nicht immer viel ausrichten konnte.

Auch wir Bürgerkinder brachten den Punk in die guten deutschen Stuben, wir Söhne und Töchter von Lehrern, Ärzten, Beamten oder Oberverwaltungsgerichtsräten (das war nun mal die Berufsbezeichnung meines Alten) – und nicht nur die »Arbeiterkinder«, wie die Feuilletonisten damals zu schreiben begannen. Das hätte zwar supergut gepaßt: Die Kinder der Kurzarbeiter und der Geknechteten produzieren einen Kulturschock, um gegen die sozialen Verhältnisse anzugehen und so weiter. Aber es war einfach nicht so. Die Nachfahren der sogenannten kleinen Leute hatten in der Regel gar nicht die Zeit, sich um die neuesten Bewegungen im Londoner »Untergrund« zu kümmern. Die gingen arbeiten, und wenn sie am Abend oder am Wochenende ihre Mantas, Capris und Asconas tiefer legten, hörten sie dabei Status

Quo »Down, down, deeper and down«, oder Mal Sandocks »Diskothek im WDR«. Und das geht, was uns betrifft, auch in Ordnung so.

Hier und da gab es in England ein paar Bands, in denen Leute mit nachgewiesen proletarischem Stammbaum mitmischten. Dazu gehörten etwa die Lurkers mit Arturo Bassick, dem genialen Proll am Bass, oder ein paar von den Pistols und den Damned. Aber die Clash, Stranglers, Ultravox und wie sie alle hießen, die große Mehrheit also, rekrutierte sich aus Studis und Künstlern. Und ähnlich war es mit den ersten Deutschen, die sich während der Ferien in diesen kleinen Londoner Jugendhotels nördlich des Hyde Parks einquartierten, drei Wochen zu vierundzwanzig durch zwei Pfund pro Nacht im Doppelzimmer. Drei Wochen jeweils im Zentrum von Punk, dann zurück auf die Ratinger Straße und da gekonnt abhängen und auf die »richtigen Leute« warten – da muß einer schon Zeit haben und entsprechend vormagnetisiert sein.

Die ersten Punk-Cliquen im »Ratinger Hof« bestanden aus Kids, die nicht viel anders waren als ich – höchstens älter. Man traf sich jeden Nachmittag auf der Ratinger Straße, hing gemeinsam ein paar Stunden ab, wühlte in den Plattenregalen vom »Rock On«... Wir waren wohl irgendwie befreundet, aber nicht auf die Art der Beatniks oder Freaks. Wir waren es nämlich meist nur hier, in der Altstadt, selten zuhause. Jeder ist hinterher wieder allein nach Hause gegangen, wenn er das Gefühl hatte, für heute genug gelabert, gesoffen und gepöbelt zu haben. In welchem Umfeld der andere sonst so lebt, wußten wir in der Regel nicht. Das nur von wegen »If the Kids are united«.

Als Punker warst du mit Unterbrechungen allein, und du warst Teil einer kleinen Minderheit. Aber es war ein selbstgewähltes Schicksal. Wenn du ausgestoßen bist, weil du schwarz bist oder Türke, kannst du es nicht vermeiden. Wenn du dir aber deine Haare grün oder rot färbst und zu einem Iro verarbeitest, oder wenn du ein vernietetes Lederhalsband trägst, ist das deine bewußte Entscheidung. Und das ist ein nicht zu unterschätzender Qualitätsunterschied. Du weißt im Grunde schon, daß dir dein örtlicher Mann von der Hamburg-Mannheimer unter diesen Umständen keine Lehrstelle bei seiner Versicherungsagentur anbietet - wenn du überhaupt eine haben willst. Du weißt, daß die Bullen und die Grenzbeamten dein Auto und deine Papiere bei allen Kontrollen genauestens untersuchen, und du weißt, daß du alleine sehr schnell die Zielscheibe bist.

Von jedem hast du deinen Spruch bekommen und manchmal noch ein bißchen mehr. Wenn ich am Samstagmittag zur selben Zeit wie die Fortuna-Fans aus Mettmann in die Stadt fuhr, wurde ich langgemacht, mit Schere und Verfolgungsjagd. Außenseiter! Viele haben damals überhaupt nicht kapiert, worum genau es bei Punk eigentlich geht, und deshalb haben sie uns gejagt. Ganz besonders heftig war es fast immer in der Provinz. In Grevenbroich kam es einmal zu einer kolossalen Massenschlägerei mit zwei lokalen Rockergangs, als wir vom »Ratinger Hof« aus mit mehreren Bands und etwa fünfzig Fans im »Alten Schloß« aufkreuzten.

Wenn ich dann irgendwann nach Hause kam und meine Chelsea-Platten hörte, hatte meine kleine Lieblingsschwester Lizzy für mein Zimmer ein von den Eltern verhängtes Einreiseverbot (wir spielten gerne Hitparade, Lizzy durfte die Bands raten). Also wieder: Außenseiter! Mummy, die als Engländerin alle Texte bestens verstand, fand das ganze zu destruktiv. Sie hatte Angst, daß mich das kaputtmacht, und nahm es als ihre Aufgabe, mich davon zu befreien. Und wenn das bei mir schon leider nicht richtig funktionierte, glaubte sie, mußte man wenigstens Lizzy vor den Fängen des Bösen bewahren. Es war aber auch zu hart für Mummy: eine englische Künstlerseele mit einem Oxford-Stipendium, die aus Liebe in eine deutsche Küche geriet und dort ihre Begabung verschwendete, die klassische Musik verehrte und im Düsseldorfer Musikverein konzertierte – und ihr Sohn nun aufgesaugt von dieser schrillen Horde der Fertigen!

Viel später hat meine Ma Konzerte von den Hosen besucht. Dabei ist sie allmählich auf den Trichter gekommen, daß es im Grunde um »ein Ventil« für vieles ging, wie sie sagte, und daß unsere Pogo-Feste auf die Aggressionen der Leute wirkten wie das Erlebnis, an einem Fußballspiel teilzunehmen – auch wenn sie sich über die Randale und die zerschellten Bierflaschen am Bühnenrand entsetzte. Sie hat begeistert mitgearbeitet, als wir für die »Learning English«-Platte Texte übersetzen mußten. Ma ist nämlich in Wirklichkeit völlig großartig. Damals aber sah sie in allem, was wir trieben, sofort das Ende der Welt. Und so hielt es auch Daddy, der eines Tages in der Mittagspause seinen Sohn mit gefärbten Schuhen und einer Flasche Bier in der Hand in der Altstadt erblickte. Seinen Sohn, den er extra aufs Gymnasium geschickt hatte wegen der Zukunft und so …

Glaubt mir, es war nicht leicht in diesen Jahren. Ich konnte unter der Woche nicht einfach bis ein Uhr wegbleiben, wenn mir danach war. Wenn ich im »Hof« oder im »Okie Dokie« eine Band sehen wollte, mußte ich mir das hart erkämpfen. Wenn ich dann nicht »rechtzeitig« zurück war, gab es reichlich Ärger. Ich war vierzehn, fünfzehn und aus gutem Hause, schätze ich, und rings um uns herum in Mettmann standen lauter weitere gute Häuser. Eines davon, in dem mein Freund

Andreas (alias Andi) mit seinen Eltern lebte, durfte ich bis auf weiteres nicht mehr betreten, als wir uns nach den Schuhen auch noch die Haare gefärbt hatten. Andis konservativer Verlagskaufmanns-Daddy kriegte einen Anfall, als er seinen Sohn erblickte, und darauf mußte ich lauthals loslachen. Das hat dem so zugesetzt, daß ich Hausverbot bekam.

Als wir dann das nächste oder übernächste Mal zu zweit nach England übersetzten, war es der ausdrückliche Wunsch meiner Mutter, daß ich ihrer Familie diesmal meine Aufwartung ersparte. Kein Cattle-Market in Holsworthy mehr, keine Lammsteaks mit Mintsauce. Stattdessen drei Wochen lang fast nur Weißbrot und Marmelade, die nach einem Unfall am Strand mit echtem Cornwall-Sand versetzt war und bei jedem Bissen gemein knirschte. Unser Mini-Etat war gleich am Anfang schon fast aufgebraucht, weil das uralte Drei-Mann-Zelt von John schwer wie ein Felsblock war und wir ein leichteres kaufen mußten. Was uns blieb, wurde in Tickets für Züge und Konzerte investiert, nicht in neue Marmelade. Wir kreuzten zwischen St. Yves und Glasgow, Leeds und London, und erwischten überall eine volle Breitseite Punk live – zum Beispiel das Abschiedskonzert von Sham 69 im Londoner Rainbow-Theatre: lebensgefährlich wegen der hohen Skin-Quote und der wilden Schlägereien, aber auch lebensnotwendig.

Wir waren ausgehungert und ungewaschen, als wir schließlich wieder auf der Fähre Richtung Kontinent saßen. Wir waren derart ungewaschen, daß wir uns immer in einiger Entfernung einander gegenüber setzten, um uns besser auszuhalten. Aber wir waren zufrieden, fast glücklich, und wollten sobald wie möglich wieder hin. So war es einfach. Nur die anderen auf der Fähre machten einen weiten Bogen um uns. Die Möwen von Dover, die zuerst dachten, hier müsse es

Abfälle geben, kreisten nach wenigen Minuten auch lieber woanders.

Außenseiter!

»Sie müssen Ihre Stimme pflegen.« »Ihre Stimme ist ihr Arbeitsgerät, ihr Kapital.« Ich habe also ein Instrument in meinem Hals, das war mir bisher gar nicht klar. Ich habe mich bis heute nie als »Sänger« in dem Sinne gesehen, wie Pavarotti ein Sänger ist oder Al Jarreau oder sonst jemand mit einer halbwegs »ausgebildeten« Stimme. Ich habe immer gedacht, ich bin eben der Sänger der Hosen. Wenn die Hosen spielen, singe ich dazu, schon weil ich kein Instrument kann. Meine Stimme war für mich Ersatz für ein Instrument. Ein Instrument muß man pflegen, logisch, aber einen Instrumentenersatz?

Im nächsten Frühjahr beginne ich eine halbe Stunde vor dem Konzert mit meinem Einsingen. Ich klettere dann in den geparkten Tourbus oder suche mir irgendwo hinter der Bühne einen Raum. Und dann fange ich an: »Lalalalalalala, Lilililililili ...« Mein Gott, es wäre mir peinlich, wenn mich Andi oder Kuddel oder sonstwer so sehen würden. Aber noch bescheuerter wäre es, wenn wir wegen meiner Stimme noch einmal mehr als ein Dutzend Dates verschieben müßten. Dann lieber diese komische Artistennummer hier, von wegen »Lalalalili«. Ist ja im Grunde nichts anderes, als wenn Frankie Mill vor dem Fortuna-Kick auf dem Rasen steht und seine Dehnübungen macht. Der große Profi. Und es ist auch eine kleine Zeitspanne, wo ich mit mir selbst und meinen Gedanken alleine bin; fast wie Meditieren, oder Beten. Jedenfalls beginnt es, mir zu gefallen.

Bis vor kurzem noch habe ich, statt mit Kochsalz-Wasser zu gurgeln, lieber Altbier getrunken – schon weil der Alk meine Höllenangst vor dem Auf-der-Bühne-Stehen viel besser betäubte. »Tinkturen« waren für mich Mittel gegen Brandblasen und wunde Füße. Die Stimme pflegen – das war ja schon deshalb scheiße, weil es nach Artistendasein und Handwerker-Gewissenhaftigkeit klang. Ich habe mich nie als »Musiker« gesehen, auch wenn ich im Computer des Finanzamts Düsseldorf-Mitte mit Sicherheit so erfaßt bin. Das ist keine kokette Nummer. Wenn ZK oder Male oder Mittagspause und all die anderen Bands einen kleinsten gemeinsamen Nenner hatten, dann war es der Angriff auf diese Pose des »professionellen« Musikers. Dieser Typ des Gitarren-Wichsers (auch gerne Keyboard!), der seine Riffs möglichst perfekt runterschrubbt, ohne auch nur die kleinste Faser von sich preiszugeben, diese entseelte Kunstkacke eben, war auch eine Form der Herrschaft, gegen die es ging.

Daher zu der Zeit die häufig ins Chaos abgleitenden Auftritte, wo irgendwann gegen Konzertende die Hälfte der Zuhörer mit auf der Bühne stand, oder die gesamte Band im Zuschauerknäuel, und alle gleichzeitig ins Mikro krähten, die Gitarren bearbeiteten oder sonstwie Schallwellen erzeugten. Es war wie Rex Gildo, Jürgen Marcus, Caterina Valente und Silvio Franceso auf der großen Treppe am Schluß der Donnerstagabend-Show, nur daß die Glotzer und Arschhocker hier rebellierten und mit ins Bild kamen.

Es gab damals unglaubliche Leute an der Klampfe, die dir nicht sagen konnten, welche Gitarre mit welchem Effektgerät und so weiter sie da spielten; es kümmerte sie einfach nicht. Sie drehten die Knöpfe auf und hauten dir einen Sound um die Ohren, daß dir der Mund offen stehen blieb. Ich habe mal die Managing Directors im »Ratinger Hof« erlebt, als ihnen die Gitarrenbox ausfiel. Der Gitarrist trat einfach gegen seinen Amp, der Sound war wieder da, und das

Set wurde weitergefahren. Ob das nun ein Trick war oder nicht – als Umgang mit dem Instrument war es vorbildlich. Kauf dir meinetwegen eine Gibson Les Paul oder eine 62er Fender, aber papp eine selbstklebende Küchenfolie drauf oder, noch besser, eine Unterwasser-Folie für Aquarianer – das genau war die Idee von Punkrock. Sieh nach Scheiße aus, aber entwickel einen Superbums! Mach dein eigenes Ding!

Wir haben immer voll losgeballert, bei ZK wie bei den Hosen. Wir haben uns den Arsch aus der Hose gearbeitet bei dem Versuch, unseren Sound richtig dick zu kriegen – also keinen kunstgewerblichen Klimpersound anzubieten. Wie in den Fußballstadien von Chelsea, Tottenham, Leeds und Liverpool neunzig Minuten lang alles gegeben wird, haben auch wir uns immer voll reingehängt. Wie bei den englischen Clubs kann man auch über uns sagen, daß es technisch besser sein könnte oder daß es hier und da mal voll daneben ging. Aber niemand kann sagen, daß wir uns irgendwann und irgendwo keine Mühe gemacht und nur was abgespult hätten. Deshalb war es immer ein Vorteil, das Arbeitsgerät nicht so gut zu beherrschen, daß man damit auf jede erdenkliche Art lügen könnte.

Kuddel zum Beispiel könnte sicher hervorragend lügen. Er ist der einzige von uns, der mit seinem Instrument, wie überhaupt mit so ziemlich allen Instrumenten, diesen unangenehmen Geruch von Perfektion verbreitet. Ich habe ihn in Verdacht, daß es ihm heute noch im Grunde völlig egal ist, in welche »Bewegung« oder »Richtung« er seine Fähigkeiten einbringt. Wie er alles hört, was es gibt, ob Disco, Punk oder Pop, könnte er auch ohne zu zögern überall mitspielen. Kuddel kümmert nicht die Idee hinter irgendwas oder ob das eine Punkband bei einer unabhängigen Plattenfirma ist, zum Beispiel; er ist bloß Musiker und liebt die Musik. Es ist gut für uns, daß wir wenigstens einen dabei haben, der musikalisch wirklich fähig ist.

Aber es ist vielleicht auch gut für ihn, daß wir ihm eine Richtung geben. Sonst würde er noch bei einem Haufen wie Genesis landen, fürchte ich, ohne daran etwas seltsam zu finden.

Ich aber, Andreas Frege alias Campino, ich kann schon deshalb nicht lügen, weil ich vom Artisten-Standpunkt betrachtet viel zu schlecht bin. Auf diesen Schutz kann ich mich noch eine ganze Weile verlassen, auch wenn ich mich, ohne bewußte Anstrengung, mit den Jahren allmählich verbessere. Wieviel Zeit mir dafür noch bleibt, sagt der Doc, hängt ganz von mir ab. Von mir und meinem Verhältnis zum Einsingen und zu Tinkturen – und dem, was man so »Karriere« nennt.

Ich wollte in eine Band, ich wollte Sänger sein – ganz klar und von Anfang an. Mit fünfzehn Jahren dachte ich: »Du bist fünfzehn und hast noch immer kein richtiges Instrument gelernt, und die da drüben auf der Insel sind achtzehn, spielen in Bands und machen Platten. Du packst es nie!« Aber dann kam mein Bruder John, der sowieso an allem schuld ist, wieder mal zu uns nach Hause zurück und trat mir in den Hintern. »Wenn du's nicht irgendwo versuchst, kann auch nichts daraus werden«, sagte er. »Du reißt nur das Maul auf und tust nichts. Geh mal raus, frag mal andere, die auch Musik machen wollen!«

Also gehe ich raus – aber mehr um meinem Bruder abends erzählen zu können, ich hätte mich gekümmert. Gehe ins »Rock On«, lehne mich ganz lässig an den Tresen und verbreite da, ich wäre Sänger und suchte eine Band. Einen Tag vorher aber sind genau hier zwei andere Idioten aufgekreuzt, die angeblich eine Band gründen wollen und einen Sänger suchen. Die haben eine Telefonnummer hinterlassen, und natürlich sagt jetzt der Typ vom »Rock On«, ich sollte meine Nummer vielleicht auch mal hinterlegen. Ich bin mehr erschrocken darüber als wirklich beglückt, und ich hoffe und fürchte, daß sich in der Sache sowieso keiner meldet. Aber kein Musiker, auch kein Punkrocker, darf so eine dämliche Geschichte erzählen, wenn es bei ihm dann nicht doch irgendwann geklingelt hat.

Wir verabredeten uns also um fünf im Plattenladen: Ingo, der »Gitarrist«, Bassist Isi und ich. Keiner von uns hatte eine Ahnung von Musik oder eine Anlage. Deshalb probten wir im Keller vom »Hof«, wo noch eine andere Band spielte, Mittagspause. Wir waren die kleinen Strolche – die von Mittagspause die großen, auf der Ratinger Straße berühmten Cracks. Eine andere große Band der ersten Stunde, Male, hat uns dann auch mal in ihren Keller gelassen. Um mich vorzustellen, habe ich denen ein paar Sachen von den Lurkers vorgesungen, und die von Male spielten dazu. Und eines Tages fahren wir gemeinsam mit der Straßenbahn zum Kleinkittelbacher Kleingärtnerverein – so hieß der wirklich! – und packen da in einem Keller eine Box aus, über die wir von nun an Isis Bass, Ingos E-Gitarre und mein krächzendes Organ laufen ließen. Ohne Schlagzeug, ohne Plan. Jedenfalls, bis Fabsi kam.

Claus »Fabsi« Fabian war ein Vollproll. Eines Tages fuhr er in seinem VW-Käfer in den Kleinkittelbacher Anlagen vor und sagte: »Isch bin auch Pank, isch will auch Musik machen!« Er war nicht lange enttäuscht, weil wir schon einen für die Bass-Gitarre hatten, von der er träumte. Er sagte einfach: »Na jut, dann komm ich mit de Schießbud.« Eine Woche später war der Käfer wieder da, mit diesem Handschuhfach voller Punkband-Bildchen zum Aufkleben, die der Kerl sammelte wie Fußballbilder, und mit ihm ein nagelneues Schlagzeug,

ZK 1978, von links unten im Uhrzeigersinn:
Isi, Dieter, Fabsi, Campino, Ingo

das er sich von seinem Lohn als kaufmännischer Angestellter geleistet hatte. Das Schlagzeug machte Fabsi auf der Stelle unkündbar; seine einfache Kaufmannsenergie brachte Struktur in unseren Laden. Er war um einige Jahre älter als wir, hatte aber noch weniger Ahnung, worum es ging. Und das war für Punk nicht die schlechteste Voraussetzung.

Bald hatten wir einen Namen, »ZK Stadtmitte«, den uns die Stadtmagazine in ihren Konzertankündigungen so lange auf »ZK« zusammenstrichen, bis wir entnervt aufgaben.

Wir hatten plötzlich Promo-Fotos und Plakate, und wir hatten einen Fahrer, Kassierer, Tour-Manager und Promoter, der nur leider an seinen Kübeln keinen Takt halten konnte. Aber was macht das schon, wenn er dafür einen VW-Bus in den Fortuna-Farben kauft, auf dem der alte Schriftzug »Achtung, Turnierschweine!« noch gut zu lesen ist? Fabsi konnte nicht Schlagzeug spielen, Isi war am Bass nur mäßig, und als ich zum ersten ZK-Auftritt meinen Mund öffnete, sollte ich eigentlich gleich wieder gefeuert werden.

Ohne daß ich davon wußte, hatte Isi nach dem Gig ein Mißtrauensvotum gegen mich eingebracht. Er sagte sinngemäß: »Mit dem als Sänger wird es nichts!« Ich bekam zuletzt noch einmal eine Fristverlängerung für ein weiteres Konzert. Das war bei einem riesigen Punk-Festival in Düsseldorf, und diesmal drehte sich die Sache um 180 Grad. Wir räumten richtig ab, auch ich war ziemlich überzeugend. Daran hatte wieder John gedreht. Er fuhr mit uns nach diesem ersten Auftritt eines Nachmittags in eine Bäckerei, bestellte für alle Kaffee und Kuchen und nahm uns dann schonungslos auseinander. Speziell mir hat er lang und breit auseinandergesetzt, wie ein Sänger auf die Bühne zu kommen hat.

Ich war damals so voller Punk, daß ich keine Helden sehen wollte – und auch keine markieren. Ich wollte mich nicht umziehen, bevor ich auf die Bühne kam. Ich sagte: »Wir gehen da rauf, als wenn wir zur Arbeit gehen!« Oft blieb ich vor der Bühne stehen, weil ich mit den Zuschauern auf einer Ebene sein wollte – was zur Folge hatte, daß mich keiner wahrnehmen konnte. John erklärte mir, warum das völlig daneben ist. »Wenn die Leute wirklich mal Eintritt für euch zahlen, wollen die was Besonderes sehen. Die wollen nicht sehen, wie du wirklich bist, sondern die wollen eine Show. Du mußt versuchen, die Leute zu faszinieren, sie nicht zu langweilen. Alle, die professionell sind, überlegen, was sie da veranstalten und wie sie dafür angezogen sind. Nur du Idiot überläßt das dem Zufall. Das Publikum will unterhalten werden!«

Das war hart. Die Kröte, die ich schlucken mußte, war eine desillusionierende Erkenntnis: Sobald du irgendwo auf einer Bühne stehst, bist du – gewollt oder nicht – Teil einer Inszenierung. Du bewegst dich im selben Terrain wie David Bowie oder Siegfried & Roy, auch wenn dein Dreh so läuft, daß du »ich selbst« verkörpern willst – was immer das überhaupt ist! Dein Dreh ist nur anders. Aber es ist ein Dreh, weil es gar nicht anders geht. In dem Moment, wo du da oben stehst, wirst du »transformiert«. Das heißt nicht, daß alle deine Moleküle plötzlich andersrum drehen oder deine Zellen irgendwie ihre Plätze tauschen, aber – es fühlt sich ziemlich genau so an!

Hätten Isi und die anderen mich damals gekippt, hätte ich aber keine Gelegenheit mehr gehabt, das alles umzusetzen. Diese Show-Einlagen mit ZK, wo ich mich als »Der große Magier« ausrufen ließ und einen Zauberkasten mit tausend Sachen drin auf die Bühne schleppte, die wir dann ins Publikum warfen – das alles wäre sonst nicht gelaufen. Ich hätte auch nicht den Mumm aufgebracht, es noch einmal woanders zu versuchen. Das heißt: ich wäre niemals Hose, nie Campino geworden, der angeblich »geborene Frontman«, der Ich-weiß-nicht-was.

»Der grosse Campino«... In meiner Wohnung in Flingern prangt ein dicker Panzerschloß-Riegel breit und häßlich quer über der gesamten Eingangstür. Den hat mein Vorgänger angebracht, aber ich hätte ihn entfernen können. Unten auf dem Klingelschild steht ein falscher Name. In unseren Fanpost-Ordnern sind auch ein paar Morddrohungen und Verwünschungen abgeheftet. Die Armee der Glatzköpfe rasselte mit ihren Säbeln, als wir Ende 1992 mit dem Stück »Sascha« dem stolzen jungen Deutschen ein Denkmal setzten, der gegen Ausländer und Asylanten Sturm läuft. Meine Eltern haben bis zum Prozeß um das Lied entsprechende Anrufe erhalten; ich habe ihnen damals gesagt, sie sollten sofort auflegen, falls ihnen was komisch vorkommt. Nachts um drei stehen ein paar Fans vor meiner Tür, um mich zu sprechen, aber ich bin hackevoll und müde.

Ist es schön, das deutsche Aushängeschild des Punk zu sein? Ein paar O-Töne gefällig?

»Na Dreckspack, heute schon das Volk verhetzt? Krepiert an Euren Parolen! Wir werden auch euch erwischen! Wenn nicht heute, dann morgen!« (Anonyme Postkarte, 1993, gez. »Sascha«)

»An den Müllhaufen FC Total tote (Sau) Hosen. Tote Hosen sollen verrecken und dann ab nach Ausschwitz. FC Bayern Fans gegen links, FC Bayern Hooligan Front. Im Namen von Hunderten Rechtsradikalen + Nationalen FC Bayern Fans + Hools werden wir Euch bekämpfen, bis die letzte Tote Hosen Sau fällt. Rotfront verrecke, ihr bleibt alle auf der Strecke. Passt bloß auf. Wir kriegen Euch alle, ihr linken Zecken-Bastarde.« (Anonyme Postkarte, 1995, gez.

»Skins, Hooligans + Deutsche Kameraden gegen linke Zekken«)

»Wenn ihr schon zu stinkreichen Hitparadenstürmern geworden seid, dann nennt euch bitte nicht eine Punkband. Ihr verarscht und verkauft damit den ganzen Punk! Legt euch mit Nina Hagen in ein Grab und fickt sie bis ihr nicht mehr könnt...« (Brief, 1990)

Der große Campino... Wenn ich es darauf anlegte, könnte ich mich inzwischen von Promi-Buffets und Talkshow-Drinks ernähren. Jede Woche faxt uns irgendeine Kopfjäger-Agentur die Einladung zu irgendeiner neuen Laberrunde irgendeines Fernsehsenders. Bei den Heimspielen der Fortuna habe ich meine ganz persönliche Sitzschale auf der Tribüne. An der Brehmstraße sehe ich meinem Freund Uli Hiemer und dem Rest der DEG immer als Gast zu. Für das Staatstheater in Bonn dürfen wir Bühnenmusik machen, für das Goethe-Institut verstreuen wir deutsches Kulturgut in die Welt. Wir haben Fans von Buenos Aires bis Budapest, und jeder zweite Sekundaner und jede Sekretärin mit einem Rest von Pep sagt unsere Songtexte auf. Im Büro sortiert ein Hardcore-Hosen-Fan, Brigitte, die uns nur allzuoft in unserer ganzen, breitwandartigen Durchschnittlichkeit erlebt, die tägliche Flut von Briefen, Kassetten, Fotos, gestrickten Pullovern, Maskottchen, Bonbons und Kondomen in allen möglichen Farben und Stachelformationen.

Ist es ein völliges Scheißamt, Aushängeschild zu sein? Nochmal ein paar O-Töne.

»Lieber Andreas,... in meinem letzten Brief habe ich Dir etwas verschwiegen – und das ist das ich dich liebe, ich habe am Anfang gar nicht gewußt, das Du ein Star bist, meine Freundin hat mir von dir ein Original-Foto gezeigt, da war ich grad mal 11 Jahre alt mit 12 Jahren wußte ich erst wer du wirklich bist nämlich Campino vorher wußte ich nur das du Andreas Frege bist...« (Brief, 1995)

»Halli Hallo! Na wie geht es euch mir geht es echt super nur vor ein paar Wochen hatte ich Windpocken das war doof. Und was macht ihr so. Ich finde es schade das es in der Bravo keine Poster von euch gibt wie ich gesehen habe noch gar keine wieso denn nicht?...« (Brief, 1988)

»Leck mich, fick mich, und laß mich deine Liebe spüren...« (Brief, 1993)

»...Meine Freundin glaubt mir einfach nicht, daß Eure bisherigen Antworten auf meine Briefe echt sind. Sie sagt, Ihr hättet bestimmte Leute dafür, die die Briefe schreiben und setzen nachher noch irgendeine gefälschte Unterschrift darunter. Unglaublich, oder!?« (Brief, 1992)

»Hallo Campino! Ich würde mich freuen von Dir ein Autogramm zu erhalten. Ich bin ein großer Fan von den »Toten Hosen«, doch besonders gefällt mir Eure Werbung für Erotim Superdry feucht, den Germania Sprachkurs und die Kettensäge...« (Brief, 1993 – nach der Veröffentlichung der CD »Kauf mich!«)

»Bananenkuchen für zwei Personen...Zubereitung: man nehme die gutgeformten Beine auseinander...« (Brief, 1991)

»Lieber Andreas!...Eigentlich will ich dich gar nicht mit meinen Problemen nerven, aber ich muß dir einfach schreiben!...Ich bin so unten und fall immer tiefer! Kannst Du mir nicht irgendwie helfen, denn ich sehe langsam keinen Sinn mehr in dem ganzen Scheiß! Du würdest mir so helfen wenn Du mir vielleicht schreiben könntest (Briefmarken habe ich mit reingelegt!)...« (Brief, 1994)

Wer ist das eigentlich, dieser »Liebe Andreas«? Soll ich das sein? Dieser lange Typ mit dem kleinen, vorne irgendwie zerknautschten Schädel, der vor dem ersten Kaffee sowieso nicht ganz durchblickt und danach versucht, das Niveau zu halten? Zehn Jahre lang haben Andi, Kuddel, Breiti, ich und die anderen unsere Fanpost ausschließlich selbst beantwortet, bevor wir auch diesen Vorgang etwas industrialisierten. Das Recht dazu haben wir uns hart erarbeitet. Man kann einfach nicht sechzehnmal mit der gleichen Ehrlichkeit und Überzeugung auf die Briefe einer Vierzehnjährigen aus Haselünne bei Oldenburg reagieren, die einem von den Freundinnen in ihrer Klasse erzählt. No way! Und es wäre staatstragende Hühnerkacke zu behaupten, daß wir uns »unserer großen Verantwortung« als sonstwas bewußt wären, die wir nur »leider kaum angemessen« wahrnehmen könnten, weil wir (die tollen Hechte!) fast ständig unterwegs (wow!) oder im Studio (wow-wow!) wären und so weiter...

Eine Zeitlang habe ich mehrfach öffentlich erklärt, wir würden unsere gesamte Fanpost sowieso immer verbrennen. Das hat natürlich auch nicht geholfen – Campino zerreißt meinen Brief persönlich und fährt die Schnipsel selber zur Müllverbrennungsanlage in Flingern; er liegt also ziemlich lange in seinem Wagen, ganz dicht neben ihm! So branden die Wellen der großen Gefühle also weiter an einen blonden Felsen namens Brigitte, die das meiste in unserem Geiste beantworten kann. Wenn wir mit einem Namen ein Gesicht, eine Erinnerung verbinden können, klemmen wir uns schon mal selbst dahinter. Der Punk aus Kanada, mit dem wir nach einem Gig in seiner Stadt zusammenhingen, das Mädchen von der Mosel, das uns regelmäßig ihre Sex-Phantasien zuschickte, aber leider potthäßlich war – solche Schwänke. Aber »Verantwortung«?

Ich bin nicht verantwortlich für alles, was der »liebe Andreas« oder »Der große Campino« irgendwo bei Leuten auslöst. Dieser »Mensch« ist eine Kunstfigur, eine sprechende

Leinwand für überdimensionale Projektionen; für die kann niemand verantwortlich sein. Wer sich zu einem Lied von den Hosen das Leben nimmt, wurde nicht von uns ermordet. Er hat sich bloß einen Soundtrack für seinen Abgang ausgesucht, zu dem wir ihm nicht geraten haben. Wenn es uns nicht gäbe, hätte er sich eine andere Musik für seine Aktion genommen. Solche und ähnliche Geschichten passieren einfach, wenn du »Pop« herstellst, also hunderttausendfach verbreitete Produkte der sogenannten Populärkultur. Du wirfst ein Ding in den unendlichen, gekrümmten Raum und hast keine Ahnung und keinen Einfluß darauf, wo es herumsurft oder landet und was dann damit passiert.

Ein Mädchen aus Österreich will keinen Sinn mehr in ihrem Leben erkennen, wenn ihre Liebe zu Campino keine Erfüllung findet. Sie schreibt: »Mein letzter Wunsch ist das du mich in Cornwall ausstreust an den Klippen wo d u als Kind gespielt hast. Und da wo du dich wohl fühlst. Es würde mich friedlich in tausenden von schönen Gedanken sterben lassen...«

Eine Hardrock-Clique aus Wernberg-Köblitz erzählt uns von einem tödlich verunglückten Kumpel, der mal gesagt hat, er wollte zu unserem Stück »Ehrenmann« (von der »Damenwahl») beerdigt werden. Seine Freunde legen am Tag der Beerdigung dieses Lied für ihn auf – und grüßen uns »In Gedenken an unseren Freund und Kumpel Sandro«.

Die Redaktion einer Schülerzeitung aus Rhede bei Bocholt führt Klage über die Hosen-infizierten Pseudos an ihrer Penne. »Das größte Problem ist, daß viele Jugendliche so sein wollen wie Ihr, da dies aber nicht möglich ist, lassen sie ihre Wut an uns oder anderen Schülern aus.«

»Georgi« bittet die Hosen, seiner Susanne schriftlich zu erklären, daß sie wieder mit ihm zusammenkommen muß.

Uta, 26, bietet günstige Mal- und Lackierarbeiten für unsere Büroräume und unsere Buden an; die Kopie ihres Gesellenbriefs ist beigelegt. Eine Sozialarbeiterin berichtet in ihrem Brief von einem Kerl, der in der Kneipe unsere Single »Alles aus Liebe« auflegen ließ und anschließend die verflossene Freundin mit einer Knarre niederschoß. Sie wurde nicht lebensgefährlich verletzt.

Und immer wieder Einladungen zu Parties, irgendwo da draußen zwischen Timmendorf und Bad Tölz. Seit unseren Magical-Mystery-Tourneen reißt die Kette von Anfragen nicht ab, die uns in Partykellern, Jugendheimen, Saunas oder Grillbuden in irgendwelche Hinterhalte locken wollen. Das sind wir alles selber schuld, schon klar. Ich ziehe hier auch nicht die Mein-Gott-wir-werden-aber-auch-überall-erkannt-Nummer ab, denn eines ist sicher: Wir haben die Sache nicht vor fünfzehn Jahren angefangen, um arm, unerkannt und ungeil zu bleiben. Wir wollten reich, berühmt und sexy sein, wie es im Grunde doch jeder will. Wieviel Post, Knete und Mädels hätten fünf ziemlich verhauen aussehende, mittellose Jungs ohne abgeschlossene Berufsausbildung in einem anderen, völlig normalen Leben wohl gekriegt?

Man kann sagen, daß wir am Anfang nicht geahnt haben, was es alles nach sich zieht, wenn man reich, berühmt und sexy sein will. Daß man aber darauf verzichtet hätte, wenn es abzusehen gewesen wäre, kann ich zumindest von dem Zeitpunkt an nicht mehr für mich in Anspruch nehmen, wo mein Bruder John mir das »No more Heroes!« aus dem Sturkopf gescheucht hatte. Und daß ich in all diesen Jahren um eine ordentliche Erwerbstätigkeit herumgekommen bin, dieser Gedanke fühlt sich noch immer sehr angenehm an.

MEINE SPEZIALNUMMER bei ZK begann früh am Nachmittag, etwa ab zwei. Ich hatte mir bis dahin immer schon ein paar Pullen reingeschraubt, um die Angst vor dem Auftritt runterzuspülen. Ich konnte jahrelang einfach nicht nüchtern rausgehen und singen. Ich saß dann mit meinem Bierchen eingeknickt vor den Clubs oder den Jugendheimen, in denen wir am Abend spielten, und schnorrte die Leute an. »Ey, haste mal 'ne Mark oder 'n Fünfer?« Ich sah so fertig aus, daß selbst die Punks mich bedauert haben. Das fand ich toll: Die Kids gehen alle an dir vorbei und holen sich ihre Karten fürs Konzert und bedauern dich, und dann kommt diese arme Wurst auf die Bühne und bringt genau den Auftritt, für den sie bezahlt haben! Ich habe es geliebt, die Leute für einen jungen Typ bezahlen zu lassen, den sie eben noch mit ihrem Mitleid und ihrer Häme übergossen hatten.

Ich war vor den Auftritten immer im Publikum, nie *backstage*. Das war meine Art, mich auf das Konzert vorzubereiten, ein Gefühl zu kriegen für die Leute, für die Halle. Diese Energien gingen mir durch und durch. Aber es funktionierte natürlich nur, solange mich kaum einer erkannte. Später, bei den Hosen, begannen sich Pulks um mich zu bilden, wenn ich im Publikum auftauchte. Es irritierte mich, ständig angequatscht zu werden; es war einfach blöd. Heute muß ich nicht mehr meine Pullen vor dem Auftritt haben, und ich komme auch damit klar, erst mit dem Beginn des Konzerts auf die Leute vor mir zu prallen. Richtig toll finde ich es aber immer noch nicht.

Im Ausland mische ich mich heute noch unter den Mob, ich wühle und wandere da durch wie ein Seehund im Wasser. Es ist nach wie vor die beste Art, sich auf die zwei Stunden da oben einzustimmen. Dann ist es wieder so, als wären wir immer noch ZK und hätten diesen großen, schwarzen Magier-Koffer dabei, auf dem »Der große Campino« steht.

Es waren im Grunde mehr Happenings als Konzerte. Einmal zogen wir einen Müllsack aus dem Koffer und kippten zehntausend Plastikchips über die Leute. Neuntausendneunhundertneunundneunzig Chips sind blau, gaben wir bekannt, aber einer ist rot. Wer den roten findet, erhält den Hauptgewinn! Ein anderes Mal war die ganze Band in Müllsäcke gekleidet. Wir schmissen Gegenstände ins Publikum und gaben Punkkonzerte für Kinder, bei denen Leute ab achtzehn nur in Begleitung ihrer Kinder zugelassen waren. Wir stellten uns in einer Reihe auf, ließen uns von den Kindern mit Torten bewerfen und spielten mit ihnen »Reise nach Jerusalem« – sobald unser Punkstück abbrach, mußte sich jeder einen Stuhl ergattern. Chaos war angesagt, egal wie, und wenn wir auf die richtigen Leute trafen, wurde es ein toller Abend. Wenn aber niemand so weit ging wie wir – und das war jedes zweite Mal der Fall –, dann standen die Kids fassungslos und totenstill vor uns. Kaum eine andere Band hat seit der Einführung der E-Gitarre weniger Zugaben gegeben als wir. Warum? Ganz einfach: Weil sie niemand forderte!

Wir waren die Anarcho-Kids der deutschen Punkszene, begründeten gleichzeitig ihre Junior-Liga und das, was man erst später unter »Fun-Punk« zu sortieren begann: Fabsis Mimmi's, die Suurbiers und dann Die Ärzte. Unsere britischen Helden waren weniger Joe Strummer oder Jimmy Pursey, sondern eher Johnny Moped und ein gewisser »Alberto Y Los Trios Paranoias«, zwei vorsätzliche Vollchaoten und Außenseiter. Es war ja die hohe Zeit des Apokalypso à la Discharge und Exploited, mit harten Lederjacken, harter Gesinnung und düsteren Plattencover-Visagen, in der man weder über sich noch zu überhaupt irgendeinem Anlaß lachte. Während aber die Strummer und Pursey bald die großen Deals mit den Mega-Firmen einstielten, blieben wir im

Grunde auf Graswurzelniveau. Nahmen unsere erste LP auf einem Vierspur-Toaster in einer Waschküche auf, lange bevor das ein Gütesiegel wurde, tourten zwischen Wolfratshausen und Kirchheim-Teck und übernachteten bei Leuten, die nachher oft nicht mehr unsere Freunde sein wollten.

Konzerte zu geben war im wesentlichen ein Vergnügen am Wochenende, solange wir noch zur Schule gingen. Bis auf Fabsi hatten wir sonst alle Streß, etwa nach einem Gig in Süddeutschland morgens wieder bei der Lehre oder im Klassenzimmer zu sein – vor allem seit wir Kuddel, unseren Benjamin, nach einmaligem Vorspielen als Gitarristen verpflichtet hatten. Andi mußte ihn eines Nachts sogar mal siebenhundert Kilometer weit von Kirchweihdach ins Rethel-Gymnasium nach Düsseldorf zurückfahren, kurz bevor er die Schule dann sowieso geschmissen hat. Unterwegs checkten wir Kuddels Hausaufgaben und lernten Leute statt Hotelseifen kennen. In drei Jahren haben wir ein einziges Mal nicht privat übernachtet. Aber das war nicht immer einfach, denn es ist ein Unterschied, ob du den Leuten auf dem Konzert das Gefühl vermittelst, genauso ein durchschnittlicher Versager zu sein wie sie, oder ob du es dann auch beweist, indem du ihre Bude auseinandernimmst und im Bad die Garnitur vollkotzt.

Rüde Zeiten, rüde Jungs. Ich spare es mir, Prügeleien buchhalterisch aufzulisten oder Abende, wo einer von uns mal ein Mädel kennengelernt und den Ball über die Linie gebracht hat, wie wir das nannten. Jeden Abend wird doch irgendwo geprügelt und gevögelt, daß es nur so wackelt.

Und dann sollen fünf Musiker ihre ranzigen Rock'n'Roll-Geschichtchen auftischen? Nein danke, davon hat die Welt genug. Es war auch nicht immer unbedingt toll, da oben auf der Bühne zu stehen, speziell nicht in dieser Phase, als das Rotzen groß in Mode kam. Ich sehe noch Kuddel vor mir, auf unserem ersten Gig in Berlin, als ihm die Jungs aus dem SO 36 in Kreuzberg ihre dicken Gelben auf die schöne Gitarre setzten. Wir anderen haben lange gebraucht, ihm das Nach-Hause-Fahren auszureden. Wir sagten: »Wisch dein Instrument ab und mach morgen weiter, es wird gut werden!« Der Junge brauchte wirklich seine Zeit, um mit Punkrock klarzukommen. Aber die Jungs im SO 36, die sich wild berotzten, hatten selbst alle einen guten Abend.

Kuddel schmiß also irgendwann die Schule. Unsere Nachhilfestunden und nächtlichen Rücktransporte, alles war damit für die Katz. Meine eigene Zeit am Humboldt wurde aber besser. Ich wurde ganz ruhig, riß die Schule mit der nötigsten Konzentration einfach runter. Ich wußte, daß Mom und Dad mir wegen ZK Schwierigkeiten machen würden, wenn ich in der Penne abgerutscht wäre, und ich wußte auch immer, wann es wieder losging mit den Jungs. So lebte ich insgesamt fröhlich-schizophren: Tagsüber war ich Schüler, nachts ein kleiner Rock'n'Roll-Held. Nach Frankfurt fahren, den wilden Willi machen mit den ganz Harten und dann wieder nach Mettmann zurück – das war Peterchens Mondfahrt zum Soundtrack von The Clash.

Aber wenn man drei Jahre lang schon aus Programm immer witzig sein und Scheiße bauen muß, knackt das irgendwann die Substanz. Ich hatte am Ende einfach die Schnauze voll von dieser Nummer mit »Der große Campino« und dem blöden Koffer. Ich wollte überhaupt nicht mehr Sänger sein und vorne den Affen machen. Ich war fast nur noch besoffen auf der Bühne und fand manchmal das Set nicht mehr, selbst wenn es auf einem Bettuch gepinselt hinter der Bühne hing. In Würzburg sind wir dann eines Abends mit der ganzen Bühne eingekracht, dabei bin ich auch noch auf meine Trompete gelatscht. Sie war so furchtbar entstellt, daß ich einen

Heulkrampf bekam. Aber im Grunde war mir klar: Das ist ein Zeichen von oben, laß es sein!

Es war die Zeit, als plötzlich alle anfingen, wie wild Bläsersätze einzubauen: die Undertones, The Jam, Teardrop Explodes, Dexy's Midnight Runners, Fehlfarben, Family Five, ganz Großbritannien und halb Düsseldorf. Aber so erbärmlich wollte ich nicht enden. Ich wollte die »musikalischen Möglichkeiten« von ZK nicht erweitern, sondern endgültig begraben, einäschern, atomisieren. Dafür brauchten wir nur noch eine Abschiedstournee, die wir der Nachwelt im Herbst und Winter 1981/82 dann auch tatsächlich zum Geschenk machten. Die Live-LP »Leichen pflastern ihren Weg«, ein konsequenter Zusammenschnitt übelster Kassettenaufnahmen, dokumentiert die berauschende Atmosphäre dieser Abende.

Es war im Grunde eine Tournee durch verschiedene Häuser der gleichen Familie. Hamburg, Hof, Bremen, Berlin – wo immer wir aufkreuzten, trafen wir nicht bloß Fans, sondern Freunde, die wir von irgendwoher kannten. Als Düsseldorfer Punks kannten wir die Hamburger Punks, die Berliner, und umgekehrt. Wir alle bildeten an diesen Abenden früher oder später ein großes, quietschendes Knäuel in einer riesigen Lache aus Musik und Bier. Es war die erste richtige Tournee unseres Lebens, und wir drehten mächtig auf, auch wenn das Geld immer nur für die nächste Tankfüllung reichte – wenn überhaupt. Nach dem ersten Konzert gab unser Opel den Geist auf. Ein gewisser Jochen, der die Tour managte, mußte von Stuttgart nach Düsseldorf zurück und was Neues organisieren – weil er aber vorher bei seiner Freundin in Niederkassel für zweitausend Mark telefoniert hatte, flog er bei ihr erst mal raus. Zwei Gigs später waren wir bereits pleite; wieder mußte Jochen zurück. Und so weiter.

Aber wir kamen durch, irgendwie, und erreichten zum Finale furioso das »Okie Dokie« in Neuss. Ich weiß nur noch, daß Jochen persönlich an der Kasse stand und den letzten der siebenhundertundnochwas Zahlenden später eigenhändig auf den Tresen half, damit sie überhaupt noch was sehen konnten. Immerhin wurde dadurch das Minus in der Kasse erheblich verringert – und am Nachmittag war schon eine sehr gut besuchte Kinder-Vorstellung gelaufen. Wer hier einen Fünfer löhnte, wurde wirklich hervorragend bedient, denn der kleine, für maximal zweihundert Nasen zugelassene Club wackelte und dröhnte vor Vergnügen.

Wer das erlebt hatte, glaubte uns die Nummer mit der »Abschiedstournee« sowieso nicht richtig. Ohne es zu wissen, hatten wir die neue Keimzelle schon an Bord. Denn da war Trini, der mal beim KFC gesungen hatte, aber auch halbwegs Schlagzeug spielen konnte, und der uns für eine Dokumentation über die Tournee, die nie fertig wurde, mit einer nicht sehr vertrauenerweckenden Video-Kamera verfolgte – einem komplizierten Modell aus der Gründerzeit vor dem VHS-Mainstream. Sein Witz und seine Mode, die meist aus Fundsachen in einer Gelsenkirchener Kleiderstelle stilsicher zusammengesetzt war (keine Ironie!), waren unverwechselbar. Der Kerl war einige Jahre älter als wir, aber auch fünfmal verrückter. Der zog das nicht als eine Show ab, die Anfang und Ende hatte, sondern der lebte das, vierundzwanzig Stunden am Tag und sieben Tage die Woche. Er war Flingerns Antwort auf Keith Moon, und zusammen waren wir beide anfangs sowas wie die Chefideologen der Band. Wir hatten die Visionen, lieferten die Ideen und hatten die besten Erklärungen dafür, wenn beides wieder mal nicht richtig aufging.

Dann war da mein ältester Freund Andi, der uns schon bei ZK photographiert hatte und als »Roadie« unsere winzige

»Anlage« aufbauen sollte, die mit bloßem Auge kaum zu erkennen war. Kuddel war längst dabei; als einziger Virtuose von uns war er im Grunde schon damals ein unverzichtbares Alibi. Außerdem hatten wir mit Jochen Hülder bei dieser Tour schon einen Management-Vampir dabei, der mangels Umsatz selbst noch ein bißchen blaß aus seiner natogrünen Bomberjacke blickte – und trotzdem blieb. Jochen hatte mit einem gewissen Gino eine kleine Konzertagentur für neue Acts aus der Punk- und Avantgarde-Szene. Das hieß zu der Zeit, anfangs der Achtziger, zwischen lauter kleinen Feuern hin- und herzurennen, die alle nicht richtig brannten. Einstürzende Neubauten, Malaria, Deutsch-Amerikanische Freundschaft, Theatre of Hate – lauter Low-Profit-Geschichten. Und dann, als Krönung, wir.

Jochen war gerade mit Malaria auf Tour, als er von den Hosen hörte. Er hatte bei ZK draufgezahlt, aber viel erlebt – und er hatte uns dabei kennengelernt. Das war wohl der entscheidende Punkt. Er hing schon ein bißchen drin und kam dann nicht mehr raus – Venus Fliegenfalle. Oder sollte der alte Transsylvanier einfach damals schon geahnt haben, daß auch er reich & sexy werden würde, wenn er nur lange genug in der Nähe unserer ungewaschenen Hälse blieb?

»Überhaupt nicht, weil – danach sah es wirklich nicht aus. Der Grund war eher, daß ich sowieso mal alle Autobahn-Raststätten in Deutschland kennenlernen wollte. Das war immer mein Ziel. Und ich glaube, bis zur Wiedervereinigung hab ich sie auch alle geschafft. Rock'n'Roll heißt ja vor allem: fahren, fahren, fahren, Kilometer fressen, kreuz und quer durch das Land. Wie oft wir allein an dieser Scheiß-Grenze gestanden haben und nachts über die Transitstrecke geeiert sind! Oder total breit von Frankfurt nach Düsseldorf zurückfahren, morgens um halb fünf am Leverkusener Kreuz, völlig fertig mit der Welt. Oder diese komischen Ecken bei Kassel, Göttingen und Hof, die wir dann auch noch mitgenommen haben, weil wir da noch nicht waren – selbst wenn es eine Stunde mehr gekostet hat.

Der zweite Grund war, daß ich als einziger von hundertzwanzig Abiturienten in Solingen durch das Abi gefallen bin. Alle haben gefeiert, nur ich mußte durch die Nachprüfung. Ich hab dann für den nächsten Jahrgang die Abi-Fete organisiert, denn wenn ich schon bei meinem Jahrgang nicht mitfeiern konnte, wollte ich wenigstens den nächsten noch abkassieren. Das war vielleicht schon bei mir drin. Durch diese Fete bin ich auf den Stadtsaal in Solingen Wald gestoßen, wo ich dann für einen Folkgitarristen namens Werner Lämmerhirt mein erstes professionelles Konzert organisiert habe. Das war 1978 und für mich ziemlich sensationell. Danach habe ich zusammen mit einem Freund ein Wallenstein-Konzert in der Klingen-Halle in Solingen gemacht und ein Jahr später ein Weihnachts-Festival mit Hölderlin als Mainstream-Headliner, aber schon abgerundet durch Mittagspause, von denen niemand in Solingen bisher was gehört hatte.

Ich war immer faul und auf der Suche nach etwas, wo ich mit möglichst wenig Aufwand möglichst viel Gewinn erzielen konnte. Das war schon in meiner Trödelmarktzeit so. Zwei Jahre lang verkauften wir, was immer gerade ging, Kachelöfen aus Belgien, Weichholzmöbel aus Südfrankreich, und schließlich Haribo, mit dem alten Trick: Die Kinder durften selbst reinschaufeln, dann kam das Zeug auf die Waage und brachte immer zehn, zwölf Mark. Später assistierte ich dem Verpächter vom Trödelmarkt, der hatte eine Finca auf Ibiza. Die Ansage war immer: freitags und samstags Trödelmarkt machen und von montags bis freitags nach Ibiza. Und so wurde das dann auch gemacht.

Ich war noch nicht in dem Punkrock-Ding drin, sondern als Solinger mehr in dem Reggae-Film, weil in Solingen sowieso nur gekifft wurde. Eine der ersten größeren Sachen war dann auch die 80er Tour von Bob Marley, wo ich plötzlich Bandbetreuer in dieser Region wurde. Ich durfte das Gras und den Fußballplatz besorgen und Marley fünf Tage lang betreuen. Es war das erste Mal, daß ich Rassendiskriminierung umgekehrt, also am eigenen Leib erfahren hab. Marley hatte eine komplette Etage im Kölner Interconti angemietet, und dann hieß es irgendwann »Komm mal rein!« Ich war der einzige Weiße dort und wurde richtig vorgeführt, durfte dann aber auch einen mitrauchen. Es gab da einen im Marley-Clan, der nur dafür zuständig war, die Tüten zu drehen, das war sehr beeindruckend. Aber man ließ mich schon fühlen, daß ich nur akzeptiert war, weil ich von den alten Kiffern in Solingen Gras besorgt hatte, auch wenn es allmählich besser wurde.

Dann haben mein Partner Gino und ich '81 die Philipshalle in Düsseldorf angemietet für ein Festival mit DAF, Wirtschaftswunder, Fehlfarben und Palais Schaumburg, als noch niemand von der Halle diese Namen überhaupt gehört hatte. Vorverkauf vierzehn, Abendkasse neunzehn. Ich hab mir von überall Geld zusammengeliehen, weil die von der Halle die Miete in diesem Fall vorher haben wollten. Wir hatten einen Break von zwölfhundert Leuten und erst achthundert Karten im Vorverkauf abgesetzt. Wir waren schon völlig fertig. Aber als ich abends zur Kasse ging, saßen die Mädchen in einem großen Haufen aus Geldscheinen. Dreitausendzweihundert Leute hatten sich noch Karten gekauft. Von da an hatte ich natürlich einen legendären Ruf in dieser Szene, denn bis dahin spielte sich hier alles nur bis zu einer Größenordnung von fünfhundert Leuten pro Konzert ab.

Es war einfach nur: im richtigen Augenblick am richtigen Ort sein und mit den richtigen Bands. Ich hatte jetzt ein Feld besetzt, das die Großen in der Branche nicht bearbeiteten. Und das ist der Spaß daran: Du machst die Party, du bist der, der den neuesten und besten Event in die Stadt bringt. Zum Beispiel King Kurt: Die ganze Ratinger Straße war gesperrt und alles bunt von Mehl, Eiern und Hühnerfedern, womit die Band und ihre Fans immer um sich schmissen. Das war schon witzig.

Ich fing an, mich für die Bands wirklich zu interessieren – Abwärts, The Clash, das ganze englische Zeugs. Und ich führte für Alfred Hilsberg und sein Zick-Zack-Label die ersten Konzerte mit den Neubauten und Malaria vor Ort durch. 1982 rief mich dann ein Kerl namens »Fabsi« an und fragte mich, ob wir für das Konzert von Abwärts im »Haus Blumenthal« in Krefeld eine Vorband gebrauchen könnten, ZK aus Düsseldorf. Komischerweise habe ich an dieses Konzert gar keine Erinnerung. Entweder war ich gar nicht da oder ich saß wieder mit Jäckie Eldorado in der Garderobe und hab abgerechnet. Und dann sind irgendwann Fabsi und Campi in mein Wohnbüro an der Graf-Recke-Straße gekommen und haben mich gefragt, ob ich die ZK-Abschiedstournee organisieren will.

Da ich bis dahin noch nie eine Tournee veranstaltet hatte, wußte ich gar nicht, was ich da organisiere. Ich hab einfach irgendwelche Nummern angerufen, die Fabsi mir gegeben hatte, und die Gage vereinbart. Dann kam ich da in Stuttgart an, und es standen achthundert Leute vor der »Mausefalle«, die alle ZK sehen wollten. Das war mir völlig schleierhaft. Nach der Tournee aber war mir klar: Wenn ich überhaupt noch mal mit jemand arbeiten will, dann mit denen. Ich hab in einer Tourwoche mit ZK mehr erlebt als andere mit ihren Bands in fünf Jahren. Und es gab da kein Rumgezicke, wie ich das von fast allen anderen Bands her kannte. Ich fand diese Rockdiva-Nummer bei Marley oder auch bei Public Image immer ziemlich ätzend, und genau das lief bei den Jungs eben nicht. Und das war wohl der dritte und wichtigste Grund.

Ich war überhaupt nicht davon überzeugt, daß die Jungs als »Tote Hosen« die zukünftige Supercombo würden. Ich fand einfach nur bewundernd, wie professionell die ihr Ding im Grunde abgeliefert haben. Die wollten richtig, und die hatten diese bestimmte Art: Man fährt irgendwo hin und spielt hundertprozentig die Show, egal ob da viertausend sind oder bloß zwanzig, wie einmal in Hof. Die Jungs haben auf der Bühne so gespielt wie Joachim Hopp in der letzten Bundesliga-Saison des MSV Duisburg, der noch halbtags in die Zeche einfuhr und auf dem Platz mehr Gas gab als die Vollprofis. Das war das Hosen-Ding: Es konnte zu Anfang zwar keiner spielen, außer Kuddel, aber das war egal. Und das war der Punkt, wo wir zusammenpaßten: Wenn ich irgendwo schon was gemacht habe, hab ich es auch immer mit Vollgas gemacht.

Dann lernte ich auf der Schirmerstraße, wo ich inzwischen wohnte, Ute kennen. Ich lud mich auf einen Kaffee ein und machte auf nett, weil ich keine Dusche hatte und nach den Touren immer dringend eine brauchte. Ute war schon Lehrerin, und eine ihrer ersten Amtshandlungen in unserer Beziehung wurde dann, mein Leben zu sortieren. Ich hatte eigentlich nur Mahnbescheide und Rechnungen, die auf mich einprasselten, und nun begann ich auf ihr Drängen, die Mahnbescheide nicht mehr gleich wegzuschmeißen, sondern zu beantworten. Ich war selbst nach den ersten größeren

Erfolgen der Band noch lange damit beschäftigt, die Löcher, die sich irgendwann mal aufgetan hatten, endlich zu stopfen. Es gab auch nie diesen einen Punkt, wo ich gedacht hab, jetzt geht es tierisch los. Das hat sich einfach entwickelt.

1983 hab ich dann mit Dietrich von Rough Trade und Scumek die Konzertagentur »MCT« gegründet. Diese Firma hat zwar reichlich Geld gekostet, war aber für mich und die Hosen sehr hilfreich. Ich bekam dadurch die professionelleren Kontakte und hatte Bands, die auch andere wieder haben wollten. Der Deal ging dann immer: Willst du die Ramones, mußt du auch die Hosen nehmen. Als dann irgendwann sowieso alle die Hosen haben wollten, bin ich 1990 ausgestiegen und hab mit Kiki und den Jungs »KKT« (Kikis kleiner Tournee-Service) gestartet.«

»Ich kümmer mich«, sagte Jochen damals, und dabei ist es bis heute geblieben. Fünf Chaoten und ein blutleerer Vampir in einer grünen Bomberjacke – das läuft irgendwann sowieso nur auf Punkrock hinaus.

Ich pflegte meine Stimme, seit ich im Winter 88/89 aus der HNO-Klinik in Hannover entlassen wurde. Ich sang mich ein, lalalalilili, gurgelte und schonte. Aber mein Leben, unser Tour-Leben, änderte sich nicht. Es gibt eine Eigendynamik des On-the-Road-Seins, die dich wie ein Sog erfaßt; dagegen kommst du nur schwer an. Wenn du wochenlang mit deinen Kumpels und einer guten Crew durch die Lande ziehst, kommst du in diese aufgekratzte Klassenfahrt-Euphorie. Du pfeifst dir ständig Überdosen an Erlebnissen, Kontakten und Belastungen rein, und weil du das nicht mit Ruhephasen ausgleichen kannst, pfeifst du über kurz oder lang noch andere Dinge ein. Das beginnt mit Pushern, den lieben kleinen

»Cappis«, und endet in weißen Pulverbergen aus Brottüten – so groß, wie alte Frauen sie zum Entenfüttern tragen.

Es ist Sommer 1991, der Morgen nach dem letzten Konzert unserer »Learning English«-Tournee. Am vergangenen Abend haben wir auf dem Festival im schweizerischen Fraunfeld einen ziemlich miserablen Gig vor ausgedünntem Publikum gespielt – die Jungs von Status Quo, die vor uns spielten, fakkelten am Ende ihres Sets ein komplettes Feuerwerk auf der Bühne ab; das haben viele als Zeichen fürs Ende des Festivals mißverstanden. Den Abend davor war es nicht besser. Nun sitzen wir also in irgendeinem Hotelzimmer zusammen bei Kaffee und Saft und reden endlich über unseren Drogenverbrauch. Gestern nach dem Gig habe ich rumgebrüllt, daß ich so nicht mehr weitermachen will. »Ich geh nicht mehr mit ein paar vollgedröhnten Arschlöchern auf Tournee, die immer schlechter werden! Da draußen stehen Leute, und die wollen nicht enttäuscht werden! Das ist nicht mehr die Idee, wie es laufen sollte!«

An diesem Morgen gibt es keine Heiligen. Jeder packt aus mit seinem ganz persönlichen Verbrauch. Das Gesamtbild ist, vorsichtig ausgedrückt, katastrophal. Und das war abzusehen. Auf unseren Room-Parties bekamen wir zuletzt Straßen für zigtausend Mark im Monat gelegt. Es wurde gesnifft und gelöhnt, schnell war ein neuer Fünfhunderter-Schein fällig. Was nicht direkt bezahlt wurde, kam auf die Rechnung. Auf diese Weise haben wir oft Schweinesummen nachzahlen müssen, acht-, zehn-, zwölftausend Mark. Wir waren Lichtjahre entfernt von allem und gaben ein paar scheinbar großartige, aber auch viele mäßige und peinliche Gigs.

Wie tief zum Beispiel Kuddel drinhing, merkte ich daran, daß er auf dieser Tour als Gitarrist von Breiti manchmal überholt wurde. Das hätte er unter anderen Umständen nie zugelassen. Von mir selber hatte ich irgendwann den Eindruck: Das bin ich gar nicht mehr. Ich mußte an die Anfangszeit des Punk denken, wo alle Arten von Drogen, außer Alk, als Todsünde galten. Wer wollte vor seinen Kumpels schon als Hippie dastehen, als Pothead und Freak? Doch diese ideologische Schranke fiel schnell, bei den Bands eher als bei den Fans. Hier waren wir nun, die fünf Punkrocker, knietief im Drogenschnee und in den Birnen ziemlich abgedriftet. The Ramones meet Grateful Dead – unglaublich!

Da ist eine ganz feine Linie: zwischen dem Spaßhaben, wo du deine Dinge trotz Drogen noch geregelt kriegst, und völligem Abdriften, wenn es in jeder Hinsicht asozial wird. Ich kenne Leute von früher, die mit ihrer Birne irgendwann hinter einer ständigen Nebelwand verschwanden, aus der sie bis heute nicht wieder aufgetaucht sind. Nicht wenige sind aus ihren Jobs geflogen und leben heute von der Stütze, vom Dealen oder von dem, was erschrockene Passanten ihnen in der Altstadt in die Klaue drücken. Andere sind mit irgendwelchen Kleinbürgerexistenzen künstlich ruhiggestellt. Bollock, unser langjähriger Freund und Roadie, kostet gerade vom Methadon-Programm der nordrhein-westfälischen Landesregierung. Das ist nicht lustig, das ist der Horror-Trip!

Ich will aber nicht auf den Horror kommen in diesem Sommer 1991, weder alleine noch mit einer Band. Ich will, daß wir das Ding herumgerissen kriegen. Zum ersten Mal seit dem Stimmband-Anriß vor zwei Jahren gibt es wieder eine Situation, die nach einem möglichen Ende der Hosen aussieht; und das muß ja wohl nicht sein – oder? In diesem Hotelzimmer in der Schweiz sind wir uns bald wenigstens soweit einig, daß wir in den nächsten zwei Hosen-freien Wochen das Ganze noch mal überbrüten wollen – jeder für sich, allein im Urlaub. Als wir uns dann übers Wochenende in einem angemieteten Häuschen am Essener Baldeneysee einigeln, ist die Hektik aus der Auseinandersetzung raus. In langen Abendsessions legt jeder seine Position dar, und dann überlegen alle zusammen, was wir tun können.

Es wird bald klar, daß es in jedem Fall weitergehen soll. Es wird auch klar, daß Sachen wie Koks und Speed von nun an auf den Index kommen. Wer das Zeug etwa vor Auftritten nimmt, macht sich vor den anderen strafbar – und das wiegt schwerer als der Bruch mit dem bürgerlichen Gesetzbuch. Wie ein parlamentarischer Ausschuß oder eine Bischofssynode erarbeiten wir zukünftige Leitlinien für uns. Nur viel genauer, denn wir sind's ja selbst! Die geheime Vollversammlung war immer unsere Stärke, wenn es irgendwo klemmte. Dann ging es mit zwei Karren ab in die nächste Botanik, und dort wurde von sechs Uhr abends bis vier Uhr nachts und

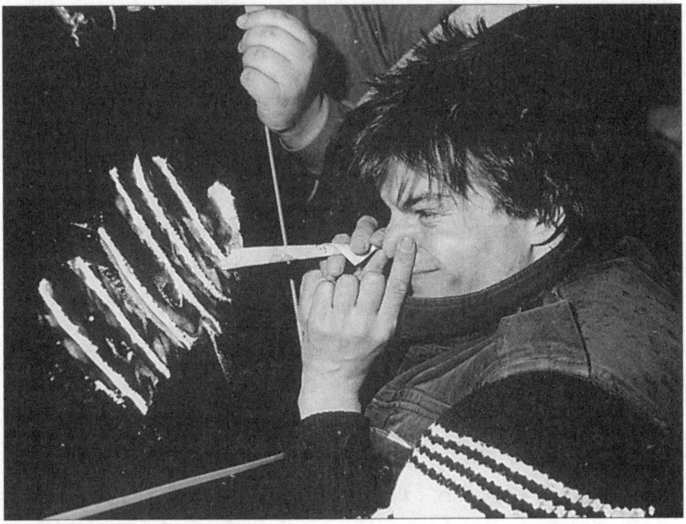

»ROTZEN, ROCKEN, RAUSCHGIFTORGIEN«: Das Foto zur Schlagzeile. Gestellt 1987.

länger rumpalavert. Auch diesmal ist die Lage hinterher bereinigt, ohne daß jemand auf der Strecke bleibt. Wir kriegen noch immer zusammen Spaß, auch wenn der Trip nur aus einer bescheuerten Bootsfahrt über den Baldeneysee besteht.

Die Moral von der Geschichte? Vielleicht sollten wir unsere Moritaten in kleinen Happen noch mal dem »Express« verkaufen, dieser einzigen funktionierenden Kooperation zwischen Düsseldorf und Köln. Dort weiß man noch, wie man richtig schwarze, fette Kopfzeilen baut. »Hosen-Star Campino: So krochen wir aus dem Drogensumpf«. »Die Skandal-Bio der Hosen: Rotzen, Rocken, Rauschgift-Orgien«. Nur die kleingedruckte moralische Erbauung am Schluß der Artikel fiele mir schwer. Wir sind nicht die Drogenberatung oder Lothar Matthäus im T-Shirt, wir sagen nicht »Laß es sein!« Diese Moral haben wir nicht. Wir haben nur unsere eigene Geschichte, und ich glaube nicht, daß Jesus oder Campino oder Kuddel oder sonstwer wirklich stellvertretend für andere etwas durchleben können.

»Wir kommen aus der Hölle, auf die auch du dich zubewegst, und wir sagen dir kraft unserer Erfahrung: Weiche zurück, kehre um, es lohnt sich nicht!« Diese Aerosmith-Nummer vom staatstragenden Rock'n'Roller, der »die Jugend« warnt – nein, sorry, die Nummer glaube ich mir selber nicht. Es war nämlich wirklich großartig, mit einer Schaufel Koks im Schädel vor all diesen Leuten zu stehen und das eigene Hochgefühl auf sie zu übertragen. Es war absolut super, mit Faust, Elmar, Kiki, Bollock, und all den anderen aus der Crew auf irgendwelchen Hotelzimmern Spontanparties abzuhalten, auf denen zur Verlängerung des Vergnügens Pusherpillen kreisten. Das ist ja das Gefährliche daran: Das Leben fühlt sich tierisch gut an, wenn du vollgedröhnt bist. Wenn es nach Antilopenkacke schmecken und einen völlig depressiv machen würde, ließe man schnell die Finger davon.

Aber es kommt auch der Tag, wo du nicht mehr weißt, in welcher Halle, in welcher Stadt du gerade bist, Lichtjahre von zuhause entfernt. Dann beginnt sich alles außerhalb der Crew, der Bühne, dem Tourbus langsam von deiner Wahrnehmung abzulösen wie eine alte Tapete. Der Kontakt reißt – und was, außer etwas Routine, hast du den Leuten vor dir dann noch zu geben?

Wir sind seit dem Eklat von Fraunfeld keine Mönche geworden. Aber wir wissen heute besser, wann die Zeit wofür gekommen ist. Auf den Weihnachtsfeiern mit unseren Freunden gibt's weiter mehr als bloß Lebkuchenplätzchen. Zwischen Tournee und neuen Aufnahmen nehme ich bis heute und auch noch morgen – kleine Portionen von irgendwas. Es kommt immer auf die Situation an. Ich bin keiner, der vom Wettfressen in verschärfte Diäten verfällt; solche schnellen Wechsel sind mir eher verdächtig. Vom Punk zum Zeugen Jehova, vom Zeugen Jehova zurück zum Punk, immer die Lektüre wechseln zwischen Wachtturm und Fanzine – nein danke, das habe ich anderswo oft genug gesehen.

In Südfrankreich sitzen in jedem Dorf wenigstens zwanzig alte Säcke mit neunzig Jahren und mehr hinter sich; wenn du die fragst, sagen sie dir, daß sie jeden Tag ihres Lebens zwei bis fünf Gläser Wein gesüffelt haben. Diese Kerle da unten mit ihren ranzigen Kappen, ihren Boulekugeln und ihren offenen Hosenställen, das sind für mich die wahren Punkrokker. Nie asketisch, nie perfekt, aber immer auf Draht, wenn es darum geht, ein kleines Spielchen zu machen.

Wir waren reinrassige Autodidakten, als wir uns im Frühjahr 1982 zusammenwürfelten. Das ist kein Märchen, sondern historisch verbrieft. Als ich mit Andi, Kuddel und Trini ein paar Wochen nach der ZK-Abschiedstournee die Idee von einer mindestens zehnköpfigen Pro-Punk-Anti-Dixieland-Big Band verfolgte, wollten wir die Instrumente grundlegend neu verteilen. Ich wollte überhaupt nicht mehr singen und den Frontaffen machen, sondern Schlagzeug spielen. Das war und ist bis heute mein Lieblingsinstrument. Etwas davon war ja schon da: Weil bei ZK immer wer zu spät kam, hatte ich mich oft hinter die Kübel geklemmt und über die Monate einen halbwegs gescheiten Roll und schließlich auch einen brauchbaren Break entwickelt. Umgekehrt war Trini, der Trommler, teilzeitmäßig irgendwie auch Sänger beim KFC gewesen. Wir verabredeten also, beide Arbeiten abwechselnd zu erledigen. Das war eine gute Sache, auch wenn Trini mich bald darauf beschiß und ich wieder hinterm Mikro landete.

Andis Empfehlung war, daß man beim Trinken auf ihn zählen konnte. Er gewann die Ausschreibung für die Bass-Stelle mit einem einfachen Trick: Weil vier dicke Saiten an einem Instrument nur seine Finger durcheinander brachten, montierte er zwei davon ab. So kriegte er das geforderte rhythmische Grunddumpfen entlang des Haupttons unfallfrei geregelt. Andi war kein As, aber er steigerte sich gehörig. Später wurde er so mutig, die Latte noch ein Stück höher zu legen und einen dreisaitigen Baß für sich bauen zu lassen.

Es gab auch noch Walter November, damals dritter Gitarrist und ziemlich »unplugged« (»November« bezog sich ziemlich eindeutig auf Gene October, den legendären Chelsea-Sänger). Walter hatte das schlimmste Rhythmusgefühl, was ich je bei einem Säugetier bemerkt habe. Er sah einfach nur gut aus, konnte aber nicht fünfmal in Folge die Saiten im gleichen Zeitabstand anschlagen. Es machte nicht »demm,

demm, demm, demm, demm«, wenn Walter spielte, sondern »demm, demmdemm, demmdemm« oder »demmdemm-demm, demm, demm« oder so, jedenfalls immer anders. Kuddel hat mal versucht, ihm etwas beizubringen; er wollte auch trainieren, aber es war zwecklos. So wurde der smarte Walter auf der Bühne eigentlich nur ausgestellt: Wenn er hinten in die Anlage reinsprang, war das immer ein Treffer, auch wenn dabei das Kabel aus dem Verstärker flog. Niemand stöpselte dieses Kabel wieder ein, niemand, und Walter wußte das. Aber bald wurde er darüber immer paranoider und sagte: »Irgendwann merken die das, irgendwann werde ich erwischt.« Ich dachte nur: »Na und? Was ist denn schlimm daran?«

Etwas später kam dann die große Zeit der Luftgitarrenspieler, die alle nur so taten, als ob sie richtig spielten, und sich ganz auf die Bühnenaction konzentrierten. Das hätte eigentlich Walters Epoche werden müssen. Aber zu der Zeit hatte er gerade wegen eines religiösen Schubs seine gesamten Punkplatten zerhackt und war in Mettmann abgetaucht, um als Zeuge Jehova auf dem Jubiläumsplatz den »Wachturm« feilzubieten.

Walter warf also ziemlich bald das Handtuch, was vom Sound her kaum einer merkte. Was Walter eigentlich hatte spielen sollen, lieferte ab Herbst schon Breiti. Breiti war eine Entdeckung von Trini, der ihn auf dem Video des ZK-Abschiedsgigs in Neuss in der ersten Fan-Reihe sah, wie er eine Fahne schwenkt und vor der Bühne rumgröhlt. Trini sagte: »Hey, wer ist der Typ, den müssen wir haben!« Zufällig war es ein Freund aus meiner Klasse, der uns gut fand, ohne sich anzustrengen, genauso sein zu wollen, und der mit vierzehn eine Wandergitarre geschenkt bekommen hatte. So ein Proll mit Eigensinn und Stolz und fransigen Scheißhaaren, die ihm bis heute LKW-Fahrer-mäßig im Gesicht hängen. Es gab keinen anderen Kandidaten für die Rhythmusgitarre, also luden wir ihn einmal in den »Proberaum« ein. Und siehe da – er konnte ein paar Akkorde schrammeln.

Dieser »Proberaum« war genau genommen die Küche von Trinis Pseudo-Loft auf der Kölner Straße. Es gab einen Fabrikanbau im Hof, wo Trini auf einer Etage lebte und wir uns ohne Belästigung unseren drei Akkorden und dem Wechsel dazwischen widmen konnten. Wann immer eine Polizeistreife vorfahren wollte, die von den natürlichen Feinden aller Musiker, den »Anliegern«, zu Hilfe gerufen wurde – sie kam nur bis zum Eingangstor am Vorderhaus, das wir abgeschlossen hielten. Man rätselte eine Weile, woher der Lärm kommen könnte, rüttelte zweimal am Tor und drehte dann ratlos ab. Es war also genau der richtige Proberaum.

Bis einen Tag vor unserer ersten Tour waren wir in diesem Herbst 1982 auf Klassenfahrt in Glasgow. Breiti und ich teilten uns ein Zimmer. Ich ging essen, spazieren, saufen, kicken, doch Breiti blieb die ganze Zeit im Hotel. Von morgens bis abends ackerte er auf seiner Akustikgitarre an den Riffs unserer ersten Stücke. Ließ den Kassettenrekorder die Songs wieder und wieder abspulen und riß sich die Finger auf, um synchron zu sein. Stur, blöd, lastwagenfahrerartig. Als er zurückkam, hatte er von Glasgow so gut wie nichts gesehen. Aber er beherrschte das komplette frühe Hosen-Programm und konnte mit uns auf Tournee gehen, und da sah er dann viel mehr – Saarbrücken, Hof, Osnabrück, all die Metropolen der deutschen Provinz.

Da waren mit Kuddel, dem Spielverderber-Virtuosen, also dreieinhalb Gitarreros auf der Bühne, und genauso sollte es auch sein. Die Idee war ja, die Band so groß werden zu lassen wie es nur irgendwie ging. Wir wollten mit möglichst vielen Leuten unterwegs sein, weil wir dachten: Je mehr Leute dabei sind, desto mehr Spaß haben wir. Es ging um das Auf-Tour-Sein an sich – und nicht als Mittel zu dem Zweck, sein auf Vinyl gepreßtes Zeug unters Volk zu bringen (an der Vinyl-Front hatten wir noch null am Start). Hier und jetzt sollte es abgehen, nicht in zig Jahren auf einem Kontoauszug. Viele Instrumente, besonders Gitarren, sollten den Sound so dick wie möglich machen; das war der zweite Grund. Wir wollten stahlharte, schnelle Rocknummern mit Höllenlärm abliefern, in denen es vor Gitarren nur so wimmelt. Wo Gitarren und Schlagzeug einen gemeinsamen Knall ergeben, der von keinem Keyboard und keinen zusätzlichen Arrangements mit Streichern, Tubas, Waldhörnern oder kirgisischen Lauten zugekleistert wird. Rock'n'Roll ohne jede Veredlungsarie, nur das Gerüst einen entscheidenden Dreh schneller dargebracht – Punkrock eben.

Und es funktionierte! Auch wenn Trini manchmal etwas spät mit dem Fuß auf dem Pedal war, Andi öfters hörbar wegsumpfte und Breiti Temposchwankungen zeigte, rappelte sich unser Zug zu ein paar ersten Volldampfnummern auf.

Es mußte nicht alles toll klingen. Solange nur Tempo und Wahrheit in den Stücken war, stimmte die grobe Peilung; die feine würde sich von alleine finden. So entstanden »Wir sind bereit«, »Reisefieber«, »Niemandsland«, die ersten echten Marken, so gaben wir unsere frühesten Wochenend-Konzerte (Breiti, Andi und ich waren, glaube ich, alle in der Oberprima).

Es gab auch einen »Club der toten Hosen«, in den jeder Depp ohne eine Auswahl oder sonst eine Beschränkung eintreten konnte. Paßfoto und Angabe der Hosengröße genügten. Wir schickten dann eine möglichst verschissene, total billige Hose aus der Altkleidersammlung und einen »Paß« mit vertauschtem Lichtbild zurück. Damit kam man bei unseren

Gigs dann umsonst rein. Doch der Club wuchs nicht so richtig: In unserem hirnlosen Gründerwahn hatten wir nicht bedacht, daß die meisten toten Hosen viel zu schlaff sind, um eine Postkarte zu schreiben und zum Briefkasten zu bringen. Und was genau wir anfangen sollten mit den Nasen, die beigetreten waren, darüber hatten wir uns sowieso keine Gedanken gemacht.

Ganz zu Anfang hatten wir übrigens auch den Band-Namen »Die Pariser« ins Auge gefaßt. Wir stellten es uns cool vor, in einer anderen Stadt als »Die Pariser aus Düsseldorf« angekündigt zu werden.

Das erste Konzert fand in einem Schuppen namens »Schlachthof« in Bremen statt, wo wir durch ein Versehen als »Die toten Hasen« angekündigt waren. Aber was heißt schon »angekündigt«? Es war nicht so, daß irgendwo zigtausend Plakate hingen und Trilliarden von Handzetteln kursierten. Die Leute, die kamen, hatten irgendwas von irgendwem gehört; »ZK-Nachfolge-Gruppe« war für unsere Kreise damals schon eine kleine Hausnummer, auf die es ein bißchen Kredit vorab gab. Wenn man diese Leute zusammenzählte, kam man auf eine ganz überschaubare Zahl, für die man ohne fremde Hilfe auch eine Grillparty hätte aufziehen können.

Es waren Parties, jedenfalls eher als reine Konzerte. Nie hatten wir bessere Gelegenheiten, unter dem Vorwand des Musikantentums durch die Lande zu gurken und lauter nette Leute zu treffen, denen man nachher vielleicht noch die Freundin abschwatzen konnte – wenn es denn wirklich mal keine Schwestern oder Kusinen gab. Und es waren echte Geselligkeiten in dem Sinne, daß wir uns auf eine angemessen unelegante, aber ganz eigene Art amüsierten.

Auf dem Cover unserer ersten Single sahen wir auch überhaupt nicht gut aus. Eher wie immer, nur daß die Köpfe und

Gesichter fehlen. Wir bauten uns vor einer Verladerampe des Güterbahnhofs in Mettmann auf; Andis Gesicht wird von einer rot-weißen Fußballkappe mit Schirm verdeckt. Daneben der kopflose Torso von Trini, kanariengelbe Hose, rosa Fromm's-T-Shirt, dann ich mit meiner Patchwork-Buchse, beide an die Rampe gelehnt. Über Andis Kopf erscheinen zwei Walter-Unterschenkel, links davon sitzt Kuddel mit Stoffhose und diesen adidas-Tretern, die nie hip gewesen sind und es auch nie werden (also nicht das »Gazelle«-Modell). Man weiß nicht genau, ob das als »Trash« gemeint oder einfach nur auf die normale Vorstadt-Art daneben ist. Jedenfalls prangt ein blauer Stern in der Ecke, der eher wie ein Fleck aussieht und als Gütesiegel gemeint ist. Auf ihm steht »Punkrock«, und das war auch wirklich drin.

»Wir sind bereit/Jürgen Engler gibt 'ne Party« erscheint in einer Auflage von 5000 Exemplaren im März 1982. Schon einen Monat später legen wir mit fünftausendmal »Reisefieber« nach. Die halbernste Idee war, die Charts mit immer neuen Hosen-Scheiben vollzustopfen und auf diese Art genauso lästig wie berühmt zu werden. Nachschubprobleme gab es nicht: Alle vier Stücke der beiden Singles wurden am gleichen Nachmittag, zwischen Soundcheck und Auftritt in Solingen, in »Rudas Tonstudio« an der Kreuzstraße in Düsseldorf aufgenommen. Solange wir nichts Neues in der Hinsicht hören, betrachten wir das übrigens weiter als inoffiziellen Weltrekord. Für das Cover benutzten wir hinten einfach unser erstes Live-Photo und vorne eines aus der Session am Bahnhof in Mettmann: fünf schräge Zugvögel, die mit Paddel, Globus, Skiern und Mützen verzweifelt das Thema »Reise« umzusetzen versuchen.

Wir wählten Martin Rudas kleines Studio für unser Vorhaben aus, weil es die einzige Tonbude im Umkreis war, in die man damals ohne Scheck oder Cash vorab hineinkam. Die tausend Eier für den Tag konnte man gegen Rechnung irgendwann überweisen. Aber natürlich war es ein Teufelspakt. Der Laden dieses langhaarigen Hippies wurde eigentlich nur zur Synchronisation von Werbespots benutzt; er hatte so ziemlich alles nicht, was ein normales Tonstudio ganz selbstverständlich besitzt. Es gab kein einziges Effekt- und kein Stimmgerät, es gab im Grunde nur Eierpackungen an der Wand, ein Tonband und einige Mikrofone. Dazu paßte unser Equipment wie maßgeschneidert: Kuddel quälte seine Riffs durch einen »H+H«-Kofferamp von der Größe einer Pralinenschachtel, dem bei jeder Fremdberührung Mittel- und Endstufe rausfielen, Andis Gerät war eine Kaufhausereroberung namens »Hot-Bass 60«. Ein Name, ein Programm. Muß ich weitere Details liefern?

Unsere kleinen Scheibchen wurden nicht der Kickstart in die Weltliga; mit ihnen begann kein unaufhaltsamer Karriereschub zu vorbestimmten Millionenverkäufen. Etwa vierbis fünfhundert Exemplare wurden von den Dingern jeweils abgesetzt; der Rest stapelte sich in gigantischen, völlig unverrückbaren Kartons bis unter die Decke unseres Zwei-Zimmer-Büros an der Kölner Straße 170, sechster Stock ohne Lift. Wir hatten die optimistische Startauflage schon an dem Tag verflucht, als sie vom Preßwerk angeliefert wurde. All die niedlichen 25er-Pakete wurden ja nicht oben vor unserer Tür, sondern einfach unten in der Einfahrt abgesetzt; hinauf mußten wir ihnen selbst helfen. Es war Trinis sauerländisches Einkaufskalkül, durch die hohe Menge den Stückpreis im Preßwerk auf günstige Einsfünfzig zu drücken. Aber spätestens beim zwanzigsten Aufstieg an der Treppe war uns klar, daß der Deal, absolut gesehen, immer noch mehr kostete als er einsparte.

Es gab also keine Schlangen vor den Indie-Plattenläden der Republik, und es gab keinen großen Presserummel. Für die meisten Vorschmecker in den Redaktionen der Stadtzeitungen und Musikmagazine waren wir nicht Das-nächste-große-Ding, sondern völlig altmodisch. Punk war verbindlich beerdigt, abgehakt. Wer 1982 noch auf diesem Ticket fuhr, war ein Depp aus der Provinz und damit ungefähr so aktuell wie der Sandsteinabdruck eines vierhundert Millionen Jahre alten Trilobiten. Das ließ man uns auch nicht zu knapp oder bloß zart angedeutet spüren.

»Keinerlei Sex-Appeal haben dagegen die Toten Hosen. Dafür erfreuen sie mit plump romantischem, verkorkstem Pop und hochnotpeinlichen Texten über selige Pennerkönige und Nordsee-Selbstmörder... Wertvoll und jugendfrei.«

Soweit »Spex«, schon damals das Zentralorgan der avantgardistischen deutschen Jugendkultur, in einer ersten Kurzkritik. Daß aus Köln nichts Aufbauendes für fünf zurückgebliebene Düsseldorfer kommen konnte, war vorauszusehen. Deshalb machte uns auch nicht der Inhalt der Kritik zu schaffen, sondern höchstens die Länge. Wir wollten nicht auf neun, sondern auf hundertneunzig Zeilen niedergemacht werden, wie man es mit Platten von den Ramones, von Iggy Pop oder von Sham 69 tat. Wie konnten wir darauf hinarbeiten, in solcher Breite verrissen zu werden? Würde es schon genügen, wenn wir einfach weitermachten wie bisher?

Mehr Sorgen bereiteten uns aber oft die Leute, die unsere Platten aus den seltsamsten Mißverständnissen heraus großartig fanden – und uns damit völlig blamierten. Zugekiffte Desperados hielten uns auf einmal für Vertreter der guten deutschen, erdigen und ehrlichen Rockmusik oder fanden uns »Irgendwie psychedelisch mit ihren bunten Hosen und ihren langen Haaren, die ihnen über Kragen und Ohren reichen« (Stadtmagazin »Guckloch« aus Herne, März '83). Ja, sie hoben uns auf den Teller und boten uns ihren Freunden an, die wahrscheinlich noch schlimmer als sie selbst waren: »Man muß die Buben einfach live erleben. Vielleicht ladet ihr sie mal zu einem Heimspiel ein. Euer Zwerch- und Trommelfell wird Euch danken.« (ebd.)

Wir wollten nie in den Härteste-Truppe-des-Kontinents-Wettbewerb einsteigen, wo Bands wie Exploited oder Discharge sich abmühten; soviel stand fest. Daß man uns jetzt aber für fünf fröhliche Nullen hielt, die sich »erst gar nicht die Mühe geben, ihren Dilletantismus zu verbergen« und aus dem Grunde »sympathisch« sind, wie es im gleichen Stadtmagazin hieß – das war schon wieder eine andere Katastrophe. »Dilettanten« (so schreibt man es richtig) waren wir nur in dem Sinn, daß wir erst am Anfang standen und nicht vorgaben, toll zu sein. Von diesem Punkt der Ehrlichkeit wollten wir aber zu einer gekonnten Version von uns selbst gelangen. Das lief nicht über fröhliches Vergölzen ab, sondern über zähen Kampf mit den Beschränkungen, die durchschnittliche Begabung und chronische Existenznöte uns auferlegten. Wir weigerten uns also nicht, besser zu werden; wir brauchten nur so lange dafür, daß es eine Zeitlang vielleicht so ausgesehen hat.

Und wenn es überhaupt jemals einen wirklich passenden Augenblick dafür gab, Punkrock zu machen, war es genau dieses Jahr 1982, als jeder Torfkopf sich plötzlich in Schale schmiß und seinen Arsch zu Duran Duran und Haircut 100 oder Grandmaster Flash kreisen ließ. Da wurde das für uns auf einmal so wertvoll wie Klosterfrau Melissengeist. »Wehende Fahnen«, unser Lied zur Lage aus dieser Zeit, verlieh dieser Haltung Ausdruck:

»Mit wehenden Fahnen
werden wir untergeh'n
Wir halten durch, wir warten noch
Denn es ist noch nichts gescheh'n …«

In die Hallen, die Duran Duran füllten, kamen wir aber erstmal nicht. Und »Geld« gab es meistens nur in Form von Summen, die wir anderen schuldeten. Als wir im Herbst 1982 zu unserer ersten Hosen-Tournee aufbrachen, waren wir im Grunde schon pleite, bevor es richtig losging. Auf dem ersten Gig gingen gleich fünf Mikrofone und zwei Boxen zu Bruch. Später explodierte die Gesangsanlage; es gab während des Konzerts eine große Stichflamme, und hin war das Eigentum. Immer wieder mußten Anlagenteile von anderen Bands gepumpt werden, und die gingen dann oft auch noch zu Bruch. Das war zu einem großen Teil der Flurschaden von Walter, der auf der Bühne in alles reinsprang, was teuer war. Niemand konnte damals vorhersagen, wie lange ein Konzert mit den Hosen dauern würde. Das konnte eine Stunde sein oder auch nur eine Viertelstunde, je nach Walter. Wenn wir am Ende eines Konzerts über die PA anfragten, ob jemand einen Schlafplatz für uns wüßte, hagelte es nicht gerade Angebote.

Drunten in Erding haben sie uns auf der Tour einmal im Büro eines Jugendzentrums über Nacht eingeschlossen. Sie wollten uns schon irgendwie unterkommen lassen, hatten aber Angst, wir könnten sie dort beklauen und in der Nacht verschwinden. Am nächsten Tag aber erinnerte sich keiner mehr an uns; wir mußten uns aus dem dritten Stock abseilen, um von dem Kaff wegzukommen. Soviel zum Thema »Quartiere für fünf Punkrocker in Jugendzentren«. In Berlin, wo wir in einer Nacht in sechs verschiedenen Clubs spielten, endeten wir im Schlafzimmer eines gewissen Mike Koppermann. Der Inhaber des »Chaos«, einer Kneipe, die später von einer militanten »Bürgerwehr« gestürmt wurde, hatte nachts nach dem Gig noch eine Runde Hardcore-Fußball mit uns gespielt: Türen abschließen, und dann rennen und in alles reintreten, was sich bewegt. Am Morgen entdeckte Andi, daß das harte Ding unter seinem Kopfkissen Mikes Knarre war.

Heute spielt heute Mike mit niemand mehr Hardcore-Fußball. Eines Tages wurde er unter ominösen Umständen in Berlin tot aufgefunden.

Es gab keine Hotels während dieser Tournee und keinen Bandbus. Sämtliche Strecken zwischen den Auftrittsorten legten wir in mehreren alten PKWs zurück – wie die Jugendabteilung des SV Garath, die ihre Schülermannschaft zum Auswärtsspiel kutschiert. Ich weiß noch, daß einer, Till, mit seinem umgespritzten Leichenwagen ein paar von uns mitnehmen sollte, aber immer zu spät kam – er fuhr die ganze Tour hinter uns her, ohne uns einmal einzuholen. Es gab keinen Road-Manager und keine Roadies, es gab nichts.

Gagen? In Krefeld bekamen wir fünfzig Mark »Aufwandsentschädigung« dafür, im »Haus Blumenthal« das Vorprogramm zu Abwärts gespielt zu haben. In Osnabrück konfiszierte Jochen zwei Flaschen Whiskey als Ersatz für die zwei Hunderter, die der Geizhals von Hippie-Veranstalter nicht rausrücken mochte. Der Kerl wollte uns weismachen, daß unser geballtes Chaos auf und vor der Bühne gar kein richtiges Konzert gewesen sei. Keine Ahnung von Punkrock! In Hamburg-Harburg dagegen durften wir tausend Mark unter uns aufteilen; das blieb bis zum Ende der einsame und unangefochtene Rekord der Tour.

Berühmt waren wir hinterher auch nicht. Es herrschte oft eine seltsame Stimmung im Publikum, eine unterschwellige Mischung aus Aggression und Angst. Keiner wollte bei uns in der ersten Reihe stehen, doch dieser Respekt konnte auch jederzeit kippen. Dabei waren wir an guten Tagen immer noch für eine Einlage gut. Im Hamburger »Versuchsfeld« tauschten wir während des Gigs die Hosen miteinander, das war ein Volltreffer. Woanders kam der Laden mit meinem Salto vorwärts von der Bühne in Schwung. Nicht selten fehlte aber jegliche Ahnung im Publikum, auf wen oder was man sich da eingelassen hatte. So wurden wir in Kassel mit etwa zwanzig Zuhörern konfrontiert, die sich zur Steigerung des Hörgenusses auf Stühlen niedergelassen hatten. Keiner von denen murrte, als wir uns dann auch Stühle besorgten und im Sitzen spielten.

Wenigstens zum Abschluß des Ganzen wurde es dann aber brillant. In Düsseldorf organisierten wir für unsere Fans einen kompletten Tag mit Shuttle-Service und Spaß in drei Stufen. Nachmittags um fünf ging's auf die Oberkasseler Rheinwiesen zum Kicken, dann wurde mit Hilfe eines Generators unter der Brücke live gespielt, denn kein Laden in der Stadt wollte uns haben. Und schließlich ging es ab Mitternacht im Jochen-Shuttle zum »Aratta« nach Moers, wo noch einmal wir und zusätzlich Isis Panhandle Alks spielten.

Der Jochen-Shuttle war ein Neunsitzer von Mercedes, der gerade Malaria aus Wien hochgebracht hatte, und er funktionierte ausgezeichnet. Immer wieder fuhr unser Manager in der Nacht hin und her, um alle Opfer unserer Promo-Tour von Moers nach Hause zu bringen. Etwa um fünf war er damit fertig. Noch heute gilt: Wer immer in Düsseldorf hängenbleibt und nach Moers will, sollte wirklich Jochen fragen.

Solche Aktionen ersetzten bei uns große Anzeigen und Kampagnen, für die es keine Mittel gab. Das war wohl das Beste, was wir aus Versehen getan haben. Wir kreuzten einfach irgendwo auf und lieferten »full service« für alle, die wie wir eine Sehnsucht nach Lärm, Leuten und bei Gelegenheit noch Fußball hatten. Dabei setzte sich allmählich die gewaltigste Werbemaschinerie in Gang, die man finden kann – die Kette der Tausenden von Leuten, die etwas, das sie witzig gefunden haben, ein paar anderen weitererzählen. Und dann kam der Nachbrenner, dann kam »Bommerlunder«.

Die Idee zum Cover unserer dritten Single sollte in einem Feriendorf im Sauerland zu uns herabsteigen, das mit seinen Blockhütten und einem Aufseher namens »Winnetou« ganz im Wildwest-Stil aufgezogen war. Das jedenfalls war das Ziel, mit dem wir uns nach der ersten Tournee für ein Wochenende in diese Pierre-Brice-Phantasie zurückzogen, die Trini aufgetan hatte. Immer wenn uns etwas Besonderes einfallen sollte, fuhren wir für ein paar Tage zusammen weg, fingen an zu trinken und zu toben – und kriegten keine Einfälle. So war das auch in einer dieser Blockhütten in Machtlos. Drei Tage lang aßen wir Kuddels Spaghetti, hockten über ein paar Kästen Bier zusammen und spielten etwas, das wir »Fußball« nannten: Jede offene Bierflasche war für jeden zugänglich; wer eine leer machte, hatte ein »Tor« verbucht. So wurden wir besoffen statt fündig und saßen schon in unserem grauen Opel Richtung Düsseldorf – als einer auf den Dreh kam, den Covern echte Flachmänner mit dem Zeug beizulegen.

Die Werbeagentur von Bommerlunder schickte tatsächlich gleich tausend Stück davon, die wir in Heimarbeit auf Trinis Fabriketage eintaschten (sorry für ein paar Wasserfüllungen, aber Arbeit macht Durst!). Die hielten das – im Unterschied zum Schnapsbrenner-Unternehmen selbst, das die Aktion stoppte – für einen guten Werbegag. Wir aber sahen das gar nicht als Werbeaktion, weder für uns noch für die Firma. Wir hatten einfach Spaß daran, so einen Blödsinn ernsthaft durchzuziehen. Daß es dann so gut klappte mit dem Absatz unserer Single, daß bei uns überhaupt mal etwas klappte – Teufel auch, das konnte niemand voraussehen. Und daß sich durch unsere Spaßnummer auf einmal ganze Heerscharen von Prolls und allen möglichen Säufern plötzlich wie Waffenbrüder der Punks fühlten, das hätte ich trotz des guten Umsatzes unserer Platte gerne verhindert.

Das wäre aber wieder der Türsteher gewesen, der manche reinläßt und manche nicht: Tote-Hosen-Trockenbeerauslese exklusiv für 77er-Punks mit Lizenz. Außerdem war es zu der Zeit schon eine radikale Geste, zu sagen: Klar, wir lassen uns manchmal vollaufen, warum auch nicht. Und das ohne diesen BAP-artigen Sozialarbeiterton, wo die Warnung vor den Folgen gleich mit eingebaut ist. Dieser Linie folgten nicht viel später noch das Altbierlied und »Bis zum bitteren Ende«.

UND HEUTE BASTELN wir auf einmal schon an unserer elften LP. Ewig währt am längsten! Es ist Mitte September 1995, halb zehn am Morgen irgendeines Wochentages. Seit wir wieder im Studio sind, interessieren mich die Namen der Tage nicht mehr, die sich im Ablauf wie Zwillinge gleichen. Seitdem heißt es, von elf Uhr vormittags bis ultimo zwischen Mischpult und Mikrofon zu leben, zu denken, zu fühlen für das nächste große Ding. Das bißchen davor und danach, das auf privat geht, ist ziemlich bedeutungslos. Und ebenfalls von den Aufnahmen bestimmt: Genug schlafen, um ausgeschlafen zu sein; was essen, um gegessen zu haben. Aber es ist kein Käse im Kühlschrank und kein Quark. Ich steige in die Karre und kaufe im Supermarkt Sachen ein, die ich sechs Tage später wieder verschimmelt in den Müll schmeißen werde. Eine neue Platte – da bist du fast pausenlos völlig aus dem Häuschen.

Eine Scheibe Käse, eine Brötchenhälfte, zwei Tassen Kaffee. Wieder in die Karre, vom Hinterhof aus in Richtung

Oberbilk, über die Kölner, dann durch die Innenstadt, Fürstenplatz, Corneliusstraße. Das geht mittlerweile auch im Koma. Zur Arbeit fahren wie andere auf die Schicht, drei Monate lang plus samstags und sonntags. Niemand hat uns dazu gezwungen, wir haben es selbst so gewählt. Dazu gehört, daß man in dieser Zeit keine Verabredungen irgendwelcher Art treffen kann, weil man immer zur Verfügung stehen muß. Über dreißig Stücke sind entstanden, seit wir im Januar mit dem Bau der ersten Songs begonnen haben. Davon acht bis zehn auszusortieren, die wir vorläufig nicht bringen, gibt richtige Zerrungen im Herz. Die Jungs von der Opel-Gang haben noch immer genug zu sagen und zu singen, schätze ich; bis zum bitteren Ende ist es noch ein paar Ampeln entfernt.

Drei Monate Zeit zu haben, um eine CD aufzunehmen – das sind mittlerweile optimale Bedingungen. Als wir im Sommer '83 unsere erste LP einspielen wollten, sahen die Verhältnisse anders aus. Wir hatten zwar mit der dritten kleinen Scheibe, »Bommerlunder/Opel-Gang«, weiter Land gewonnen – auch bei Leuten, die von Punk oder Punkrock bisher null mitbekommen hatten. Aber Kohle war dadurch noch nicht reingekommen. So schraubten wir für die LP zwei, drei Tage lang an den Nummern, dann gingen uns wieder die Kohlen aus. Im Unterschied zu Rudas Soundküche wollte die Truppe des Studios in Bochum-Langendreer ihren Tausender für den Tag sofort sehen. Und Produzent Jon Caffery, den unser Manager Jochen von seiner Tour mit der Berliner Frauencombo Malaria her kannte, kostete dazu noch einmal drei Hunderter am Tag. Jedenfalls, wenn er da war – die meiste Zeit verbrachten wir damit, auf ihn zu warten, da er ständig Flüge verpaßte, oder ihn aus anderen Studios rauszuholen.

Wir fingen also immer gerade an und hörten dann auch schon wieder auf; ein, aus, ein, aus. Wie kleine Kinder, die den Lichtschalter im Zimmer entdeckt haben. Einmal ging Jochen, unser blutarmer Vampir, was pumpen. Ein anderes Mal fuhren die Jungs ohne mich zu einem Gig nach Bremen, weil ich noch den Gesang zu »Willi muß ins Heim« im Studio abliefern mußte, wir aber das Geld für den Gig verdienen wollten. Die Leute in Bremen mußten sich den Gesang an dem Abend selbst machen, und das klappte sogar ganz gut. Doch wäre in einer dieser »Aus«-Phasen nicht Elton John zu Hilfe gekommen, hätte es »Opel Gang« in der Form vielleicht nicht gegeben.

Brillen-Elton war nämlich in diesem Sommer der Knüller, den der Tournee-Veranstalter Fritz Rau für die Herbstsaison auf Lager hatte. Und es hieß, Brillen-Elton hätte sich in Germany ausdrücklich Präsenz vor seinen Gigs gewünscht. Der Rest blieb an Andi, mir und ein paar anderen von der Plakatierfirma hängen – und an zigtausend Eimern Kleister, mit denen wir das Antlitz des Meisters auf sämtliche Plakatwände im Großraum Düsseldorf bürsteten. Wir wickelten im Auftrag von Fritz Rau die ganze Stadt und ihre Vororte in die bescheuerte, funkelnde Brille von Meister Elton, und taten der Geschichte der abendländischen Popmusik dadurch noch einen zweiten Dienst: Die zweitausend Mark für die Plakataktion wurden umgehend in zwei weitere Studiotage in Bochum investiert.

So konnte nicht viel später »Opel Gang« erscheinen, unser Erstling in der Longplay-Welt. Wieder ließen wir nach Trini-Logik in hoher, kostengünstiger Startauflage pressen, und zwar gleich 20.000 Stück. Soviel hatten zu der Zeit in der Punkszene bisher nur Abwärts mit ihrem ersten Album verkauft. Trini-Strategie war auch, daß die Bänder im Preßwerk der EMI vervielfältigt wurden. »Wenn die sehen, wieviel wir davon verkaufen, steigen die vielleicht mal bei uns ein«, sagte Trini – immer bereit, die Ideologie von dem »ehrlichen« Deal beim unabhängigen Klein-Label zu hintertreiben. Gar nicht so viel später klappte das tatsächlich, wenn auch auf andere Art.

Doch zunächst war unser Büro auf der Kölner Straße wieder mal bis zur Unbegehbarkeit vollgestopft. Die Kartontürme schrumpften dieses Mal aber spürbar schneller, und selbst in der »Spex«-Redaktion fand man auf einmal, daß »Opel Gang« »DIE deutsche Platte« ist, »an der man nichts aussetzen kann. Weder zu peinlich, noch intellektuell, noch Kunst, noch verbissener Ernst. Sie hat, was viele deutsche Platten nicht haben: Humor. Keinen aufgesetzten, überspannten, albernen. Sondern schlauen...Wer bringt SOLCHE Melodien hierzulande zustande. Kaum jemand, denn niemand klaut so perfekt wie die Toten Hosen...«

Wollten die Kölner uns nun völlig bloßstellen? War es ihre Art, uns den Rest zu geben? Wahrscheinlicher ist, daß wir mit dieser Platte einer ganzen Reihe von Stinkern und Zweiflern den Zahn gezogen hatten. Von »Opel-Gang« über »Ülüsü« und »Willi muß ins Heim« bis zu »Wehende Fahnen« ist es eine Palette von fünfzehn Liedern geworden, die auf ihre Art alle was taugen. Langsam dämmerte es denen in den Redaktionen, daß es nicht um »Dilletantismus« und eine Chaos-Combo ging. Diese Platte hatte klare Strukturen, nicht zuletzt durch Jons hervorragende Produktion, sie stand in erkennbaren Zusammenhängen: »Stücke in bester Pop-Punk-Tradition, wie sie zur Blütezeit dieser Spielart in England nicht besser entstanden...« (Musik-Express).

Einige waren aber enttäuscht, daß die Qualität der Aufnahmen von ihrer Idee einer Chaos-Punk-Truppe abwich. Die müssen in uns fünf Ausgaben von Eddie the Eagle auf dem Musikmarkt gesehen haben – diesem komischen Briten von der Vierschanzen-Tournee der Skispringer, der immer zwanzig Meter hinter allen anderen runterkam. Umgekehrt wollten andere sich einfach nicht überrumpeln lassen und fanden schon die Aufmachung anmaßend. »Ausgerechnet die anerkannt kaputteste Band ... wird mit einer farbigen Luxus-Doppelhülle ausgestattet«, maulte – ausgerechnet – der Kritiker von »Pop-Rocky«. Aber er, er ließ sich natürlich nicht täuschen: »Schrott bleibt Schrott.«

Also. Den Manta um die Ecke parken, nahe Fürstenplatz, dann durch die Tür direkt ins Studio. Gleich angreifen. Kuddel ist da, stimmt seine Gitarre, Wölli hockt da und qualmt. Hinter der ausgebreiteten »Express« die Lastwagenfahrer-Haare von Breiti. Und der Mann an den Reglern, der gerade mit Andi am Baß-Sound fummelt, heißt auch 1995 noch Jon Caffery. Jon, der einst bei »God save the Queen« von den Sex Pistols mitgemischt hat und bei uns ist, seit er uns vor zig Jahren mal in Berlin erlebte. Die Konstanz solcher Verbindungen sagt mir: Wir sind's noch, egal wie. Derselbe Manager seit vierzehn Jahren, und nie einen Vertrag aufgesetzt. Dieselben Kerle, Faust und Elmar, als Fahrer und Verantwortliche in Sachen PA und Backline. Immer noch Kiki als Tourchef, immer noch Andrea im Büro. Wir haben immer auf die Leute gesetzt, die am Anfang schon da waren, haben nie wem gekündigt in all der Zeit. Wer auf einem Posten überflüssig wurde, hat es irgendwann von selbst gemerkt und wechselte auf einen anderen. Gemeinsam wachsen wir immer weiter.

Sind die Hosen vielleicht die wahren Hippies? Ist das überhaupt noch »Punkrock«, was wir heute fabrizieren? Oder ist das mehr »Rock«, oder eher schon »Pop«? Mich haben diese gerichtsmedizinischen Gutachten, wer von wem wieviel hat, nie besonders interessiert. Klar, wir sind unter der Flagge »Punkrock« gesegelt. Punk war damals der Traditionszusammenhang, wie der Feuilletonist sagen würde. Aber das war, wenigstens für ein paar Jahre, mehr als ein musikalisches Lager. Es war eine Haltung, eine Art in den Schuhen zu stehen, die nicht an einen bestimmten Sound gebunden ist. Unser Vier-Viertel ist heute wie damals eine Erbschaft des Rock'n'Roll. Alles übrige hat sich mit den Jahren zu etwas entwickelt, das nicht mehr übertragbar ist. Wir haben unseren eigenen Zusammenhang, unseren eigenen Planeten, und wir folgen den Gesetzmäßigkeiten, die es dort gibt.

Unsere neue Platte soll besser werden als die alte, sie soll erzählen, wer und was wir heute sind – und nicht das, was wir vor fünf Jahren gedacht und gelebt haben. Dafür steige ich jeden Morgen in die Karre, dafür stehe ich monatelang täglich zwölf Stunden und länger unter den Kopfhörern. Und eines weiß ich jetzt schon: Sollte das, was dabei am Ende rauskommt, nicht gut geworden sein, reiße ich mir hinterher sämtliche Haare aus. Und dann will ich sofort ein neues, besseres Album machen.

Sofort!

2
Ruhm durch Penetranz

Ich weiss nicht, ob die Leute wirklich wissen wollen, was damals mit der EMI und den anderen Primaten lief. Für uns war es wichtig, damals, aber für wen sonst? Ich glaube, die Leute wollen viel lieber was Erbauliches lesen, etwas, das ihnen für ihren Alltag ein wenig Mut macht. So in der Art: Wenn diese fünf pickeligen, unterbelichteten Typen aus Düsseldorf Erfolg haben, dann kann ich auch erfolgreich sein. Das wollen die Leute! Aber Details über einen Kleinkrieg mit der Plattenfirma?

Ich weiß auch nicht, ob ich, Trini, das gerne erzählen will. Viel lieber würde ich erzählen, daß ich eigentlich Filmemacher bin. Anfang der Achtziger habe ich zusammen mit meinem Schulfreund Muscha und mit Hilfe der staatlichen Filmförderung kleine schmutzige Filmchen gemacht. Es wirkten mit: Christiane F. (die echte), William Burroughs, Genesis P. Orridge, Ralf Richter u.v.a. Das sind definitiv die besten Streifen, die zwei Sauerländer bis heute zustande gekriegt haben. Auch die Dokumentation über die ZK-Abschiedstournee wäre ein Knüller geworden, aber irgendwie verhaspelten wir uns mit dem veralteten Bandmaterial, so daß der Streifen nie erscheinen konnte.

Ich würde außerdem gerne erzählen, daß ich genauso eigentlich Fußballer bin und ein eindeutiges Angebot des damaligen Zweitligisten Rot-Weiß Lüdenscheid abgelehnt habe, weil ich für konstante Leistungen schon damals zuviele Drogen und Discos nach dem Training ausprobierte. Oder daß ich einmal von einem Gelsenkirchener Modemagazin zum bestangezogenen Mann irgendeines Jahres – oder Monats? – gewählt wurde. Oder wie ich dem Soca verfiel und in Form von zwei Samplern nach Deutschland brachte. Oder daß ich ursprünglich den Plan hatte, einen Dritte-Welt-Laden zu eröffnen, oder, noch besser, wieviel Spaß es macht, im

Der Trainer und der Manager: Trini und Jochen bei Fortuna 1989

Schnee zu vögeln, wenn man – okay, okay, hier also die EMI-Geschichte.

Eigentlich konnten wir damals froh sein, daß uns überhaupt jemand wollte. Bis dahin war das Überlaufen zu den Multis mehr unsere Idee gewesen. Wir hielten nichts von diesen riesigen, unbeweglichen Plattenkonzernen, wo man mit seiner Musik auch noch drei Pförtner, acht Archivare und zig Rechtsanwälte durchfüttern muß. Wir wollten aber die Vertriebswege und die ganzen Möglichkeiten haben, die es da gab. Wir wollten diese Maschinerie für uns nutzen, ohne uns auch nur einen Millimeter von uns selbst zu entfernen. Eine Art Doppelagenten-Existenz, wo man beide Seiten verpfeift und im Grunde doch in sich selbst ruht und seine Geschicke vorantreibt.

Es war kein geringerer als Horst Hrubesch, der uns dann die Idee lieferte. Das vielumworbene »Ungeheuer« von Rot-Weiß Essen hatte damals sowohl beim Hamburger SV als auch bei Eintracht Frankfurt einen Vertrag für die kommende Bundesliga-Saison unterschrieben. Während jeder dümmliche Sportjournalist sich noch den Bauch hielt über dieses leuchtende Beispiel von Fußballer-Blödheit, erkannten wir bereits das Genialische an Hrubeschs Trick. Also wurde es 1983 unsere infame Strategie, bei zwei großen Firmen gleichzeitig einen Plattenvertrag zu unterschreiben, ohne daß die eine von der anderen erfahren konnte, und dann mit den Vorschüssen durchzubrennen.

Das Problem war nur, daß wir ewig dafür brauchten, überhaupt mal eine Firma halbwegs für uns zu interessieren. Jochen und ich schickten Bänder, Bilder und Infomaterial, einfach alles an sämtliche Firmen, deren Adressen wir auftreiben konnten. Statt zwei dicken Fischen hatten wir aber zunächst nur einen Stapel Briefpapier an der Angel, auf dem uns die Companies ihre ablehnenden Entscheidungen mitteilten. Das Ganze war durchweg in zwei, drei Standardsätzen abgefaßt und las sich alles sehr ähnlich.

»Sehr geehrter Herr Trimpop, vielen Dank für o.a. Kassette. Wir haben uns das Produkt gründlich angehört, können uns zu einer Übernahme jedoch nicht entschließen. Anliegend senden wir Ihnen das uns überlassene Material zurück. Mit freundlichem Gruß, Phonogram GmbH, Pop International, Louis Spillmann.« (27.7.1982)

»Hallo, ich habe von Jochen Leuschner Eure Platten erhalten und wir haben gemeinsam über einen möglichen Vertrag diskutiert. Leider können wir uns derzeit nicht dazu entschließen, die TOTEN HOSEN unter Vertrag zu nehmen. Ich hoffe auf Euer Verständnis. Anbei erhaltet Ihr eure Unterlagen zu weiteren Verwendung zurück und ich verbleibe mit freundlichen Grüßen, Andreas Kirnberger, A & R Manager, CBS Schallplatten GmbH.« (7.9.1982)

»Lieber Herr Trimpop, vielen Dank für Ihren Brief vom 10.12.1982. So gern ich Ihnen helfen möchte: nach intensiver Prüfung Ihrer Single mußten wir feststellen, dass wir bereits mit unseren eigenen Produktionen in dieser Richtung unbefriedigende Erfolge (bzw. keine) haben. Es tut mir darum leid, Ihnen sagen zu müssen, daß wir qua Miller nichts für sie tun können. Trotzdem wünsche ich Ihnen weiterhin viel Erfolg. Mit freundlichen Grüßen, Miller International Schallplatten GmbH, H.A. Kirsten (nach Diktat verreist).« (5.1.1983)

»Lieber Jochen, nach eingehender Prüfung des vorliegenden Single-Materials und nach Besuch des Konzertes in der Markthalle muß ich Dir leider mitteilen, daß wir von einer Übernahme der TOTEN HOSEN-Produkte absehen möchten. Unserer Meinung nach ist die Gruppe mit Ihrer Musik und dem angesprochenen Publikum bei einem kleinen, alternativen Label besser aufgehoben als bei uns. Ich bedanke mich nochmals für Dein Interesse und verbleibe mit freundlichem Gruß, Dieter Hägermann, Teldec Schallplatten GmbH.« (11.4.1983)

Es klappte also gar nichts, um es mal vorsichtig zu formulieren. Und dann kam Manfred Schmidt. Der frühere Kopfjäger einer WDR-Vorabend-Show namens »WWF-Club« hatte gerade als Berater bei der EMI angeheuert und war ganz heiß darauf, neue »Acts« zu entdecken. Er unterzog sich allen Zumutungen, uns kennenzulernen, und er sorgte dafür, daß auch Walter Pütz uns kennenlernte, der schon ziemlich weit unten im EMI-Hochhaus hockte (die Architektur war da umgekehrt proportional zur Hierarchie: Je wichtiger einer war, desto tiefer saß er im Gebäude). Und nicht viel später unterschrieben wir einen zum 1. Juli 1983 datierten Vertrag und erhielten schon mal 20.000 Mark »Tour-Support«. Und alle waren glücklich, jedenfalls für ganz kurze Zeit.

Dann mußte die EMI als erstes feststellen, daß sie von den beiden Singles »Reisefieber« und »Bommerlunder« auch nicht mehr als wir verkauften, nämlich gerade drei- bis viertausend Stück. Als zweites mußte sie feststellen, daß sie mit einer weiteren Investition von 50.000 Mark in uns auch kein Glück hatte. Wir sollten dieses Geld dazu verwenden, ein »vernünftiges Video« zu »Bommerlunder« zu produzieren. Jede andere Punkrockband hätte, sagen wir, ein Fünftel davon tatsächlich für das Video verbraucht und wäre dann mit dem Rest plus dem Tour-Support getürmt. Wir aber mußten in Wolfgang Büld und Kurt Raab hineinlaufen, zwei richtige Filmprofis Marke »bleeding hearts«, mit denen wir unser Budget natürlich komplett verbraten haben. Heraus kam ein ziemlich witziges, genial geschnittenes Video, das kein öffentlich-rechtlicher Sender jemals ausgestrahlt hat.

Es war nämlich so, daß wir mit Raab, dem großen Mimen aus Rainer Werner Fassbinders Alptraumfabrik, mit der noch völlig unbekannten Marianne Sägebrecht, zahlreichen Komparsen aus meiner Nachbarschaft und natürlich mit uns eine fünffache Hochzeit in einer kleinen Kirche bei Fürstenfeldbruck nahe München inszenierten. Während der Zeremonie gerät dann alles durcheinander, wie in den Filmen von Marco Ferreri und Mel Brooks. Unter anderem geht ein Ring flöten; als er wieder auftaucht, kriegt ihn die Sägebrecht nicht über ihren Metzgereigehilfinnenfinger gezogen. Und Raab, der Priester, zeigt ihr mit diesem gewissen Stopfzeichen, wie der Finger hinein muß. Dann steckt er seinen Finger in den Mund. Der Bayerische Rundfunk setzte unseren schönen Kurzfilm deshalb von der Sendung »Formel Eins« ab, alle übrigen Anstalten folgten. Die örtliche CSU-Größe, die die Dreharbeiten genehmigt hatte, sah sich unversehens am jähen Ende ihrer politischen Laufbahn.

Wir aber hatten eigentlich nur gewonnen. Wir kannten jetzt einen fähigen Filmregisseur, der nicht aus Kierspe stammte, und wir hatten in Kurt Raab einen neuen, nicht ganz unkomplizierten Freund. Von seinem Diva-Potential her hätte es Kurt sicher bis in die Hollywood-Liga hinauf schaffen können. Als wir mit Kurt im März 1984 im Conny-Plank-Studio den »Kriminaltango« einspielten, war ihm immer alles ungelegen. Wenn wir Essenspausen hatten, machte Kurt weiter; wenn wir weitermachen wollten, kriegte er plötzlich Hunger. Und dann diese ganze Palette von impulsiven, völlig banalen Eingebungen, an denen du mit verbundenen Augen den Schauspieler erkennst: »Ich brauch jetzt unbedingt 'ne Cola«, »Ich geh mal raus«, »Gibt's hier 'n Zigaretten-Automaten?« Das nur mal als Ausschnitt von durchschnittlichen zwölf Minuten.

Aber Kurt war auch ein begeisterter Hosen-Anhänger und eine Art Patenonkel, bevor ihn der HIV-Virus und sein tödliches Siechtum Jahre später unseren Blicken entzog. Er ließ keine Gelegenheit aus, uns auf der Bühne zu sehen, wenn wir gerade in der Gegend waren. Einmal war er mit dem Flieger gerade wieder in München gelandet und sah vom Taxi aus die Werbebanden an der Alabamahalle, wo wir an dem Abend spielten. Er ließ den Taxifahrer drehen, löste ein Ticket und stürmte zu uns auf die Bühne, als er die ersten Takte von »Kriminaltango« hörte. Und da kriegte er gleich von den Ordnern eine reingesemmelt, die ihn für einen durchgedrehten Hosen-Fan hielten – das war er zwar, aber ganz anders. Kurt spaltete seine Umgebung eben sehr schnell in Freunde und Feinde, er löste immer irgendwas aus. Zum Beispiel auch durch unser Video: Die Pfarrei von Fürstenfeldbruck fand ihre Kirche durch Kurts zweideutige Geste sowas von geschändet, daß sie sie anschließend neu weihen ließ.

Wieder keine TV-Präsenz, noch immer kein Boom, und schon 70.000 Mark durch den Schornstein – fast hätte uns die EMI leidgetan. Als drittes mußten sie auch noch feststellen, daß irgendwo in diesen knapp drei Minuten ein Kerl mit ponyblonder Perücke und dunkler Sonnenbrille unter den Hochzeitsgästen auftauchte, der verdammt nach ihrem Erfolgsact Heino aussah. Das war »Der wahre Heino«, der vom Frühjahr 1984 an unsere Konzerte zum Playback von »Caramba, Caracho«, »Blau blüht der Enzian« und ähnlichen Schmetterarien eröffnete. Der Heino, den Heino dann verklagte.

Unter seinem Künstlernamen Norbert Hähnel betrieb Heino in Berlin ein kleines Plattengeschäft, den »Scheißladen«. Hier und da, zum Beispiel an der Technischen Uni, wo wir ihn kennenlernten, veranstaltete er auch Konzerte. Nach unserem Gig an der TU fuhren wir gemeinsam los, um in der Stadt noch was trinken zu gehen. Theo, seine Freundin, kotzte unterwegs aus dem fahrenden Auto raus und trank dann mit uns weiter. Das hatte uns schwer beeindruckt. Wer so eine tolle Freundin hat, dachten wir, soll auch mit uns befreundet sein. Dann erfuhren wir von dieser Playback-Show.

Auf den ersten Konzerten flogen Tausende von Dosen auf Heino, es wurde gebuht und gepfiffen. Allmählich aber wurde sein Auftritt zur Kultnummer. Es war die mit Abstand beste Art, unsere Konzerte einzuheizen, fanden wir. Nur »Heino«, der Erfolgsact von der Schlagerfront, und die Häuptlinge von der EMI-Etage »Volksmusik« waren nicht begeistert. Es war wie überall: Die mittleren Chargen der Firma grinsten über unseren Gag, doch die das Sagen hatten, entschieden anders herum.

Es folgten Hausverbote und Unterlassungsklagen mit Androhung von Geldstrafen bis zu einer halben Million. Die große Orgel der Rechtsverdreher kam bis zum Prozeß im Oktober 1985 immer besser in Schwung. Edelfedern von »Zeit« und »Spiegel« wurden plötzlich gegen ihren Willen zu Angestellten unserer PR-Maschine, weil sie sich wie alle anderen auf den Prozeß stürzten. Da mußten viele erstmal Nachhilfe bekommen, wer und was eigentlich die Hosen sind. Unseren großen EMI-Deal aber betraf das sowieso nicht mehr. Der war schon im Sommer 1984 beendet.

Schuld hatte die Heino-Affäre, aber nicht nur sie. Eine letzte Inspiration zur Trennung war auch eine Spesenabrechnung, die wir nach den Aufnahmen zur Radio-Session mit dem legendären BBC-Moderator John Peel Mitte Juli bei der Firma einreichten. John hatte unsere Musik in England als erster gespielt, wie er so viele Bands immer als erster brachte.

Aber daß wir für die ehrenhaften Aufnahmen mit ihm nach London reisen mußten, auf Kosten der EMI, das war dann der vierte Scheiß-Umstand, der festzustellen war. Und genau wie die drei vorigen waren wir an ihm beinahe unschuldig.

Für diese Aufnahmen wurden wir in einen Hotelbunker nahe dem Heathrow-Flughafen untergebracht, weil Londons City ausgebucht war. Das bedeutete, mehrmals am Tag den Weg ins Zentrum hinein zu machen und wieder zurück.

Schon in Düsseldorf waren wir nie gut darin, vom Stadtrand ins große Gewühl zu machen, und in London sowieso nicht. Wir sind ausgesprochene Vorstadt-Helden. Also setzten wir uns in diese tollen schwarzen Taxis, von denen einem jeder Englischlehrer erzählt, sie wären so hoch gebaut, damit der englische Gentleman darin seine Melone aufbehalten kann, und überließen uns ganz ihrem gedämpften Flugzeugmotorengedröhn. Das war super, weshalb wir uns ab da nur noch in diesen Dingern fortbewegten.

Irgendeiner von uns, ich weiß wirklich nicht wer (und wenn schon ...), war dazu an die Account-Nummer der Plattenfirma rangekommen, mit der man das Bezahlen umgehen konnte. Der Rest war sehr einfach: Wir nannten einfach diese Nummer, setzten uns hinten rein und fuhren, fuhren, fuhren. Fuhren zur Tower Bridge, weil wir die Raben dort sehen wollten, oder einfach hin und her, bis wir einen Imbiß aufgetrieben hatten, wo man Fish & Chips noch in Tüten aus Zeitungspapier bekommt, und strengten uns an, wenigstens einmal einen Gentleman mit Melone in einem der anderen Taxis zu entdecken und nicht immer nur uns selbst – denn selbstverständlich hatte jeder von uns ein Taxi für sich.

In Köln jaulte der EMI-Hund, als ihm die Londoner Taxibetriebe die Gesamtrechnung für unsere Beförderung übermittelten. Das brachte alles zum Überkochen. Uns aber ging das ständige Gekläffe aus Köln langsam auf die Nerven, und wir hängten die alte Töle endlich ab, indem wir uns von ihr verbellen ließen. »Virgin«, die Privatmaschine von Richard Branson, stand schon auf dem Münchner Rollfeld. Kapitän Udo Lange und seine kleine, schlagstarke Crew erwarteten uns. Campi meinte zwar, daß sie mit den Sex Pistols und Ruts DC im Programm gute Referenzen hätten, aber das war in England. In Deutschland war Virgin ein kleiner Laden, der mit Nicki und den Wölfen heulen mußte. Das schlagende Argument schließlich war: Hier saßen die einzigen Plattenleute, die uns haben wollten.

Der Vertrag lief über zwei LPs und prozentuale Beteiligung; keine Chance, mit einem fetten Vorschuß abzuhauen.

Da waren sie also, unsere zwei Company-Deals, nur eben hinter, statt nebeneinander. Aber ewig währt doch noch ein bißchen länger: Während wir in den nächsten drei, vier Jahren in die erste Liga aufstiegen, wurde Virgin bald darauf samt unseren Platten vom EMI-Köter geschluckt. Und das bestätigte meine Ethik viel mehr, als daß es sie widerlegte: Sei du selbst, denk nur an dich, benutze alle anderen.

Es war trotzdem keine schlechte Zeit, diese Spanne von '83 bis '85. Wir schossen noch keine Tore in Form von Mega-Hits, aber wir brachten uns in günstige Schußposition. Unser Name sickerte in den fruchtbaren Humus der Trendforscher und Szene-Surfer, die ihrer Dancefloor-Euphorie zum Teil wieder überdrüssig geworden waren. Im Strudel sich gegenseitig überlappender Mini-Trends und Ethno-Ausflüge war unsere Musik plötzlich der zuverlässige Ast, an dem sich alle festklammern konnten.

Na gut, fast alle. Die PA-Verleiher und die Hotelmanager schickten uns nach wie vor ihre Schadensrechnungen hinterher, wenn wir bei ihnen etwas verbogen hatten. Wir haben nie absichtlich zerstört, es lief eher wie bei Laurel und Hardy auf einem Ramones-Konzert, und die Rechnungen, die wir dafür bekamen, erstickten alle heimlichen Zerstörungsphantasien bereits im Kaulquappenstadium. Die Veranstalter erzählten immer noch uns, wann sie Zeit für ein Hosen-Konzert hätten – nicht umgekehrt. Beides zwei unmißverständliche Zeichen, daß wir noch nicht groß oder berühmt oder sonstwas waren.

Wenn wir in einem Laden nach dem Gig noch ein paar Freunde zum Mittrinken einluden und ohne zu zahlen verschwanden, durften wir meistens kein zweites Mal kommen. Darin waren sich Schicki-Discos, Jugendzentren und alternative Veranstaltungsorte erstaunlich gleich. Einmal fuhren wir als geschlossene Delegation zur »Batschkapp« nach Frankfurt und erreichten dort die Aufhebung eines kürzlich verhängten Lokalverbots. Aber das mußte natürlich noch an Ort und Stelle gefeiert werden, mit Bier, ohne Geld, und da wurde die Aufhebung des Lokalverbots sofort wieder aufgehoben.

Zecheprellen war Sport und ziviler Widerstand, wenn wir fanden, daß ein Laden seine Gäste neppte. Es ging ganz einfach: Wir standen alle gleichzeitig auf und rannten hinaus und immer weiter. Es gab in München einen angehipten Laden für Filmhochschul-Absolventen und Grafik-Designer, wo sich winzige Essensportionen auf riesigen Tellern verloren. Hier türmten wir, kamen Monate später wieder und wurden von einem Kellner erkannt, der unsere damaligen Bestellungen haarklein rezitieren konnte. Schon gut, sagten wir, heute zahlen wir alles. Bestellten, aßen, tranken, kotzten und rannten wieder weg.

Mit einem ausrangierten Sechs-Zylinder-Opel, der bergab dreiundsiebzig fuhr, gurkten wir von Nürnberg nach

Faust und Elmar als die wahren »Wildecker Herzbuben« auf der »Menschen, Tiere, Sensationen«-Tour 1992

Wilhelmshaven, von Offenbach zum Timmendorfer Strand, von Göttingen nach Freiburg und von der dänischen Grenze nach Kassel – alles von einem Tag auf den nächsten. Wir hatten mit Bollock gerade den ersten und einzigen Roadie engagiert, der Jahre später auch mal den Fahrer abgab; alle Clan-Mitglieder mußten bei uns irgendwann mal fahren.

Bollock lebte mehr oder weniger im »Ratinger Hof« und wurde von uns angeworben, indem wir da für ihn einen Brief abgaben: Ob er nicht mitkommen wolle, wenn er sowieso nichts anderes zu tun hätte. Und in »Faust« und Elmar aus Wanne-Eickel hatten wir endlich zwei PA-Verleiher gefunden, die gewillt waren, mit Punkbands zu arbeiten. Die nicht immer und überall gleich hysterisch »Meine Endstufe, meine Endstufe!« kreischten, wenn wir mal richtig aufdrehten.

Aber warum eigentlich? Ich meine, wenn mir das Zeug gehört hätte, ich hätte es vielleicht nicht an Typen wie uns verliehen. Vielleicht weiß ja Faust, wie und womit wir Faust damals ködern konnten.

»Komm zu den Hosen, haben sie gesagt«, »Sex, Drogen und Rock'n'Roll.« Alles Lüge. Na ja, nicht alles. Gab schon Sachen, die waren genial. Aber wird doch sowieso alles geschnitten und zensiert, weiß ich ganz genau.

Wie ich die Hosen kennenlernte, war ich zum ersten Mal so ein bißchen bodenständig mit meiner Anlage. Die Leute in Herne haben gedacht, jetzt holt er sich von seiner Erbschaft sofort zwei Kilo und 'n Daimler, aber dann hatte ich auf einmal Mischpult und Mikrofone und sowas, völlig durchgedreht. Ich hab ja vorher nie wat länger als drei Monate mit Begeisterung gemacht, aber bei den Jungs hier bin ich bis heute dabeigeblieben und war immer davon überzeugt, daß dat Bombe ist.

Ich war mal in 'ner Wanner Band, Piet Kröte's Peepshow, da spielte der Müller, der die Kneipe hat, wo ich jetzt donnerstags zapf, Gitarre – für mich noch immer einer der weltbesten Gitarristen, aber eben auch so 'n Wanner Loser. In der Band hab ich angefangen zu mischen. Zuerst stand ich nur daneben, dann saß ich mit einer Arschbacke dabei und hatte schon einen Arm drin. Und wie ich dann die Knete geerbt hatte, kaufte ich mir das ganze Zeug und mischte erstmal lokale Bands – Pussy Krull Band, Conditors und so. Da war auch Elmar involviert, der mein Partner wurde und in diesem Essener Musikgeschäft arbeitete, wo ich einkaufte und Jochen sich manchmal Sachen auslieh. Und da kam Jochen mal an und sagte: »Ich hab da so 'n paar Chaoten, die kommen mit der Technik nicht klar und sind immer besoffen und so bunt angezogen und kriegen sich immer mit den PA-Leuten inne Haare, willst du nicht mal?« Und als wir das dann versuchten, war dat Liebe auf den ersten Blick, irgendwie.

Ich stand schon immer auf so Durchdreher; ich hab '69 nicht die Beatles oder die Stones gehört, sondern Zappa, Collosseum, Mahavishnu Orchestra und Floyd zur Zeit von »Ummagumma«. Ich hab mit meiner Anlage viele Hausbesetzer – und Independent-Konzerte gemacht, für mich war Chaos ganz normal. Aber wenn wat kaputt ging, hab ich auch gesagt »Dat muß bezahlt werden hier«, und dann wurde das auch bezahlt. Ich hatte aber keine Hifi-Paranoia. Mittlerweile sind achtzig Prozent solcher Leute welche, die beschallen einfach einen Raum – Hauptsache, die Knete stimmt. Da gibt es wenige, die das als Kunstform ansehen. Das Beste war, wie ich zum ersten Mal die Hosen mischte, in 'ner Pausenhalle von 'ner Schule in Düsseldorf. Da kam Trini an und meinte: »Die anderen nehmen die Toms immer von unten ab, nicht wie du von oben.« Aber nach dem Soundcheck war er ganz begeistert. Ab da haben wir dann zusammen gemacht.

Ich bin immer mit der Band gewachsen: noch mehr Bassboxen, Monitor-Pult, die ganze Elektronik. Bis ich mir das irgendwann nicht mehr leisten konnte, da wurde dann dabeigeliehen von einem Partner, Helmut aus dem Sauerland, der das in der Garage zu stehen hatte, und dat paßte genau mit unseren Sachen zusammen. Dann wurde weiter aufgerüstet, Monitore und alles aktiv. Danach ging dat los mit »Alex« und größeren Dingern, da waren Elmar und ich nur noch am Zusammenschrauben, hatten kaum noch was mit der Band zu tun. Das fanden alle scheiße. Dann kamen Angebote von »Rocksound« und so großen Firmen, mit denen konnten und wollten Elmar und ich nicht konkurrieren. So wurde ich Bandbetreuer und Elmar »Stage Manager«, und damit war die Gang wieder zusammen.

Ich fand das immer gut, wenn etwas laut war, bunt und frech, Rock'n'Roll und Entertainment eben, wie bei Zappa und Piet Kröte. So war das bei den Hosen für mich auch. Ich hab die Jungs immer verteidigt vor Kollegen und Musikern, hab denen gesagt: »Hört mal, ich scheiß auf Typen, die auf der Bühne nur rumwichsen, auch wenn sie noch so schnell und gut sind. Es geht um Entertainment und dat die Leute Spaß haben, denn dat Volk will unterhalten werden, und das haben die Jungs im Griff – und wenn sie besoffen in den Verstärker kippen!« Nur wie da welche alle Songs mitsingen können, versteh ich nicht. Ich hab zum ersten und einzigen Mal genauer hingehört bei »Armee der Verlierer« – damit konnte ich als Wanner wat anfangen. Aber was da sonst so hintersteckt, dat interessiert mich nicht.

Manches Mal haben wir fünfundfünfzig Gigs hintereinander abgerissen, davon waren immer ein paar miserabel. Ich weiß noch, wie Campi einmal den Text von »Alex« vergessen hatte, also ausgerechnet vom Superhit, und ich steh vor den Monitorboxen und schäme mich in Grund und Boden. Da kommt Peter Rüchel vom WDR-Rockpalast an, nimmt mich in den Arm und sagt begeistert: »Ja, Faust, das ist Rock'n'Roll, die haben's drauf!« Die Leute können sich gar nicht vorstellen, daß wir manchmal wirklich so schlecht sind. Die halten das für die perfekte Show. Ich sag auch immer: Niemand kann ihre Stücke schlechter covern als die Band selbst, wenn's sein muß.

Wir waren immer eine Gang, wenn wir unterwegs waren, und wenn nicht, fielst du sofort in ein Loch. Du bist dieses Abenteuer gewohnt und diesen rüden Umgangston. »Fotzkopp«, »Pißlippe« – die besten Mode-Dinger wurden bei uns immer prämiert. Du lebst in deinem Tourfilm und machst dir überhaupt keinen Kopp. Meine Ex, die Petra, hat immer gesagt: »Geh du mit deinen Jungs auf Tour, und du vergißt mich sofort.« Und das Erschreckende war: Sie hatte Recht!

Dabei waren wir gar nicht die großen Helden, die ständig Weiber abziehen, also sowas nicht. Wir waren mehr so ein Männerverein, immer Scheiße bauen und was weiß ich.

Klar hat das interessiert, wenn Campi gesagt hat: »Ich gehe nie wieder fremd«, und du wußtest genau, der ist ganz heiß auf diese Schwarzhaarige und die auch irgendwie auf ihn, und du hast hundert Mark drauf gewettet und dann auch gewonnen. Und es gab auch diesen Wildschwein-Paß für den, auf den am meisten rumgevögelt wurde. Aber das war nicht wie bei anderen Rockbands oder bei Prince, wo die Leute an der Backstage-Tür Schlange stehen und einer kommt vielleicht mal rein. Da gibt es zwar einen Raum, wo nicht jeder reinkommt, aber das davor ist freigegeben, da braucht keiner irgendwie Streß zu machen. Die Jungs sind auch nie so abgebrüht gewesen, daß die mich rausgeschickt hätten von wegen »Pick mal die auf, ich brauch

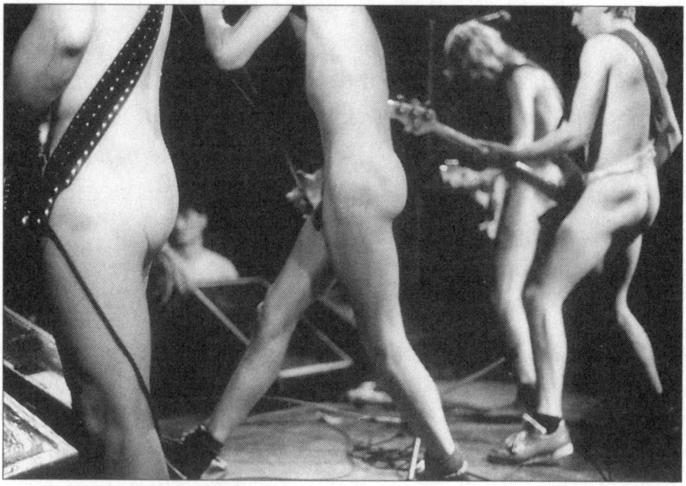

»Immer noch die gleichen Lutscher wie am Anfang«: Ohne Hosen in Frankfurt/Main 1987

was zu pimpern!« oder so, diese Macho-Scheiße lief einfach nicht.

Ich würde das auch für keine andere Band machen, daß ich da mit den Bademänteln und Handtüchern hinter der Bühne steh. Dat mach ich nur, weil es meine Jungs sind. Ich bin doch selbst'n King, irgendwie. Ich mein, jeder macht sein Ding so gut dat geht auf dem Platz wo er ist, und da kenn ich keine Hemmungen. Denn eigentlich sind dat immer noch die gleichen Lutscher wie am Anfang, und ich dann irgendwie auch.«

UNSERE TAKTIK HIESS »Ruhm durch Penetranz«. Wo immer man uns ertrug, spielten wir. Wir ließen kein noch so verlassenes Nest, keinen Weiler und kein Gehöft aus, um uns vor Mensch und Tier zu produzieren und die Ahnungslosigkeit der Kreatur auszunutzen. Im Gegenzug lernten wir die letzten weißen Flecken auf der Landkarte Westeuropas kennen. Breiti hat unsere Tourpläne aus der Zeit aufgehoben; ein Blick darauf ersetzt zwei Semester angewandte Peripherie.

19.2.83: Lothe ... 12.3.: Espelkamp ... 22.3.: Kirkel, Club »Tote Hose« ... 22.6.: Kirchweihdach ... 2.7.: Weikersheim ... 15.8.: Grünstadt ... 26.2.'84: Übach-Palenberg ... 28.2.: Argens II, Frankreich ... 17.3.: Jöllenbeck ... 6.4.: Schwindkirchen ... 17.4.: Husby bei Flensburg ... 22.4.: Dieburg ... 3.6.: Lothe (schon wieder!). 22.6.: Espelkamp ...

Trotzdem war es keine Ochsentour in dem Sinne, daß wir es nur mit zugeklammerten Nasen ertrugen. Wir liebten die klare Luft und die leger getragene Unbedarftheit der dortigen Kids. Die konnten noch zugeben, daß sie irgendeinen Trend oder einen Aufstand in Burkina Faso nicht mitgekriegt hatten. In der Stadt mußt du deine ganz normale Blödheit ja immer mit viel Aufwand überspielen. Wir hatten auch lieber Kuhfladen unter den Sohlen als Kaugummis. Bei den Ausflügen in die »große Welt« faßten wir dagegen damals meistens in die Scheiße.

Rom? Ein Fiasko. Wir fuhren im September 1983 mit meinem alten, roten BMW runter, in Rekordzeit von 13 Stunden, um auf Einladung einer Jugend-Organisation namens »Arci« im »Ex-Mattatoio« (Ex-Schlachthof) an einem internationalen Subkultur-Festival teilzunehmen. Das Motto »I love you, fuck you« war vielversprechend, die Gästeliste umfangreich. Schriftsteller und Rapper, Musikgruppen und Filmemacher aus dem internationalen Underground waren eingeladen. Aber schon nach zehn Minuten Aufenthalt waren unsere zwei Gitarren aus dem Wagen geklaut - Kuddel, der die dritte hatte, kam mit dem Flieger nach. Abends auf der Bühne wurde Campi von italienischen Skins bespuckt und angegriffen. »You fucking bastards«, schimpfte Campi, »ihr seid noch nicht mal gut im Spucken! Come back later, I'll kill you afterwards!« Aber der Italiener kennt keine Pünktlichkeit. Der Gig endete vorzeitig in einem Massentumult, bei dem Campi mit dem Mikrofonständer versehentlich neben einem Skin auch noch einen Ordner rasierte. Und dann ging auch noch der BMW kaputt.

Paris? Ein Parkplatz für Hochstapler und Betrüger. Wir wurden im Februar '84 vom Goethe-Institut eingeladen, da mal ein bißchen deutsche Kultur zu verbreiten. Aber vor uns waren bereits die Einstürzenden Neubauten dagewesen, die Sand, Steine und Stahl auf der Bühne ausgebreitet hatten, bevor sie die ganze Konstruktion fachgerecht in ihre Bestandteile zerlegten. Die fälligen Reparaturen fraßen soviel von Goethes Geld, daß man unsere Gage einsparen wollte. Die Kulturagenten hatten ernsthaft vor, die Kulturschaffenden, die sie gerufen hatten, um ihre Gage zu betrügen. Daß wir dann überhaupt zum Dumpingpreis spielten, lag nur an den etlichen aus Düsseldorf angereisten Fans und einer guten Idee, wie wir unsere Gage aufbessern könnten.

Wir holten für unseren Bommerlunder-Song am Ende des Sets soviel Leute wie möglich auf die Bühne, um ein allgemeines Chaos zu schaffen. Im dicksten Gewühl schraubten wir dann die Mikrofone ab und brachten sie hinter die Bühne, wo Bollock schon mit einer großen Plastiktüte bereitstand. Da packten wir die teuren Dinger rein und verschwanden augenblicklich, ohne die Zeche im Hotel zu zahlen, und verscherbelten später, was wir mitgenommen hatten. Kultur ist eine feine Sache, aber auch der Kulturschaffende hat Hunger und muß essen.

Das mit der Verständigung wegen Goethe klappte sowieso nicht richtig. In Bordeaux spielten wir elf Tage später vor Tapeziertischen voll Sauerkraut und Würstchen und lauter jungen Schüler-Hippies, die bei ihren Pogo-Versuchen von zwei französischen Skin-Brüdern und ihren Freunden mit Stiefeln und Fäusten gequält wurden. Einer fummelte wirr mit seinem Messer vor den Nasen der Mädchen rum. Wir mischten zuerst die Skins auf, dann das deutsche Buffet. Aber inzwischen war eine multikulturelle Massenkeilerei ausgebrochen, und als die zuende war, stellten wir den Verlust zweier Effektgeräte fest. Wir stürmten einen Proberaum und mußten erneut ein paar Ohrfeigen verteilen, bis wir wieder im Besitz unserer Geräte waren – Wirtschaftsboykott wäre zu langwierig geworden, pardon! Ob die Einwohner von Bordeaux seitdem das deutsche Wesen besser verstehen, weiß ich nicht.

Einen anderen Empfänger unseres Kulturexports, die Ortschaft Argens, verpaßten wir zunächst um mehrere hundert Kilometer, weil es in Frankreich zwei Orte dieses Namens gibt. Das richtige Argens wurde aber noch gefunden, und dort lud uns der Bürgermeister hinterher zum Essen ein. Aber das war auch wieder kleine Welt, nicht große. Nur zweimal lief es in den großen europäischen Metropolen besser als beschissen. Beide Male waren es Auftritte im Osten. Im März '83 reisten wir auf Tagesumtausch nach Ostberlin ein und spielten vor etwa dreißig Zuschauern in einer Kirche. Die Nummer lief über Marc Reeder, einen ziemlich schrägen Vogel aus der Westberliner Szene, der angebliche oder wirkliche Geheimdienstkontakte nach drüben hatte; genau haben wir das nie verstanden. Fakt war, daß Marc einen Draht zu den Ostberliner Punks hatte, die es offiziell natürlich gar nicht gab oder geben durfte. Diesen Draht ließ Marc jetzt für uns glühen: Er informierte ein paar Leute, daß wir am Sonntag, den 27.3., rübergehen würden, und diese Vertrauensleute informierten wieder andere, denen sie vertrauten.

Da standen wir also an einem Sonntagnachmittag mit dreißig Ost-Punks in dieser Kirche und versuchten, aus den fremden Instrumenten, die man uns gab, ein paar Funken für uns alle zu schlagen. Wir waren im Zehn-Minuten-Abstand möglichst unauffällig durch die Kontrollstelle Friedrichstraße geschlüpft, das bedeutete: normale Klamotten, Haare streng und flach an den Schädel gekämmt, und keine Instrumente! Mein Schlagzeug war ein Produkt des VEB Schepperland, und Breiti sah zum ersten Mal Saiten auf einer E-Gitarre, die mangels Nachschub mit ein paar Knoten zusammengezwirbelt waren. Zu blöd, daß wir keine neuen Saiten eingeschmuggelt hatten. Die »Anlage« stammte aus dem Proberaum der Puhdys und war, gemessen an der Bekanntheit dieser Band, eine seelische Grausamkeit.

In seiner ganzen geheimnisvollen Gedämpftheit war es aber ein wirklich ergreifendes Ereignis. Wir spielten und sangen in Flüsterlautstärke, und die DDR-Punks pogten vorsichtig auf den Fußspitzen, wie Ballettänzer. Es war nicht enttäuschend, sich so sehr zurücknehmen zu müssen, sondern wirklich witzig, auf eine verbindende Art. Es war »Papa schläft und wir machen ihm die Schuhe auf«, nur daß uns im Ernstfall viel mehr gedroht hätte als rote Ohren und eine Woche Taschengeldentzug. Vorher und hinterher gab uns der Pfarrer der Kirche seinen Segen, und schließlich lockerte sich die Stimmung bei ein paar Bier und Gesprächen weiter auf.

Eine nette Geschichte? Wer nie über die Transitstrecke nach Berlin gefahren ist oder mal am Grenzübergang Friedrichstraße stand, kann sich die beklemmende Atmosphäre dieses Sonntags kaum vorstellen. Als DDR-Punk warst du so etwas wie eine DDR-Hure: Du durftest gar nicht zeigen, daß es dich überhaupt gibt. Du wurdest an keiner Hochschule akzeptiert und bei Reisen in die sozialistischen Bruderländer meistens schon an der Grenze zurückgeschickt. Es handelte sich auch nicht um die Suche nach einer geilen Location, als wir uns für das Konzert vor den Altar stellten. Kirche bedeutete Schutz, auch für uns. Aber was wären wir für Punkrocker gewesen, wenn wir auf eine offizielle Einladung in die DDR gewartet hätten? Hätten wir etwa brav ein paar Lederjacken und Schallplatten an Honecker schicken sollen, wie Lindenberg und Maffay, um dann eines fernen Tages von oben einzuschweben?

Es gibt eben solche und solche Kapellen. Gegen Abend hockten wir noch bei irgendwem in der Wohnung und sahen zusammen Westprogramm. Da zeigten sie eine Dokumentation mit dem Titel »Zwei Bands, zwei Welten«, wo das Leben einer Startruppe mit dem einer Underground-Band verglichen wurde. Die Startruppe hieß BAP, die Underground-Band waren wir. Wenn du sowas auf einem DDR-Fernseher siehst, zwischen Jungs und Mädchen, die dir was von der neuen LP von »Se Gläsch« (The Clash) erzählen, dann traust du auf einmal sogar dem Fernsehen. Nur uns traute man in der DDR von offizieller Seite nicht – nach unserem zweiten unangemeldeten Konzert in Ostberlin, ein Jahr darauf, legte man eine Stasi-Akte über uns an, in der wir als »Unerwünschte Besucher« eingestuft wurden. Das bedeutete: Einreise verbieten, Durchreise nur nach Rücksprache mit der Stasi genehmigen.

Auch unser Abstecher nach Budapest war das konspirative Werk Marc Reeders. Zusammen mit seiner eigenen Band, Die Unbekannten, fuhren wir Ostern '83 von München über Wien nach Ungarn rein. Jedenfalls, soweit das ging: Marc und seine internationale Truppe pflegte in einem alten Gangster-Citroën zu reisen, der von einem eleganten französischen Chauffeur mit weißen Handschuhen gesteuert und dann wieder repariert wurde, immer im Wechsel von circa zwanzig Minuten. Wir hatten Jochen und Scumeck dabei, Jochens rechte Hand, dazu Christoph und Bertram, zwei notorische Hosen-Fans aus den Untiefen deutscher Stadtzeitungen. Wir hatten wenig Socken zum Wechseln und hockten in diesem Opel Blitz, wo pausenlos eine unkündbare Standheizung losbollerte. Aber wir hatten auch einen Haufen Kassetten dabei, von den Boys über Chelsea bis zu Gary Glitter, und wir mußten einfach hin. Und bald nach der Ankunft wußten wir auch, warum.

Budapest war großartig, wenn man István kannte. István, den Künstler, der bei der halbstaatlichen Plattenfirma arbeitete und in einer Band spielte, die immer ein bißchen schwermütig klang; wie Velvet Underground nach zwei Flaschen Tokajer. István war ein typischer Grenzgänger in diesem komischen Ungarn. Was er machte, war oft nicht ganz erlaubt, aber auch nicht verboten. István hatte den besten Sony-Walk-

Berlin, Budapest, Kirchweihdach: Wir und unser Opel Blitz

man, die hipsten Kassetten und West-Magazine, das beste Gras. Er kannte die schönsten Ungarinnen und wußte, wo man sie treffen konnte: im »Young Artists Club« in Pest, wo wir mit ihm und seinen Freunden jeden Abend ab elf, wenn die anderen Läden dichtmachten, heftig tranken.

Wir kriegten keine Ungarin ab, keiner von uns. Wir waren fast alle einfach zu grün dafür, damals. Aber wir kriegten genug zu trinken und zu rauchen, um nach drei Nächten wenigstens ein bißchen verlebt auszusehen. Dann pflegten wir uns einen Nachmittag lang im türkischen Bad, fuhren zur Marx-Karoly-Universität nahe der Szabadság-Brücke und gaben eines unserer besten Konzerte.

Wir spielten vor etwa tausend Leuten, die durch ein paar halbversteckte Plakate und Mundpropaganda in der Aula zusammengekommen waren. Punks, Künstler, Existenzialisten, die ganz normale Mischung eines beliebigen Abends in der Hamburger »Markthalle«. Sogar eine kleine Gruppe Skins war aufgelaufen, die genau wie ihre glatzköpfigen Verwandten in Hamburg ein paar kurze Prügelszenen inszenierten. Aber es gab so etwas wie eine große Koalition des Undergrounds, die solche Feuer schnell löschte. Das Halblegale der ganzen Veranstaltung war eine Duldung; sie konnte im Randalefall ganz schnell zurückgezogen werden.

Wir spielten den dritten und letzten Set des Abends, nach einer einheimischen Band namens Control Csopport (Kontrollgruppe) und den Unbekannten, die mit ihrem Nerv-Citroën einen Tag nach uns in der Stadt eintrafen. Alle fünf waren wir richtig in Spiellaune, »mentalmäßig gut drauf«, wie mein Lieblings-Kicker Jürgen »Kobra« Wegmann sagen würde, und genauso waren es die anderen. Mit den ersten Takten unseres Openers »Wir sind bereit« hob vor uns ein Pogen und Spucken und Sich-Bewegen an, das bis zum Ende nicht mehr nachließ. Es war das im Universum genau gegenüber Liegende zum Zustand des »hallot nadragok« (tote Hose).

In dieser Nacht stieg noch irgendwo eine Party. Wir standen in einer Plattenbausiedlung und wurden von Istváns Freunden in irgendwessen Wohnung gezogen. Von da ab ist mein Film gerissen. Als wir am nächsten Tag Richtung Wien abziehen, hat István glänzende Augen. Ist das unsere neue Freundschaft, oder hat er nur wieder zuviel geraucht? Wir wußten, wir würden wiederkommen.

Auswärts hui, Zuhause pfui, hätte unser Lieblings-Sportreporter Hajo Rauschenbach gesagt; der Mann bückt sich seit zwanzig Jahren nach jeder noch so totgetrampelten Metapher, einfach herzzerreißend. Während wir als Live-Act ein gewisser Kult wurden, blieben wir da, wo es finanziell drauf ankam, nämlich beim Plattengeschäft, weiter auf der Kriechspur. Nach »Bommerlunder« hatten wir mit der Weihnachtssingle »Schöne Bescherung/Willi's weiße Weihnacht« im Winter '83/84 die vierte Single unter unserem »Totenkopf«-Label rausgebracht. Wie ihre Vorläufer, blieb sie eine viel gelobte Turbo-Schnecke: zu schnell zum Sterben, zu langsam, um es irgendwohin zu schaffen. Nur gut, daß die EMI unfreiwillig die Aufnahmen finanzierte.

Wir waren eigentlich im EMI-Studio, um eine ganz andere Idee zu realisieren, die zweite, mit Hip Hop versetzte Version von »Bommerlunder«, also die erste historisch belegte Fusion von Rock'n'Roll und Rap, Jahre bevor Bands wie Aerosmith darauf einstiegen. Das sollte die nächste Hosen-Single bei der EMI werden, dafür hatten sie uns das Studio zur Verfügung gestellt. Aber immer wenn ihre Leute gerade abgetaucht waren, tauschten wir die Studiobänder aus und füllten neue Spuren für unsere Weihnachts-Single. Steckten sie ihre Nasen zur Tür herein, hatten wir die Bänder wieder umgetauscht und schraubten brav an der Hip Hop-Nummer weiter. Es war wie Weihnachtsgeld für verdiente Mitarbeiter der Firma – nur daß wir die Zuwendungen als selbstlose Künstler gleich wieder in ein neues Projekt investierten.

»Schöne Bescherung« machte uns nicht zur Single-Band, aber »Hip Hop Bommi Bop«, wie der mutmaßliche Knüller dann hieß, schaffte das auch nicht richtig. Wir veröffentlichten die Scheibe als »The Incredible TH Scratchers starring Freddy Love«, denn Freddy war der Mann, der den Hip Hop anschleppte. Auch Freddy war »eigentlich« Filmemacher, genau wie ich, eigentlich – mit dem Unterschied, daß Freddy mit »Wild Style« bereits ein weltweit beachtetes Werk über die New Yorker Hip Hop-Szene gelungen war. Tatsächlich lernten wir uns vorschriftsmäßig auf einem Filmfestival in

Sevilla kennen, wo wir uns gegenseitig das Vertrauen des anderen erschlichen. Meines in ihn blieb an der Oberfläche folgenlos; seines in mich nutzte ich sofort aus, um ihn an den Rhein zu locken, in den Hinterhalt unseres multikulturellen Musikprojekts.

Im Grunde war es gar kein echtes Crossover. Man hört Kuddels weiße Rock-Gitarre und Freddys schwarzen Gesang, man hört Rap und irgendwas mit Eiern und Schinken, und beides läuft mehr nebeneinander ab, als daß es fusioniert. Und so ging es uns auch: Als wir aus dem Studio kamen, war Freddy weiter mohrenschwarz und wir noch immer so käsigweiß wie zuvor.

Freddy gab sich alle Mühe, den Song zu pushen. Er spielte ihn, als er im Londoner »Academy« im Anschluß an ein Konzert seiner Freunde von The Clash vor sechstausend Leuten auf die Bühne geholt wurde. Er spielte ihn im New Yorker »Roxy«-Club, nach einem Herbie-Hancock-Gig, er spielte ihn überall. »Oh yeah, this drink is right on time/ a couple of sips and it will blow your mind ... you can be a king or even a queen/ when you drink Bommerlunder on the scene/ Some drink it standin' on their head/ Bommerlunder rock the living and rock the dead ...« Dadurch wurde unser Pseudo-Rap ohne Absicht vielleicht ein bißchen zu sehr Freddys Nummer, zu sehr ein richtiger Rap. Aber was tun, wenn ein Kerl aus New York, den du in den Hinterhalt locken willst, auf einmal mit deinem Schnaps durchbrennt?

Freddy hatte uns aus Versehen reingelegt, nicht wir ihn. Sein Fame war durch die Nummer um ein witziges Stück gewachsen. Die Toten Hosen dagegen und die Firma Bommerlunder verkauften von ihrem Zeug weltweit nicht ein Quentchen mehr. Doch was kümmerte uns die Welt? Unsere erste Bommerlunder-Fassung war auch noch im Rennen, und durch sie kamen wir im Herbst '83 zu unserem ersten Live-Auftritt im Fernsehen.

Es war eine ziemlich perverse Situation: »Formel 1« war zu dieser Zeit der Branchenführer für Musiksendungen im Bildschirm, hier hockten die Kids vor und glotzten. Die Art und Weise der Präsentation war aber unterm Strich so daneben, daß sich ein Auftritt für Punkrocker im Grunde von alleine verbot. Wie konnten wir unter solchen Umständen neue Zielgruppen erschließen, ohne uns vor unseren alten Fans – und vor allem: vor uns selbst und unseren Freunden – auf immer und ewig zu blamieren?

Die Lösung brachte einmal mehr das Leben. Wir hatten am Abend zuvor noch ein Konzert im Berliner »Tempodrom« gespielt und waren anschließend mit einem Schwung Punks aus der Hausbesetzer-Szene zünftig versackt. Es waren zum großen Teil sehr junge Punks, fünfzehn, sechzehn Jahre alt, und sie waren völlig erfrischend und in Ordnung. Wir fanden sofort, daß solche Leute auf dem Bildschirm erscheinen sollten und nicht so abgebrühte Säcke wie wir. Daraus entstand die Idee: Wir würden die Berliner Kids zum Bommerlunder-Playback auf die Bühne lassen und selbst im Publikum bleiben; wir würden die Zuschauer sein und die Berliner die wahren Helden.

So machten wir es dann auch. Die Berliner, die Hosen und wohl auch der Großteil der Fernsehzuschauer hatten ihren Spaß an der Nummer. Nur das Formel-1-Team schickte uns Flüche hinterher. Mit einem guten Pegel Restalkohol und leeren Bäuchen waren wir alle zusammen gleich am Morgen über die Kantine der Produktionsgesellschaft hergefallen und hatten uns dort genommen, was wir brauchten. Kann auch sein, daß mal ein Stuhl dabei umgekippt ist, ein Tisch oder ein Regieassistent – wofür ist man schließlich Künstler?

Die Formel-1-Crew machte darum aber einen Aufstand, als hätte sie den Antichrist leibhaftig erlebt. Diese Erfahrung sollte sich dann im Bereich »Fernsehen« noch ein paar Mal, oder genauer gesagt ständig wiederholen: Man lädt fünf üble Punkrocker ein, um Schwung und Pep in den eigenen Laden zu kriegen, und weint dann über drei zersprungene Teller.

Beim zweiten Formel-1-Auftritt wurden wir dann am Sendetag aus Düsseldorf eingeflogen – man wollte wohl verhindern, daß wir wieder von irgendwoher ein paar Leute mitbrachten.

Es war nicht unsere Idee, daß wir üble Gesellen abgeben müssen, noch nie. Das war eher die Phantasie der Gegenseite. Wie oft sind wir etwa, ohne etwas Böses zu ahnen oder vorzuhaben, zu einer Sendung angerückt, wo uns ein ungewaschener Kerl in einer abgeschabten Motorradlederjacke – der Regisseur! – freudestrahlend erzählte, man habe für uns schon eine total geile Kulisse aufgebaut – und dann blickten wir wieder einmal auf eine Batterie Mülltonnen, aus denen heraus es brennen sollte oder irgendwas. Es war manchmal zum Verzweifeln.

Nur konsequent eigentlich, daß wir im März '84 mit Gaststar Kurt Raab und »Kriminaltango« im Conny Plank Studio die Bösewichtbilder neu vertonten, die sich über Jahrzehnte hinweg nicht geändert hatten. »Dunkle Gestalten in der Taverne«, huhu, das waren wir für andere wahrscheinlich auch. Dabei waren wir nicht einmal richtig schlimm.

Als aufsichtsführende Begleitperson, der den anderen zehn Lebensjahre und einige Sozialarbeiter-Erfahrungen voraus hatte, muß ich sagen: Für jeden Polizeiinspektor der mittleren Laufbahn wären unsere »kriminellen Energien« eine Beleidigung gewesen.

Natürlich gab es diese Phase, als wir aus Restaurants und Kneipen türmten, ohne zu bezahlen; als wir unterwegs mitgehen ließen, was immer unter eine Jacke paßte. Aber war das Revolution, soziale Notwehr? »Brauchten« wir die Porno-Hefte, die wir an dieser österreichischen Tankstelle klauten? Brauchten wir den Fußballpokal, den wir nach diesem verlorenen Turnier in Freiburg einsackten, wo wir die ersten zwei Spiele mit grottenhaft ungeschickten Ersatzspielern auskommen mußten? Das alles und mehr hatte wenig mit nackter Existenznot zu tun oder mit einem grundlegenden Protest gegen die Idee des Privateigentums. Es war einfach dieses geile Gefühl, wenn du dir etwas nimmst und damit abhaust – und irgendeiner rennt dir vielleicht noch hinterher.

Wie der Besitzer dieser Tankstelle in Österreich, der uns mit seinem Wagen auf der Autobahn einholte. Faust mußte diesem besitzfixierten Tankwart zu seinen Muschi-Alben auch noch einen Hundertmarkschein geben, damit er keine Anzeige machte (gut, daß ihm die Sonnenbrillen in unserer Karre nicht aufgefallen sind). Der Kerl verstand uns einfach nicht: Wir suchten gar keine Dinge oder Delikte, sondern das Chaos, das damit verbunden ist. Wenn wirklich mal etwas passierte, geschah das oft ungewollt oder aus dem Suff heraus. Du kommst nachts abgefüllt ins Hotel zurück und starrst auf einen leuchtend-blauen Swimming-Pool – ja, was macht man dann wohl? Du heißt Bollock und wirfst im Torkelgang ein paar Mülltonnen um, während auf der Straße gerade eine Bullenstreife steht – wo verbringst du dann wohl die Nacht?

Die Auslöse für ihn war übrigens billiger als das Hotelzimmer, weshalb kurzfristig die Idee zu einer ständigen Einsparung bei den Übernachtungskosten entstand…

Oder man drängte uns geradewegs in die Illegalität. Irgendwo in Süddeutschland sahen Campi und ich mal ein super Kochbuch im Laden von so einem Bücherclub, das uns die Tusse an der Kasse einfach nicht verkaufen wollte. Wir müßten dafür so einen komischen Club-Ausweis haben, sagte sie. Ich sagte ihr, daß wir das Buch so oder so mitnehmen würden und sie unser Geld besser nehmen sollte. Als sie wieder von dem Ausweis anfing, verschwanden wir mit dem Buch und dem Geld.

»Du kannst klauen und doch eine Ethik haben«, hat Campi öfter gesagt. »Du mußt nur sehen, wem du's nimmst.« Er meinte natürlich die großen Kaufhäuser, die Ketten und Konzerne. Für diese Kunden hatte er sich sogar tiefere Taschen in einen Mantel nähen lassen. Manchmal traf es aber auch den falschen. In Biel haben wir einmal im Vollrausch einen Wagen geklaut und dann mit laufendem Motor irgendwo stehenlassen. Der Besitzer von dem Gerät war genauso wenig ein Konzern oder eine Kette wie der Besitzer von dem Schweizer Laden, wo wir nachts die Surfbretter abmontierten. Faust machte sich Sorgen wegen der Grenzkontrolle, deshalb warfen wir die Bretter unterwegs weg, genau wie das Mofa, das in derselben Nacht ebenfalls in unserem Laster gelandet war. Das war auch beides keine richtige Umverteilung, schätze ich.

Ungefähr zu der Zeit begann die Feuerlöscher-Saison. Wo immer wir Brandgeruch in der Nase hatten oder einfach gute Laune, rissen wir die kleinen, roten Helfer von den Wänden und verwandelten unser soziales Umfeld in Schneelandschaften. Ich schäumte eine Hoteletage in Hannover ein, denn irgendwer – vielleicht sogar ich selbst? – hatte da »Feuer, Feuer!« gerufen. Kiki gestaltete das »Parkcafé« in München auf die gleiche Art in eine gigantische Grauzone um, während wir anderen an der Bar standen und an den Tresen pißten. Der ökonomische Gedanke dahinter: Die Zeit, die du zum Pinkelngehen brauchst, kannst du schon wieder zum Trinken nutzen. Keiner von uns erhielt eine Chance, sich dem Fraktionszwang in allen Lebenslagen zu entziehen. Wer sich ins Bett legte, kriegte bestenfalls sein Antlitz im Schlaf mit Edding-Stiften massakriert. Im schlimmsten Fall wurde auch er mit Löschschaum einschampuniert.

Es war einfach diese Stimmung von Klassenausflug: Weit genug weg sein, um auf niemand mehr zu hören. Und es war Sport in dem Sinne, daß wir das alles für uns selbst spielten. Wir hatten Tabellen und Ligen für den besten Trinker einer Tournee und den besten Kotzer, es gab einen Sportsfreund-Paß, einen Tour-Depp-Paß, alles mögliche. Fast in jedem Moment deiner Existenz konntest du irgendwo ein paar Punkte sammeln oder verlieren. Andy führte fast immer die Kotz-Liga an. Er konnte abgefüllt an einen Tresen gehen, bestellen, trinken, kotzen, neu bestellen - alles ohne jede Rührung. Breiti war ungekrönter Tour-Depp, aber auch in der Sportsfreund-Liga ziemlich weit oben. Dahinter stand ein super-humanistisches Weltbild, denn es sagte dir: Auch du taugst irgendwann zu irgendwas.

Natürlich gab es auch eine Sex-Liga, die sehr langsam in Schwung kam. Ein Punkt für Knutschen, zwei Punkte für Fummeln, drei Punkte für Ball-über-die-Linie-bringen. Man konnte aber bei jedem Mädchen nur einmal punkten, und nur in der ersten Nacht - alles weitere wurde als »Freundschaftsspiel« gewertet und war in dem Sinne Zeitverschwendung. Etwa zwei Jahre lang passierte auf dem Gebiet so wenig, daß sich Jochen schon Gedanken über unsere sexuelle Orientierung machte. Dann stand eines Abends vor einem Konzert in München eine super Braut mit Fotomodellfigur vor ihm und sagte, sie gehöre zu Andi und stünde auf der Gästeliste. Das war der Startschuß, wenn ich mich so ausdrücken darf. Von da an war der sportliche Ehrgeiz bei allen geweckt. Der Wettkampf war eröffnet und kulminierte schon bald darauf, als wir ausgerechnet in Tübingen auf die erste (und bis heute einzige) Nymphomanin unseres sacht knospenden Intimlebens stießen. Sie wurde ein großer Punktelieferant für alle minus Jochen und Campi, der zu dicht war und etwa gleichzeitig in den Wäschekorb schiß.

Die Nummer in München aber lief so: Wir waren Anfang April '84 mit zwei Autos unterwegs, und eines mußte noch in der Nacht nach Zürich runter, zum nächsten Gig. Aber keiner hatte Lust, diese Disco in München schon zu verlassen. Also wurde entschieden, daß jeder, der in München etwas am Start hatte und in der Sex-Liga punkten konnte, dableiben durfte. Andi durfte dableiben, Breiti auch. Es war die Zeit, als er den Mädels immer etwas von Klassik vorschwafelte und damit ein Überraschungsmoment auf seiner Seite hatte, von wegen Punk mit Kultur. Er hieß bei uns deshalb nur noch »Die Zauberflöte«. Ein anderes Mal schmolz eine dahin, als sie sah, wie Breiti beim Anflirten mit dem Kopf gegen ein Stop-Schild knallte. Das war beinahe genial: Punkte in der Sex-Liga machen, indem man gleichzeitig was für seinen Tour-Depp-Paß tut.

Unterwegs zu sein wurde schwieriger, als Breiti und Campi im Frühjahr '84 in der Psychiatrischen Klinik Grafenberg landeten, Abteilung Arbeits- und Beschäftigungstherapie. Sie standen dort auf der Gästeliste des Bundesamts für Zivildienst, die für mehr als ein Jahr ziemlich verbindlich war, und warfen uns damit plötzlich in unsere Schulphase zurück. Wie in ihren Primanertagen, waren jetzt beide wieder nur noch am Wochenende oder während einiger Urlaubstage reisefähig. Gerade jetzt, wo wir langsam ein bißchen in Mode kamen, war das ein ziemlicher Knüppel in den Speichen. Außerdem lebten die beiden jetzt in zwei völlig verschiedenen Welten, von denen sie oft nicht wußten, welche sie kranker finden sollten. Wer acht Stunden am Tag achtzig Patienten betreut, die sich im Grunde alle natürlicher geben als ein durchschnittlicher A+R-Manager einer Plattenfirma, der beginnt ziemlich bald an einer festen Grenze zwischen »normal« und »unnormal« zu zweifeln.

Warum müssen die einen sich für fünfzig Pfennig in der Stunde abmühen, fünfundzwanzig Klebestifte in eine Pakkung zu quetschen, während die anderen ihre Füße auf einen Schreibtisch legen dürfen, um aus hundert Musikkassetten willkürlich den nächsten Rohrkrepierer für ihr Label auszuwählen? Es war nicht »normal«, wie sich einige EMI-Häuptlinge wegen des Heino-Zoffs uns gegenüber aufführten, und es war auch nicht »normal«, nach welchen Kriterien man uns 1984 für eine WDR-Abendsendung auswählte. Im entscheidenden Augenblick hing alles an zwei Gramm Koks, die wir einem redaktionellen Vorschmecker rüberschieben mußten. Mit Koks fand er uns interessant und empfehlenswert, ohne nicht. Total verrückt, aber völlig »normal« in diesem Geschäft, wie wir noch einige Male bemerken sollten.

In dieser Zeit durften wir dann auch mit »unserem« Heino zwischen Ingrid van Bergen und Astor Piazzolla in »Bei Bio« auflaufen. Das war für manche unbescholtene Bürger schon eine mittelharte Packung. »Wenn ein ›Scheißladen‹ in der Maske Heino uns ›Tote Hosen‹ präsentiert und bereits im Entrée der persönliche Hinweis über die sexuelle Einstellung des Herrn Biolek nicht fehlt, scheint das Niveau der Sendung gewahrt«, hieß es in einem Leserbrief an das Hamburger Abendblatt. Und weiter: »Privatfernsehen – Hilfe wo bleibst du?« (gez. Eimo Hinrichs, Halstenbek)

Zweimal noch sollte es uns in den nächsten Jahren gelingen, in eine Sendung des öffentlich-rechtlichen Fernsehens einzudringen. Beide Male mußten wir mit Tricks nachhelfen. Es gab einen Kontakt zu den Machern der Musik-Comedy-Sendung »Bananas«, die überlegten, ob sie unsere Truppe ihrem Beste-Sendezeit-Publikum zumuten könnte. Bisher war die Abteilung »Bißchen böser Humor« allein von Frank Zander verwaltet worden. Es wurde abgewogen und palavert, aber nichts passierte. Schließlich fuhren wir ohne Einladung direkt an den Produktionsort der Sendung in Österreich und taten so, als wären wir bestellt. Niemand blickte so richtig durch, ob das so war oder nicht, aber Regisseur Rolf Spinnrads versuchte schon mal, uns in einen Gag einzubauen. Es klappte nur leider nicht richtig, aus irgendeinem Grund. Inzwischen aber fühlten sich alle so schlecht, daß man uns einen Auftritt in einer der nächsten Sendungen versprach. Das geschah dann auch.

Das zweite Mal ging es darum, in eine – von einem Norddeutschen Sender ausgestrahlte – Sendung zu kommen, wo einer der großen alten Männer des Fernseh-Pops Regie führte. Der normale Amtsweg sah vor, daß man diesen als Regisseur für sein nächstes Musikvideo anheuerte, als teuren Regisseur natürlich, und dann wartete, bis er einen für seine Sendung interessant fand. Es hieß, daß er einen dann sehr schnell interessant fand. Jochen machte also den »Sonderetat« klar, den es für alle Notfälle des Geschäfts gab – glatte zwanzigtausend Mark. Dieses Geld wurde dem alten Mann für eine Video-Produktion versprochen, die dann natürlich nie zustande kam. Zustande kam dafür unser Auftritt in besagter Show. Das nächste Video aber drehten wir mit einem anständigen Regisseur, vor dem man noch Respekt haben konnte.

Das war das Video zu »Unter falscher Flagge«, der zweiten Hosen-LP. Auf dem Cover sah man ein Hundeskelett vor dem Grammophon, weswegen es schon wieder Ärger mit der EMI gab. Auch das glasklar ein neuer Höhepunkt unseres juristischen Wirkens: Zum ersten Mal schafften wir es, Ärger mit einer Plattenfirma zu kriegen, bei der wir gar nicht mehr unter Vertrag waren. Und wieder hatten wir so gut wie keine Schuld daran.

Aber das ist erst recht eine Scheiß-Geschichte, zu der ich jetzt keine Lust mehr habe. Sie hat überhaupt nichts von dem, was die Leute wirklich lesen wollen. Soll doch ein anderer den ganzen Scheiß aufwärmen.

His Master's Voice

Der Brief kam aus Köln, wo alle Strafen für die Menschheit aus einer großen Pandora-Büchse mit zwei Türmchen im gotischen Stil schlüpfen, gleich neben dem Hauptbahnhof, und er landete auf dem Schreibtisch von Virgin-Chef Udo Lange, im ersten Stock der Herzogstraße 64 in München-Schwabing. Absender des am 10. Dezember '84 aufgesetzten Schreibens war ein Dr. F. Schorn, EMI Electrola GmbH.

»Sehr geehrter Herr Lange, wir sehen uns leider veranlaßt, Sie wegen des Posters für die LP/MC DIE TOTEN HOSEN »Unter falscher Flagge« anzuschreiben, das auf der Rückseite der Musikmarkt – TOP 75 vom 3. 12. 1984 abgedruckt ist. Es ist uns bekannt, daß diese Gruppe nicht gerade zimperlich ist. Die makabre Verballhornung des in der Schallplattenbranche wohl meistbekannten Warenzeichens des lauschenden Hundes vor dem Trichtergrammophon auf der Bootsflagge geht nun doch zu weit und ist, bei allem Respekt vor Kunstfreiheit, schlicht und einfach rechts- und sittenwidrig.

Wir müssen Sie daher bitten, die genannte Darstellung in dieser Form nicht mehr zu verwenden und uns bis zum 15. dieses Monats rechtsverbindlich zu bestätigen, daß Sie diesem unserem Ersuchen nachkommen und für jeden Fall der Zuwiderhandlung eine Vertragsstrafe von bis zu 10.000 DM übernehmen.

Wir hoffen auf Ihr Verständnis für diesen unseren Schritt und hoffen überdies, daß sich Weiterungen vermeiden lassen.

Mit freundlichen Grüßen ...«

Der nächste Brief wurde am 13. Dezember '84 per Einschreiben Herrn Dr. F. Schorn in das EMI-Gebäude am Maarweg 149 in Köln zugesandt. Sein Absender ist Udo Lange, Virgin Schallplatten GmbH.

»Sehr geehrter Herr Dr. Schorn, nach Rücksprache mit

unserem Anwalt, teile ich Ihnen zu Ihrem Schreiben vom 10. 12. 1984 folgendes mit:
Bei der LP »Unter falscher Flagge« handelt es sich um eine Bandübernahme von der Firma Totenkopf. Die Lithos für Cover und Poster wurden von der Firma Totenkopf angeliefert.

Selbstverständlich besteht von meiner Seite keine Absicht, an einer auch nur möglicherweise rechtswidrigen Verunglimpfung Ihres Warenzeichens mitzuwirken.

Die eigentlich notwendige juristische Prüfung halte ich für entbehrlich, da ich Ihnen – schon aus Gründen des guten Geschmacks – von mir aus freiwillig zusichere, das beanstandete Detail auf Cover und Poster im Fall einer Neuauflage entsprechend zu ändern.

Sie werden verstehen, daß dies hinsichtlich der schon in Umlauf gebrachten Platten nicht mehr möglich ist.

Ich hoffe, daß hiermit die Situation zu Ihrer Zufriedenheit geklärt ist und dem Fortbestand unseres guten Verhältnisses nichts im Wege steht.

Mit freundlichen Grüßen ...«

So verkehren zwei große Krähen miteinander, die sich gegenseitig nicht auf's Auge gehen: »Wir würden nur ungerne, aber wenn Sie nicht ...« »Es lag uns fern, und wir würden auch nie ...« Der angedeutete Kniefall Langes aber, der – zumindest nach außen hin – auf Kosten der Hosen geht, wurde aber von den EMI-Häuptlingen nicht angenommen. Noch vor Weihnachten erwirkte die Kölner Plattenfirma am Düsseldorfer Landgericht eine einstweilige Verfügung (AZ 12-0 870784), die am 22. Dezember »Herrn Jochen Hülder« und »Herrn Trimpop« in der Kölner Str. 170 in Düsseldorf zugestellt wurde.

»I. Den Antragsgegnern wird im Wege der einstweiligen

Verfügung, und zwar wegen der besonderen Dringlichkeit ohne mündliche Verhandlung, untersagt, das seitens der Antragstellerin benutzte Zeichen des lauschenden Hundes vor dem Trichtergrammophon, das vielfach mit der erläuternden Inschrift »Die Stimme seines Herrn« in deutscher und englischer Sprache versehen ist, im geschäftlichen Verkehr zu verwenden, insbesondere den Hund, der der Stimme seines Herrn lauscht, als Gerippe darzustellen.

II. Den Antragsgegnern werden für jeden Fall der Zuwiderhandlung Ordnungsgeld bis zu 500.000,– DM, ersatzweise Ordnungshaft bis zu 6 Monaten angedroht.

III. Die Kosten des Verfahrens werden den Antragsgegnern auferlegt.

IV. Mit diesem Beschluß soll eine Abschrift der Antragsschrift zugestellt werden.

V. Der Streitwert wird auf 50.000,– DM festgesetzt.

Düsseldorf, 21. Dezember 1984, Landgericht, 12. Zivilkammer«

Damit war Udo Langes Versuch, auf Zeit zu spielen, vereitelt. Die Firma Virgin mußte augenblicklich – und nicht erst bei einer späteren Auflage – entsprechend geänderte Cover produzieren. Der Hinweis »Zensiertes Cover« wurde selbstverständlich eine zusätzliche Verkaufshilfe für die LP – in der alten wie in der neuen Form. Und bald nach der einstweiligen Verfügung wurde den Presseunterlagen zu »Unter falscher Flagge« ein neues Photo zugefügt. Es zeigt Campino in hundeähnlicher Hockstellung vor einem Trichtergrammophon.

Ob jemals versucht worden ist, gegen »Herrn Andreas Frege« eine einstweilige Verfügung zu erwirken, in der ihm verboten wird, sich in hundeähnlicher Haltung vor ein Trichtergrammophon zu setzen (oder sich selbst »im geschäftlichen Verkehr als Gerippe darzustellen«), ist nicht bekannt.

3
»Meine Herren, die Garderobe ist freigegeben!«

Die Dreharbeiten zum Video »Unter falscher Flagge«, im Auftrag dieser WDR-Sendung – kann man sowas überhaupt vergessen? Es war ein schweinisch kalter Tag im Januar 1985, Außentemperatur circa minus zwanzig Grad. Wir drehten auf der Rheinfähre zwischen Kaiserswerth und Meerbusch-Lank und spielten Piraten. Ich, Kuddel, fand, daß ein echter Pirat nicht mehr als ein Unterhemd und eine Hose tragen dürfte, auch wenn es noch so kalt ist. Wir verbrachten also Stunden auf dieser dämlichen Fähre, halbnackt oder im Ringel-T-Shirt, während uns die schneebedeckten Rheinauen bei Kaiserswerth anglotzten, und waren überhaupt nicht in der Stimmung, uns wie Piraten zu benehmen. Aber irgendwer sagte, so sei das eben mit der Schauspielerei: Du müßtest ständig Dinge tun, die du ohne einen Regisseur im Nacken nie im Leben machen würdest.

Das Video wurde ausgestrahlt, der WDR war erneut geentert. Das Jahr fing gut an. Gerade war unsere zweite LP veröffentlicht worden, auch unter dem Titel »Unter falscher Flagge«. Es zeigte sich schnell, daß Jochen mit seiner derben Ansage zu den »Marktchancen« der Platte daneben lag. Als unser Manager die fertig abgemischten Bänder gehört hatte, sagte er: »Wer soll denn diese Scheiße kaufen?« Dann aber gingen in diesem Jahr insgesamt etwa 25.000 Exemplare davon weg. Das war für eine halbwegs große Firma wie Virgin nicht der große Knüller, aber auch alles andere als ein Flop. Das Jahr fing wirklich gut an.

Es ist nicht leicht, nach einer gelungenen ersten Platte etwas nachzulegen, das den Leuten ein zweites Mal die Schuhe auszieht. Der Bonus der Überraschung-aus-dem-Nichts, des Insider-Tips, war aufgebraucht. Es gab immer noch keine tollen Produktionsbedingungen oder Vorschüsse, aber wir hatten berechtigte Hoffnungen, die Kosten für die dreizehn Tage im Kölner Mascot-Studio wieder einzufahren. Niemand mußte mittendrin Plakate kleistern gehen oder wegen anderer Nebenjobs verschwinden. Jeden Nachmittag, wenn Campi und Breiti Schicht in der Grafenberger Anstalt gehabt hatten, legten wir bis in die Nacht rein los. »Liebesspieler«, »Der Abt von Andechs«, »Der Mord an Vicky Morgan«, »Sekt oder Selters« dreizehn Songs insgesamt wurden in ebenso vielen Tagen eingespielt, ein scharfes Tempo. Sogar ein Abstecher von Andi und Breiti zu Heinz Paetsch, dem großen Märchenerzähler aus Radiosendungen, war in der Zeit noch drin (zu hören in der Einleitung des Titelstücks). So war's okay – wir wollten unser Zeug so schnell wie möglich auf Tonband pappen, um bloß nicht zuviel rumzufeilen und zu schnitzen. »Kick and rush«, wie die Fußballer in der Band sagen.

Aber Fußball-Metaphern sind nicht meine Stärke. Ich habe Handball gespielt und verstehe nicht, wie man einen Ball mit Füßen treten kann. Diese Kurzturniere auf Autobahn-Raststätten, gleich nach der Pinkelpause, sind für mich bis heute eine Qual. Vielleicht stimmt es, daß eine große Stadt wie Düsseldorf einen guten Erstliga-Club haben sollte, aber ich bringe mich nicht um, wenn die Fortuna wieder siebenmal hintereinander absteigt.

Wir lagen richtig. Die meisten Kritiker hissten sofort weiße Flaggen, als sie die Andrucke und Demo-Tapes erhielten. »Musik-Express/Sounds« wählte unser Werk zur »Platte des Monats«, die »Spex« ging endlich auf angemessene 63 Zeilen. Selbst der Berufsjugendliche aus dem Kulturressort der ansässigen »Rheinischen Post« durfte in unserem Fall mal etwas Längeres aufsetzen (»Charakter des Archaischen ... Geflirr der Gitarren ... Asphalt-Lyrik von heute ...«). Hier und da war es dem einen noch zu punkig, dem anderen nicht mehr punkig genug. Doch zwischen diesen Riffs wurden wir nicht zerrieben. Je weiter wir kamen, desto mehr prägte sich den Leuten unser eigener Kurs ein. Wir wurden »die Hosen«, und damit fertig.

Mir persönlich bedeutete das alles nicht wenig. Ich hatte für die zweite LP doppelt und dreifach geschuftet; hatte für den Großteil der Stücke das Schlagzeug eingespielt und hier und da auch noch den Baß. Keine Ahnung, bei welchen Stükken genau; das fand ich – im Unterschied zu anderen, die sich darüber das Maul zerrissen – nicht so wichtig. Wir haben immer auf den gesetzt, der für das, was gerade anlag, besser geeignet war. Und wenn ich das öfter gewesen bin als Trini oder Andi, heißt das noch lange nicht, daß ich der große verhinderte Solist bei uns bin.

Ich stelle mich nicht ins Studio oder auf die Bühne, um mich mit Breiti oder sonstwem um den Pokal des besten Gitarristen zu duellieren. Wir sind eine Mannschaft, eine Band. Mir ist Jimi Hendrix egal, Keith Richards finde ich noch in Ordnung. Wenn überhaupt etwas, dann interessiert mich bei anderen, welchen Sound sie auf der Gitarre hinkriegen – nicht die Soli. Soli sind meistens überflüssig.

Ich stelle mich auch nicht auf Konzerte, nur um zu gucken, ob der Gitarrist dieser Band höher pinkelt als ich – das tun so viele. Ich fand es nur wichtig, daß wir zusammen etwas Gescheites in die Welt setzen. Das war uns mit »Unter falscher Flagge« gelungen.

SEIT MIR DIE ERSTEN Haare unter den Achseln wuchsen, bin ich in irgendwelchen Gelegenheits-Formationen gewesen. In meiner Schulklasse gab es einen Querflötisten mit fünf Brüdern, alle Voll-Hippies, die hatten zuhause einen Keller voller Instrumente. Dort stiegen unsere ersten Sessions. Ich begann etwa gleichzeitig mit Schlagzeug und Gitarre, jeder schnappte sich, wozu er Lust hatte, dann ging es los. Wir trommelten auf ein Paar Bongos den Zwischenpart von Pink Floyds »Dark Side of the Moon« mit, spielten zu Genesis und allem möglichen Kram, und endeten jedesmal in einer Party aus Lärm. Dieser Keller war der einzige Raum, in dem es mir damals nie langweilig wurde. Alles andere war mir ziemlich egal.

Ich ließ mich morgens in den Kack-Bus fallen und fuhr in dieses Kack-Gymnasium, wo mir irgendeine Kacke unterbreitet wurde, das alles interessierte mich nicht. Wo immer ich aber ein Schlagzeug entdeckte, klemmte ich mich augenblicklich dahinter. Das war gleichzeitig der Nachteil des Instruments: Um Schlagzeug spielen zu können, mußte ich irgendwo hingehen. Die Gitarre dagegen stand zuhause, immer ansprechbar. Hier gab es auch die größten Fortschritte. Bald steckte ich mit einem Schulfreund und einem Deutschlehrer in einer ziemlich verwegenen Formation. Wir spielten auf Schulfeten Eigenkompositionen für drei Gitarren und Flamenco-Stücke, sehr rhythmische Sachen, etwa in der Art der Gipsy Kings. Die Lehrerschaft nickte gefällig: Sieh mal an, der faule von Holst!

Es waren Gelegenheitsauftritte. Beim nächsten Ding hockte ich vielleicht schon wieder mit anderen zusammen und beschallte die vollbesetzte Aula mit einem anderen Sound. Denn es gibt keinen »Stil«, wenn man dabei ist, Gitarre zu lernen. Es gibt nur zehn Finger, sechs Saiten und die Griff-Tabellen in Peter Burschs Gitarrenbuch. Und diese Lagerfeuer-Standards für die Ausflüge ins Schullandheim. »This Land is Your Land«, »Blowing in the Wind«, »House of the Rising Sun«, das ganze Bursch-Musical eben. So war es jedenfalls bei den meisten, die ich kenne, und so war es auch bei mir. Nur hielt ich meine erste Wanderklampfe anfangs nicht so fesch in den Pfoten. Ich legte sie auf den Tisch in meinem Jugendzimmer, in Mamas Küche, überall, und spielte sie wie eine Zither: »It's been a ru-in for ma-ny years...«

Erst später wurde mir klar, warum. Ich bin Linkshänder und hatte Probleme beim Greifen. Wenn die Gitarre auf dem Tisch lag, konnte ich diese Schwierigkeit besser umgehen. Alle üblichen Billigklampfen sind Rechtshänderklampfen; wer Linkshänder ist, muß extra löhnen. Es ist also ziemlich diskriminierend, linkshändiger Gitarrist zu sein, und man hat keinen Spaß beim Einkaufen. Hat sich mal jemand die Mühe gemacht, in einem durchschnittlichen Musikgeschäft die Anzahl der Linkshändergitarren zu überprüfen? Ich sage: Es kommen vielleicht zwei auf fünfhundert. Noch heute kann ich der Versuchung nicht widerstehen, wenn ich irgendwo ein schönes Instrument für Linkshänder im Geschäft sehe.

Die Linkshändergitarre

Ich spielte also die gleichen Sachen wie alle anderen Vierzehnjährigen auf Klassenfahrt, und das war völlig in Ordnung. Es macht keinen Hippie aus dir, höchstens einen Gitarristen. Ich lernte die wichtigsten Akkorde, die gängigen Barrégriffe und Zupftechniken. Die Grundlagen eben. Irgendwann hast du aber keine Lust mehr, dir selbst bei diesem ewigen Gedaddel zuzuhören. Du kriegst Flecken im Gesicht, wenn du anfängst mit »How ma-ny years ...« Und dann passiert dir etwas anderes. Du drehst entweder in die klassisch-spanische Manuel-de-Plata-Liga ab, mit Edelholz-Gitarren ab zweitausend Mark und wahnsinnig komplizierten Partituren, oder du fällst über die erste E-Gitarre deines Lebens.

Ich entdeckte meine, als ich mit meinen Eltern zu Besuch bei meiner Tante in Montreal war. Ich sah das Ding im Schaufenster, ein absolutes Sperrholzmodell für hundert Dollar. Aber es war dieses Gefühl: Wenn ich das da nicht kriege, geht was ganz Schlimmes kaputt. Ich bearbeitete meine Eltern, bis das Gerät, komplett mit einem Satz Bongos und Drumsticks, in meinen Händen war, und besaitete es in Düsseldorf genau anders herum. Natürlich war's ein ordinäres Rechtshändermodell. Bald darauf kriegte ich auch noch einen Verstärker geschenkt, und nicht viel später kam der entscheidende Anruf. Es war genau die richtige Reihenfolge für ein superglattes Drehbuch, das einem keiner glaubt. Aber es war wirklich so: Erst kam die Gitarre, dann der Verstärker, dann klingelte das Telefon.

Am anderen Ende hing ein zweiter Linkshändergitarrist aus Düsseldorf, der damals bei den Bazookas spielte. Die Jungs von ZK hatten ihn gefragt, ob er einsteigen wolle; sie hatten zu der Zeit ein Mädchen an der Klampfe, das nie mitfahren wollte, wenn sie ihre Tage hatte – und das kam alle zwei Wochen vor. Der Bazookas-Mann konnte nicht, hatte aber mich empfohlen – Linkshändersolidarität. Auf einmal stand ich im Proberaum der Band, die mich im »Okie Dokie« in Neuss gerade noch richtig begeistert hatten. Ich wußte nicht viel mehr, als daß ich das Gitarrenkabel an eine Box anschließen und den Lautstärkeregler voll aufdrehen mußte. Aber nachdem mir diese zwei Dinge gelangen, krabbelten meine Finger ganz von allein über den Klampfenhals. Ich spielte mir die Scheiße aus dem Leib, um dabei zu sein, denn eines war mir sofort klar: Das ist besser als alles, was du in der Schule finden kannst!

Ich bin nicht unterdrückt worden am Rethel-Gymnasium, oder dabei behindert, irgendwas in mir zur Entfaltung zu bringen. Ich hatte nur einfach keine gute Zeit und fand den Laden voll daneben. Wie andere sagen können: »Schule war ja doch die schönste Zeit«, ist mir ein Rätsel. Ich mochte den Leistungskurs Russisch in der Oberstufe, ich habe im Sport gerne Handball gespielt, war einige Jahre in der westdeutschen Jugendauswahl. Der Rest war Mathematik und Physik und Langeweile und Sitzenbleiben in der 11 und noch mal Durchrobben bis zur 12 – und dann die Klassenarbeiten in den Sand setzen, für die du deine Freunde von der Band nachts in Süddeutschland verlassen hast.

Dann kommst du von irgendwoher zurück, wo du etwas gesehen und dich gut gefühlt hast, wo du die unglaublichsten Leute und Geschichten erleben durftest, setzt dich wieder ins Klassenzimmer – und merkst schon nach ein paar Minuten, daß deine Lehrer inzwischen nichts dazugelernt haben.

Nur Herr Molsberger, unser Musiklehrer, war ohne Abstriche o.k. Der hat es geschafft, einem den Stoff, den er unter die Leute bringen mußte, nicht auf ewig zu verleiden. Es wurde über Notenlehre gesprochen und über Fugen und Rondos und den ganzen Klassiksalat. Aber es gab auch Tage, da setzte sich einer von uns hinter den Flügel, und dann kam Molsberger rein, hörte sich das zur Prüfung kurz an und ließ es eine halbe Stunde lang laufen, wenn er merkte, daß es einen Wert hatte. Molsberger gab den Anstoß für die Gitarrenkonzerte mit dem Deutschlehrer; er hatte schon früher einen von den Kraftwerk-Jungs in seinen Fingern gehabt. Und an ihm lag es wenigstens zum Teil, daß wir eines Tages mit ZK, Nichts und ein paar anderen Bands in der Aula auftreten konnten.

Aber nur einmal. Es ging dabei natürlich nicht so gesittet zu, wie wenn Richard Clayderman sein Chopin-Zeugs runterspult. Da wurden Lampen abmontiert und Stühle zerdeppert, das ergab sich einfach. Und dann kam der Direx zu mir und sagte: »Mensch, von Holst, das sind doch alles deine Freunde, diese Punker. Dann sag denen jetzt mal, die sollen damit aufhören.« Wann immer eine Prüfung des Lebens unsere Lehrkörper traf, sah man bei denen nichts als Versagen. Es war enttäuschend.

Unterwegs mit ZK hatte ich andere »Lehrer«. Andi lehrte mich Englisch, Campi unterwies mich in Geschichte, Jochens Frau war sowieso schon Deutschlehrerin. Aber es zeichnete sich bald ab, daß ich die notwendigen Punkte für die 13 nicht zusammenbekommen würde, und da stieg ich aus. Meine Eltern jammerten ein bißchen darüber, doch ich hatte noch einen älteren Bruder, der mich als Troublemaker damals um Längen schlug. Er hatte sich nach Amsterdam und später New York abgesetzt, war irgendwie versackt; das lenkte sie von meiner Pleite erst mal ab. Ich selbst habe mich von da an nur noch mit Gitarren und Songschreiben auseinandergesetzt, mit dem also, was mich – noch vor Billardtischen und Spielkarten – am meisten interessiert. Und das liegt, wie gesehen, nicht zuletzt an diesem blöden Bursch.

Nur eines stimmt nicht an diesem Buch: An einer Stelle von »House of the Rising Sun« wird ein falscher Akkord angegeben. Statt D-Moll muß da D-Dur gespielt werden, definitiv. Generationen von pickeligen Tertianern haben die Eric-Burdon-Nummer also stellenweise falsch geschrammelt, das steht fest. Und ich möchte das gerne korrigieren, auch wenn die anderen wieder sagen werden: Typisch Kuddel, dieser Musiker!

Wir hatten also einen Blitzstart mit dem zweiten Album, wir hatten Fernseh-Auftritte in der »Michael Braun Show« vom WDR und beim »Musik-Convoy«. In die »Michael Braun Show« schneiten wir mit fünf Mönchskutten, weil wir den »Abt von Andechs« brachten. Beim »Musik-Convoy« gab es absolutes Alkohol-Verbot, weil wir bei einer früheren Sendung auf dem frisch renovierten Marktplatz von Frechen mit King Kurt zusammen die Sau rausgelassen und ein anderes Mal versagt hatten; Proll-Heike von der Ratinger Straße sang für Campi, der nicht mehr einsatzfähig war. Alles Spitzen-Aktionen, so gesehen. Und wir hatten mit der »Spex«-Redaktion in Köln das Politbüro der Jugendkultur jetzt ganz auf unserer Seite. »Punk ist den Bach runtergegangen«, hieß es in der Januarausgabe, »doch die Toten Hosen halten sich oben. Shake Hands.«

Händeschütteln mit Kölnern – vielleicht waren wir ein bißchen übermütig geworden in diesen Monaten. Das sollte sich rächen, als Wolfgang Büld ein zweites Mal unsere Wege kreuzte. Der große Subkultur-Regisseur, dem wir das »Bommerlunder«-Video verdankten, kam wieder mit einer ganz neuen, ganz tollen Idee. Er wollte einen halb-ironischen Spielfilm über die »Formel 1«-Sendung machen, in dem über die Teenager-Industrie schwer abgeulkt werden sollte. Das jedenfalls war die Kurzversion der Idee, mit der Büld uns für das Projekt gewann. Wir waren schon immer für Ironie, und wir waren schon immer dafür, für sechs Wochen Arbeit insgesamt fünfzigtausend Mark zu kassieren. Wenn man gar nichts hat, sind fünfzig Riesen in der Bandkasse ein Klumpen Gold. Ironie gegen Gold, das schien ein fairer Deal zu sein. Also sagten wir zu.

Das Gold kam dann auch rüber, aber auf die Ironie warten wir bis heute. Es wurde natürlich kein Ulk auf die Teenager-Industrie, sondern eines ihrer bravsten Produkte. Was anfangs bissig geklungen hatte, endete in der Umsetzung als kleine Blödelei. Von den angekündigten Bands liefen neben uns nur noch angewavte Schrottkapellen auf – nicht aber die Jungs von Motörhead zum Beispiel, von denen ursprünglich die Rede gewesen war. Dafür gab es Psychokräche und neurotische Ausbrüche im Halbstundentakt. Die sechs Wochen auf dem Bavaria-Gelände müssen sich Campi und Breiti wie im Zivildienst gefühlt haben, in der Grafenberger Klapse – nur mit dem Unterschied, daß am späten Abend alle gehen durften. Der Produzent, der Regisseur, die Schauspieler, die zweite Reserve-Maskenbild-Assistentin – sie alle hatten abwechselnd oder gleichzeitig mit kurzen Pausen das Gefühl, ihre Rolle oder ihre Auffassung vom Film oder Weiß-der-Henker-was kämen hier viel zu kurz und seien sowieso für das Projekt vergeudet.

Wenn man sich dabei als geschlossene Gruppe raushielt und beobachtete, so wie wir, hatte das was. Es war, als dürften wir uns dieses ganze Psychotheater der darstellenden Kunst wie in einem begehbaren Museum betrachten. Furchtbar. Ekelhaft. Großartig. Jeden Abend fuhren wir erschüttert und erschöpft zu unseren Münchner Freunden zurück, wo wir die Nacht verbrachten. Die Pension, in der wir die ersten beiden Tage einquartiert waren, hatte uns rausgeschmissen, und

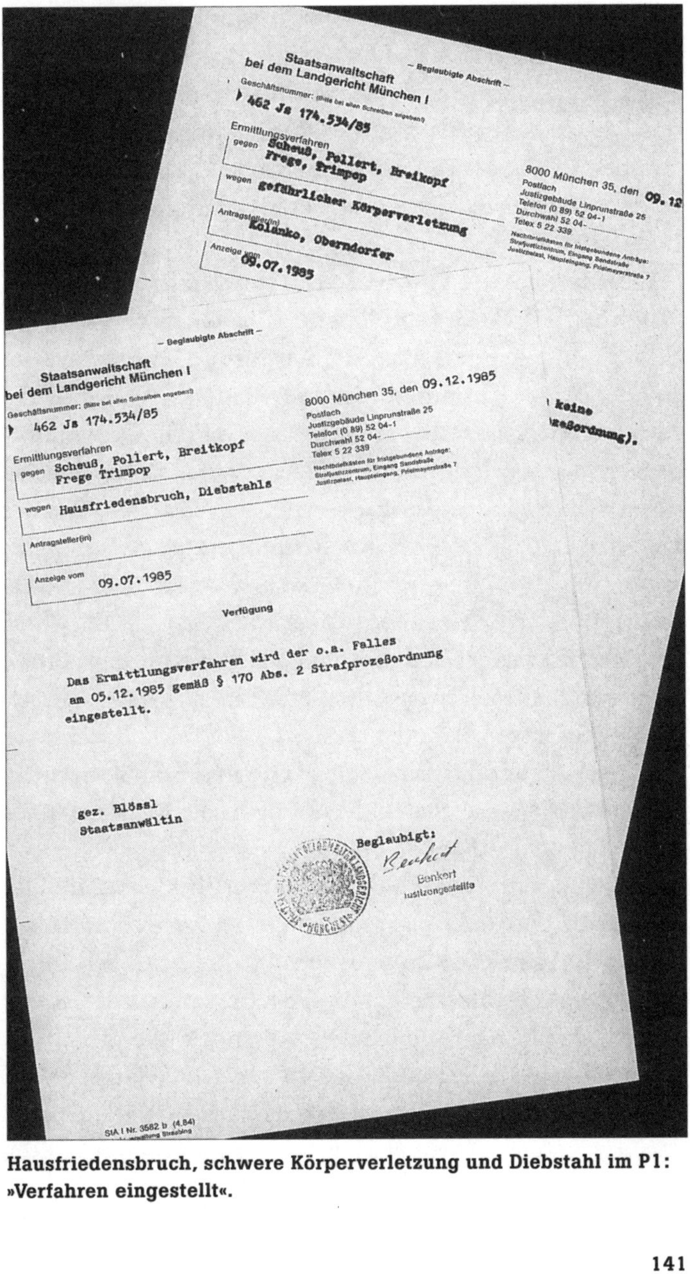

– Beglaubigte Abschrift –

Staatsanwaltschaft
bei dem Landgericht München I

Geschäftsnummer: (Bitte bei allen Schreiben angeben!)

462 Js 174.534/85

Ermittlungsverfahren
gegen Scheuß, Pollert, Breitkopf
Frege, Trimpop

wegen gefährlicher Körperverletzung

Antragsteller(in) Kolanko, Oberndorfer

Anzeige vom 09.07.1985

8000 München 35, den 09.12
Postfach
Justizgebäude Linprunstraße 25
Telefon (0 89) 52 04-1
Durchwahl 52 04-
Telex 5 22 339
Nachtbriefkästen für fristgebundene Anträge:
Strafjustizzentrum, Eingang Sandstraße
Justizpalast, Haupteingang, Prielmayerstraße 7

... keine
...zeßordnung).

– Beglaubigte Abschrift –

Staatsanwaltschaft
bei dem Landgericht München I

Geschäftsnummer: (Bitte bei allen Schreiben angeben!)

462 Js 174.534/85

8000 München 35, den 09.12.1985
Postfach
Justizgebäude Linprunstraße 25
Telefon (0 89) 52 04-1
Durchwahl 52 04-
Telex 5 22 339
Nachtbriefkästen für fristgebundene Anträge:
Strafjustizzentrum, Eingang Sandstraße
Justizpalast, Haupteingang, Prielmayerstraße 7

Ermittlungsverfahren
gegen Scheuß, Pollert, Breitkopf
Frege Trimpop

wegen Hausfriedensbruch, Diebstahls

Antragsteller(in)

Anzeige vom 09.07.1985

Verfügung

Das Ermittlungsverfahren wird der o.a. Falles
am 05.12.1985 gemäß § 170 Abs. 2 Strafprozeßordnung
eingestellt.

gez. Blössl
Staatsanwältin

Beglaubigt:
Benkert
Benkert
Justizangestellte

StA I Nr. 3582 b (4.84)

Hausfriedensbruch, schwere Körperverletzung und Diebstahl im P1: »Verfahren eingestellt«.

unsere Freunde konnten unsere Übernachtungspauschalen zu der Zeit besser gebrauchen als jedes Hotel. Erst zur großen Premiere in München, im Juli, wurde uns das ganze Ausmaß des Desasters bewußt. Doch es war nicht die Enttäuschung darüber oder sonst ein Frust, der uns bei der Premierenfeier in der Nobeldisco »P1« in eine kolossale Massenschlägerei hineintrieb.

Dort gab es einen Disco-Bereich, wo ich mit der brünetten Hauptdarstellerin, Sissy Kelling, auf der Tanzfläche war – ich tanze sonst eigentlich nie. Und diese große Terrasse, auf der standen Andi, Campi und die anderen und zogen sich die Biere vom Tablett. Bis um eins zahlte die Filmproduktion, danach mußte gelöhnt werden. Kurz vor eins wollte Bollock, unser dunkelhäutiger Roadie, noch mal nachspülen, aber der Kerl mit dem Tablett signalisierte ihm, jetzt wäre Schluß. Er sagte: »Für dich gibt's hier sowieso nur Wasser, Neger!« Da wollte Bollock sich aus der Jacke schälen und auf ihn drauf. Der Kellner verschwand und kam mit fünf Kollegen zurück, und dann breitete sich das alles aus wie in der großen Saloon-Szene bei Lucky Luke. Alle Hosen, bis auf mich, den Tänzer, stürzten sich auf das Personal; Tische und Stühle krachten, die Unbeteiligten spritzten fluchtartig in alle Richtungen. Es war großes, altes Kino.

Als ich auf die Szene kam, war schon alles gelaufen. Das Mobiliar kaputt, die Hosen auf der Polizeiwache. Nur Jochen war noch da. Er erzählte, wie die vom »P1« einen Scheinfrieden mit uns geschlossen hatten; sie fuhren plötzlich ein paar Tabletts Freibier auf und riefen hintenrum die Bullen an. Dann war zügig ein Mannschaftswagen aufgekreuzt. Ich ärgerte mich wahnsinnig. Keine Punkte in der Sex-Liga gemacht und eine wichtige Keilerei verpaßt – dümmer konnte es für mich nicht laufen.

Viel später, als ich schon im Bett lag, kamen Campi und ein paar andere von der Wache zurück – und irgendwie wieder in diesen Kackladen hinein. Und Campi hielt dann das Kabel der Registrierkasse über eine Kerze, bis es »Peng!« machte und alles im Dunkeln stand. Da waren sie auf einmal alle Neger im Tunnel, unsere schicken weißen Münchner Kindl! In ein paar anderen Läden der Stadt hatten wir das lustige Zecheprellen dagegen wirklich und ohne große Gegenwehr gespielt. Hatten uns in ein und demselben Laden dreimal hintereinander vollaufen lassen, ohne einmal etwas zu löhnen. Trini war so zu, daß er auf seinen schönen gelben Anzug kotzte. Das gab wieder einige Punkte, aber auch überall Hausverbot. Als wir auf unserer 86er Tour wieder Kurs auf München nahmen, hieß die Order: Schlaftabletten einpacken, Nachtruhe ab zehn.

Die Anzeigen wegen Hausfriedensbruch, Körperverletzung und Diebstahl im »P1« kosteten keine großen Summen. Damit kamen wir klar. Doch Augenzeugen wie Udo Lange hatten es in der Zeit nicht einfach mit uns. Der Virgin-Chef hatte uns bereits beim ersten Kontakt mitten in einer Keilerei erlebt, und Jochen hatte ihm an dem Abend in München gerade erklärt, wir seien »reifer« geworden. Dann kamen auch schon die ersten Hosen und ihre Widersacher über den Tisch geflogen, an dem Lange mit Jochen, Bavaria-Produzent Thiesmeyer und einem WDR-Redakteur auf der P1-Terrasse saß. »Reifer geworden« – klatsch, schepper, schrei! Es ging geradewegs weiter so: Langes dritter Versuch einer Kontaktaufnahme mit uns fand wenige Tage später nach einem Gig im »Alabama« statt, als er mit einem Fäßchen Andechser Doppelbock hinter der Bühne aufkreuzte (von wegen »Abt von Andechs«). Da fetzten sich gerade Campi und Andi; es ging unter anderem um die Frage, ob man mit den Leuten von

»Bravo« reden dürfe oder nicht. Campi sagte: »Wieso denn nicht?« Andi meinte: »Bist du blöd, auf keinen Fall!« Sofort hatten sie sich an der Gurgel, und Bollock, der an dem Punkt sensibel war, schrie beide an und wollte sofort nach Hause.

Solche Intermezzi gab es bei uns in loser Folge immer wieder. Wenn du wochenlang so nah zusammen bist wie ein paar Forscher in einem Zelt am Nordpol, kann es sehr schnell mal knallen. Man haut sich was auf die Ohren, brüllt, schweigt eine Weile – und verträgt sich dann. Ähnlich lief das, als wir mal in Berlin mit den Ärzten kollidierten, während die Sticheleien zwischen beiden Bands gerade auf dem Höhepunkt angelangt waren. Campi prügelte sich damals mit Hans und Dirk, ein paar Jahre später setzte man sich gemeinsam hin und sprach sich aus. Bei diesem Treffen prophezeite Campi unseren »Konkurrenten« auch, daß sie die unlängst beschlossene Auflösung ihrer Band nicht ewig durchhalten würden. Man wettete um tausend Mark, und als Campi drei Jahre später einen Brief aus Berlin mit einem Tausi drin erhielt, wußte er als einer der ersten von der Wiedervereinigung der Combo. Er schnitt den Geldschein durch und schickte eine Hälfte retour, damit man den Lappen irgendwo gemeinsam verfeiern könnte – und damit war die Phase der gegenseitigen Animositäten im wesentlichen beendet.

Was nun die Bravo-Debatte bei uns betraf, setzte Campi seine Linie mal wieder durch. Es gab ein Treffen mit denen, wo es hieß: Wir geben euch ab jetzt Informationen, aber dafür erwarten wir, daß ihr nicht mehr so eine gequirlte Scheiße über uns schreibt. Das war auch der richtigere Weg, wie ich fand. Man fühlt sich vielleicht gut dabei, ideologische Grenzen aufzubauen, aber im Alltag unseres Geschäfts funktioniert es nicht. Wir konnten der »Bravo« das Schreiben nicht verbieten, unmöglich. Die einzige Art, es wenigstens zu beeinflussen, war, bis zu einem gewissen Grad zu kooperieren.

Armer Udo Lange. Es war sowieso die Tournee der tausend Tumulte, von Anfang an. Wir starteten die »Unter falscher Flagge«-Tour im Mai '85 in der Mensa der TH in Aachen mit einer lupenreinen Eskalation. Irgendwann während des Gigs marschierten zwei Polizisten auf die Bühne und ermahnten uns, ein bißchen leiser zu sein. Darauf wurden im Saal Pfiffe laut und durch die Kids zwei Polizeimützen beschlagnahmt. Campi forderte die Menge auf, alle Fenster zu öffnen. Jetzt war es richtig laut. Es dauerte nicht lange, bis die zwei mützenlosen Sheriffs mit einer Hundertschaft zurückkehrten, komplett mit Maschinenpistolen und dem ganzen Anti-Terror-Klimbim. Weil man auch die Punks und Studis bei der Räumung nicht richtig abziehen ließ, kam es zu schwerer Randale. Wieder kolossale Prügelszenen, Flaschenwürfe undsoweiter. Und »Heino« wurde von einem Polizeiwagen angefahren – es trifft ja immer den falschen!

Eine Woche darauf wußten wir, daß wir nun im Computernetz der Ordnungshüter gelandet waren. Wir fuhren mit dem alten Opel Blitz gerade nach Koblenz rein, wo wir am Abend im »Logo« spielen sollten, als uns mehrere Polizeifahrzeuge ausbremsten. Wir wurden verhaftet und Stunden später wieder freigelassen, ohne daß uns irgendwer eine Begründung dafür gab. Einfach so. Auf einmal waren wir unheimlich populär: Wo immer wir auf dieser Tour hinkamen, schien man uns ganz oben bereits zu kennen. In Karlsruhe erteilte man uns ein Auftrittsverbot, anderswo wurden Ordnungskräfte massiert. Auch in Heidenheim wurden wir kurz vor unserem Konzert ohne Angabe von Gründen vorübergehend festgesetzt.

Pipikram eigentlich. Einmal wurde Bollock nachts verhaftet, weil er im Suff ein paar Mülltonnen umgerannt hatte. Jedem zweiten Fliesenleger oder Hals-Nasen-Ohren-Arzt ist sowas nach ein paar Litern zuviel schon passiert. Wir machten uns manchmal richtig Sorgen um diesen Staat: Hatte er keine gefährlicheren Feinde mehr als ein paar besoffene Punks?

Wir gaben bis Mitte Juli achtunddreißig Konzerte, dabei gab es etwa achtundzwanzigmal Ärger. Wenn uns die Ordnungshüter gerade mal nicht behelligten, sorgten unsere Zuhörer selbst für Probleme. Es war die Zeit, als wir überall mit Rufen wie »Kommerzschweine!« überzogen wurden, weil wir die Independent-Ideologie verraten hatten. Unser Vertrag mit einem großen Label wie EMI machte uns für bestimmte Leute automatisch zu einer Art Streikbrecher, jedenfalls in Deutschland. Die Platten der englischen Bands wie The Clash, PIL etc., die fast alle bei den »Majors« waren, wurden dagegen ohne Murren gekauft.

Anläßlich eines Gigs in Göttingen wurde sogar mal ein Gegenkonzert organisiert. Es ging gegen die Wucher-Eintrittspreise im »Autonomen Jugendzentrum«, gegen unseren »Kommerz-Punk« und vielleicht auch gegen die Mondphasen und das spezifische Gewicht von Silicium, wer weiß – in Göttingen blieben schon aus Tradition keine etablierten Zustände von einer kritischen Hinterfragung verschont. Jedenfalls endete es damit, daß wir selbst todesmutig auf der Gegenveranstaltung aufkreuzten. Aber statt uns rauszuschmeißen, fragte man uns da bloß vereinzelt um ein Autogramm. Hätten wir nicht schon nach unserem eigenen Auftritt unsere Garderobe auseinandergenommen, um unsererseits gegen die Eintrittspreise und die schlechte Organisation zu demonstrieren – es wäre ein richtig fader Abend geworden.

Nach erfolgter Freigabe ...

Wann immer uns ein Veranstalter linkte, hielten wir uns auf diese Weise an seinem Besitzstand schadlos. Das Protokoll für solche Zerstörungsaktionen sah vor, daß wir die rituelle Eröffnung durch Jäckie Eldorado, den kompromißlosen Tourmanager jener Tage, unbedingt abwarteten.

Sobald Jäckie »Meine Herren, die Garderobe ist freigegeben!« rief, legten wir los. Dann aber gab es kein Halten mehr...

Ernsthafter machten uns dagegen manchmal die gewalttätigen Leute in den vordersten Reihen zu schaffen. Skins, Rokker, Idioten. Unsere Abmachung für solche Fälle war, daß wir im Notfall von der Bühne runter und auf diese Arschgeigen drauf sprangen, und zwar alle fünf. Ich weiß nicht, warum das so ist, aber du hast eine dermaßen überwältigende Autorität, wenn du zu fünft von der Bühne steigst und ohne zu zögern loskeilst, daß du es locker mit Grüppchen von bis zu zwanzig, dreißig Leuten aufnehmen kannst. Unsere Erfolge waren der beste Beweis für die Methode, Frieden durch Fressepolieren zu stiften, wenn es nicht mehr anders ging. Es gibt keinen Gandhi-Pokal dafür und keinen Schönheitspreis, aber es war eine sehr effektive Lösung.

Wir haben nie zugesehen, wenn fünf Meter vor uns ein Haufen Idioten ein paar Kids mit Stiefeln bearbeiteten. Und wir haben es nie zugelassen, wenn uns irgendwer als Zielscheibe für Wurfgeschosse und andere Attacken nahm. Einmal nahm Campi einen harmlosen Witzbold auseinander, der sich auf seine Frage gemeldet hatte, wer diese Flasche auf die Bühne geworfen hätte. Der Junge war wohl unschuldig, mußte aber dafür bezahlen, daß man in diesen heißen Tagen keinen besonders feinen Sinn für solche Scherze entwickeln konnte. Auch Breiti, Andi und Trini, die einer Keilerei nach Möglichkeit immer aus dem Weg gingen, standen Schulter an Schulter mit uns, wenn es darauf ankam. Wir fingen uns Beulen und Platzwunden ein und ausgerupfte Haarbüschel und eingerissene Ohrläppchen, aber am Ende gewannen wir eigentlich immer.

Fast immer. In Zürich gab es mal einen nächtlichen Zusammenstoß mit etwa fünfundzwanzig Typen, die vor einer Hooligan-Kneipe standen, als wir nach einer Fernsehaufzeichnung durch die Stadt schlenderten. Es begann damit, daß mich einer von denen angriff, und als der am Boden lag, kam der Rest hinter uns her. Das böse Spiel hieß »Fünf gegen fünfundzwanzig«, am Ende wurden wir mit Leuchtmunition beschossen und mußten zwei von uns, Wölli und Andi, mit Platzwunden am Kopf in die Ambulanz bringen. Es muß komisch ausgesehen haben, wie wir am nächsten Tag mit blutverkrusteten Haaren am Düsseldorfer Flughafen ankamen. Das war ein technisches Unentschieden mit angeschlossenem Rückzug, aber keine Skin-Attacke. Der große Showdown mit den Glatzköpfen fand bald nach unserer Einlage im »Pi« bei einem Gig in Grenzach statt, als etwa dreißig bis vierzig Skins vor dem »Haus der Begegnung« auf uns und unsere Fans warteten. Das wurde ihr Fiasko.

Wir hatten gerade begonnen, keine Skins mehr auf unseren Konzerten zu akzeptieren, weil es mit denen tatsächlich ständig Ärger gab. Manchmal reichten schon fünf von denen aus, einen ganzen Abend zu versauen. Jetzt wollten sich die Ausgesperrten an uns rächen, wie einer von draußen uns rechtzeitig mitteilte. Wir machten eine entsprechende Ansage und forderten alle auf, sich mit irgendwas zu bewaffnen und selbst anzugreifen. Als die Glatzköpfe plötzlich die drei- bis vierfache Menge Punks, mit Stativteilen und anderem Gerät, aus dem Saal direkt auf sie zustürmen sahen, nahmen sie in Panik reißaus. Die stolzen Deutschen kniffen, zurück blieb nur ein menschenleeres »Haus der Begegnung«.

Ganz schön schlimm manchmal, diese Zeiten, aber auch hier gilt die alte Sportschau-Weisheit: Der Zusammenschnitt täuscht. Es gab eine Menge Ärger, aber es gab auch ganz normale Konzerte, wo nachher alles froh und friedlich auseinanderlief. Diese Abende, die für uns genauso wichtig waren, lassen sich in einem Rock'n'Roll-Buch vielleicht nicht so toll erzählen. Wer will schon hören, daß im »Laß das« in Hagen oder im »Flash« in Kaiserslautern Superstimmung und ansonsten alles in Ordnung war? Oder daß wir nach dem Gig im »Spektrum« in Castrop-Rauxel noch mit ein paar Leuten von dort drei Bier trinken waren – und nicht dreiundzwanzig? Und wer will wirklich wissen, was für ein Bild des Jammers jeder von uns manchmal abgibt, wenn wir nicht auf Tournee oder im Studio oder in sonst einer Situation sind, die uns Sinn und Bedeutung verleiht?

Wenigstens fünf Monate im Jahr haben wir immer damit verbracht, zu Hause zu sitzen und, oberflächlich betrachtet, zu »entspannen«, während wir tief im Innern alle dem Tag entgegenfieberten, wo es wieder losgehen würde. Am Ende einer längeren Anspannung hast du dich jedesmal auf die Wochen danach gefreut, wo du wieder Zeit haben würdest für dich selbst und ein paar Freunde oder die Freundin. Und fast genauso oft war es dann längst nicht so großartig, wie man sich das zuerst vorgestellt hatte.

Trini hockte nach unserer Tumult-Tour wieder auf der Gaußstraße und ging seiner Heike schnell auf die Nerven, und Heike nervte ihn. Campi wohnte da, wo der Garten von Trini und Heike aufhört. Gleich um die Ecke hockte Andi in der Bruchstraße, die an den meisten Stellen auch genauso aussieht – Breiti direkt gegenüber. Vier Fünftel der Band lebte also im gleichen Planquadrat in Flingern zusammen, wodurch man sich fast zwangsläufig sah. Ich selbst steckte meine Beine bis 1988 noch bei meinen Eltern in Derendorf unter den Tisch, was zuhause nie ein Thema war. Es dauerte nie länger als zwei, drei Tage, bis der eine beim anderen wieder anrief oder aufkreuzte. Wir mußten uns dazu nicht erst lange überwinden, denn wir fanden uns immer wenigstens okay. Die einzigen, die unsere Geschichten von unterwegs verstehen konnten, waren sowieso wir selbst.

Wir fanden es schnell müßig, den Zuhausegebliebenen zu erzählen, was auf Tour passiert war. Entweder hatte man es erlebt oder man kriegte davon nur einen schwachen Nachgeschmack. Oder es wurde längst nicht so komisch oder sonstwie empfunden wie es gemeint war. Anderer Humor, andere Haltung – auch dem progressivsten Stubenhocker bleibt die Welt der Nomaden letzten Endes fremd. Und wir waren Nomaden, wenigstens auf Teilzeitbasis. Wie in diesem Sommer '85, als wir schnell wieder an den Start gehen wollten für die Fortsetzung unserer Serie in Echtzeit. Ich war ein paarmal Billard spielen, hatte zwei, drei mittelprächtige Filme gesehen und lag oft genug mit meiner Freundin im Bett, um unruhig darauf zu warten, daß unser Dampfer wieder ablegt.

Mitte September '85 ging es für zehn Tage und neun Gigs zum zweiten Mal nach Ungarn und anschließend nach Polen. Diesmal waren wir bei der Einreise nach Ungarn so unvorsichtig, auf unsere Normalo-Fassade zu verzichten. Wir stellten uns mit bunten Haaren, Jacken und Schuhen an den Grenzübergang bei Hegyeshalom und wurden prompt zurückgeschickt – bis auf Faust, der mit einer USA-Jacke über dem Bauch merkwürdigerweise auf Anhieb durchkam. Was nun? Gleich im ersten Ort auf der österreichischen Seite war ein alter Friseurladen, der plötzlich Konjunktur hatte: fünfmal Haare grau färben für fünf Punker, die wieder artig aussehen wollen. Als wir den Laden verließen, sahen wir aus wie fünf Schluck faules Wasser in der Kurve. Aber wir kamen endlich am Grenzposten vorbei, wenn wir durch die Schikane auch unseren ersten Gig verpaßten.

Kiki brauchte Eimer von dem ungarischen Haarfärbezeug, um seinen Kopf wieder auf »rot« zu stellen. Dabei wäre das alles nicht nötig gewesen: Später erfuhren wir, daß eine Genehmigung für unsere Konzerte vorlag, mit der wir problemlos ins Land gekommen wären ...

In Budapest trafen wir István und seine Freunde vom »Young Artists Club« wieder und gaben ein gelungenes Konzert im »Petöfi Csarnok«. Von da aus ging es weiter nach Szeged, Miskolc und in den »Sportpalast« von Zalaegerszeg. Es war das Ungarn vor Gorbatschow und Gyula Horn, in dem es noch keine Formel-1-Rennen gab und keine eigene Playboy-Ausgabe oder sonstigen offiziell genehmigten West-

Schnickschnack. Mit unseren Touristen-Visa waren wir so etwas wie fünf Halblegale auf Bewährung: Solange nichts passierte, wurden wir toleriert. Aber man spürte immer, daß sich alles schnell drehen kann. Einmal nahmen sie während unseres Gigs einen Polizisten fest, der sich begeistert am Pogo vor der Bühne beteiligt hatte.

Es gab in Ungarn eben noch Dinge, die tat man als Uniformierter besser nicht. In Polen gab es dafür Dinge, die gab es eben überhaupt nicht. Dazu gehörten die meisten Lebensmittel, Toilettenpapier, Gitarrensaiten und saubere Kopfkissen. Es war in Lodz, glaube ich, als Faust aus seinem Hotelzimmer rannte und rief: »Dat is kein Punk mehr!« Er hatte gerade »So'n dicken Gelben« auf dem Plumeau entdeckt, in das er sein brummendes Fahrerhirn einsinken lassen wollte, und nun war es mit seiner Gemütsruhe vorbei. Unser Ruhrgebiets-Einzelstück von Chauffeur hatte schon genug Ärger mit der Abwesenheit von Klopapier und jeder Form von Hanferzeugnissen. In seiner Verzweiflung ignorierte er bereits seine Verachtung für aggressive Drogen und griff nach dem Wodka, den man uns nach jedem Gig aufnötigte – es verstieß gegen alle guten polnischen Sitten, eine geöffnete Flasche nicht am gleichen Abend auszutrinken. Außer altem Brot und altem Rindfleisch in Dosen kriegte er genau wie wir »Nix zum Beißen«. Außerdem hatte er in Erfahrung gebracht, daß von Warschau aus einmal pro Woche ein D-Zug nach Paris losfuhr, der ihn ohne Umsteigen ins geliebte Wanne-eickel zurückbringen könnte. Es war nicht gerade einfach, ihm diese Versuchung auszureden. Was konnten wir ihm hier außer schlechten Straßen und spermigen Kopfkissen bieten?

Trini würde vielleicht sagen: »Kaputte Telefone«. Die angefressenen Überlandleitungen waren es nicht zuletzt, die seine Beziehung zu einer ganz großen Liebe in München entscheidend kappten. Trini hatte sich während unserer Zeit dort unsterblich verliebt und konnte das Feuer nun nicht aus der Ferne unterhalten, weil so gut wie nirgends eine Verbindung zustande kam. Sein eher mäßiges Schlagzeugspiel litt darunter noch zusätzlich, was keiner genauer bemerkte als er selbst. Er hatte in letzter Zeit sowieso schon einige dunkle Monologe geführt, die seine andere, sensible Seite zeigten. »Ich weiß ganz genau, daß wir mal groß werden«, sagte er dann, »Und ich bin euch da nur im Weg. Ich hab das im großen Stil nicht drauf, so fehlerfrei zu spielen«, usw. Er wollte eigentlich nur noch zu dieser Frau und mit ihr eine Familie gründen, statt am Schlagzeug an seinem wackligen Timing zu arbeiten. Ausgerechnet er, der Schlüpferstürmer, redete auf einmal nur noch von Treue! Aber als er nach unserem letzten Gig in Gleiwitz nach München zurückkehrte, hatte die Traumfrau schon einen geschniegelten Bürohengst am Start.

Scheiß Rock'n'Roll. Wir hatten natürlich auch unsere guten Erlebnisse in Polen, wie überall. Wodka und Wahnsinn und Weiber, gelegentlich, aber was heißt das schon? Kann eine geile Nacht zwischendurch die große, feste Beziehung ersetzen, die dir zuhause so oft durch die Lappen geht? Campi lebte zehn Jahre lang mit Ariane zusammen, die viel Geduld für unseren Männerverein aufbrachte. Das ging mal besser und mal schlechter, aber es war die Ausnahme. Wir anderen hatten heute diese und in vier Monaten jene, fingen was an und kamen schnell nicht viel weiter. Daran merkst du manchmal, wie du für deine Art zu leben auch bezahlst. Und trotzdem wäre es eitel und verlogen, deshalb zu jammern. Es war schwieriger, etwas Festes hinzukriegen, unmöglich war es nicht.

Trinis Film fiel also aus, und nicht viel später fiel Trini selbst aus – zumindest bei uns. Er zog vorübergehend weg von

Düsseldorf, tauchte danach noch einmal auf. Doch Ende Oktober '85 gab er im Kölner Stollwerck sein definitiv letztes Konzert als Drummer der Hosen – das war der Abend, als wir aus Enttäuschung über die mäßige Resonanz im Publikum das komplette Set in doppelter Geschwindigkeit noch einmal spielten. Campino heulte sich auf der Toilette die Augen aus; wir alle waren total geknickt. Mit seinem Groucho-Marx-Humor war Trini immer eine Herzklappe der Band gewesen; er fing an, wo wir sonst aufgehört hätten. Was immer ein bißchen daneben war – Trini erkannte das Gute daran und trieb es so weit auf die Spitze, daß es wieder einen Stil ergab. Unseren Stil.

»Wieso denn nicht?« war Trinis Lieblingskonter, wenn uns oder sonstwem etwas peinlich war. Er liebte die Improvisation und das Chaos, das wir in den kleinen Clubs anzettelten. Nur auf eines konnte er nicht: in einer großen »Scheißhalle« auftreten und alles so zu Ende bringen, daß es richtig klappt. Aber genau das war jetzt zum großen Teil unsere Welt: »Scheißhallen« und Konzerte, wo alles richtig klappt.

Ich hatte gleich wieder eine Band und ein zusätzliches Projekt, als wir uns mit ZK in Neuss endgültig verabschiedet hatten. Ich wohnte als abgebrochener Unterprimaner bei meinen Eltern, ohne Lust auf einen neuen Weg im Alltag. Für einen einzigen Tag meines Lebens nahm ich nach Neujahr '82 eine entfremdete Arbeit an: Ich half bei der Inventur in einem Supermarkt. Bei der Löhnung haben sie mich so beschissen, daß ich nie wieder einen zweiten Versuch unternommen habe, auf anständige Weise zu Geld zu kommen. Es mußte die Musik sein, ganz klar.

Die Band, die wir gründeten, hieß Pravda. Ein Freund aus meiner Klasse war dabei, dann ein Schlagzeuger, der schon bei Male und Freunde der Nacht getrommelt hatte, und noch ein Vierter. Die Wahrheit war aber, daß in der Band mehr tolle Pläne gemacht wurden als tolle Stücke, und ziemlich bald verlief das Ganze im Sand. Daneben hatte ich mit Campi bald nach Gründung der Hosen drei neue Stücke gemacht, die wir in Berlin für ein Gemeinschaftsprojekt von Punkbands namens »Vollrausch in Stereo« einspielten. Diese Stücke – »Frühstückskorn«, »Bis zum bitteren Ende« und »Der kleine Häwelmann« – veröffentlichten wir unter dem Namen »Die Tango-Brüder«. Aber schon lange vorher hatte mich Campi eines Abends in Düsseldorf angerufen und etwas von einer neuen Band erzählt. Da wußte ich, daß dies wieder so ein entscheidender Anruf war.

Es gab nicht diesen Gedanken »Das ist die große Chance meines Lebens« oder etwas ähnlich Blödes. Ich wollte bloß wieder Musik machen, in einer Band sein. Campi und Trini, wir alle wollten das. Das war unsere beste Waffe in diesen ersten Jahren, als an Kohle tatsächlich null herausgesprungen ist – bzw. 35.000 Mark Schulden bis 1985, um genau zu sein. Man stellt sich vielleicht vor, daß da fünf Typen hungern und vor Kälte zittern und immer den Musikmarkt im Auge haben, um ja nicht den Moment zu verpassen, wenn ihre Platte in den Charts auftaucht und sich ihr armseliges Leben plötzlich in einen großen Dollarregen verwandelt. Aber wir haben nicht gewartet. Wir haben einfach weitergemacht, egal wo wir damit hinkommen würden.

Es ging uns nie schlecht. Das Geld für die nächste Tankfüllung, den nächsten Kasten Bier und den Kartoffelsalat an der Raststätte war immer da. Alles, was Spaß macht, liegt ja noch unter fünfzig Mark. Und kurz vor dem Abgrund sprang noch immer ein kleiner Engel bei uns auf. Einmal war es die Gage für den dämlichen Formel-1-Film, ein anderes Mal ein ziemlich großer Deal mit einem Musikverlag. Heute würden wir »Schweinepakt« sagen, wenn wir an die Summe denken, mit der uns Ralph Siegel damals köderte. Aber damals war er der einzige, der uns überhaupt ein Angebot machte. Ein Verleger-Arsch mit Flügeln ist genauso gut wie ein richtiger Engel, wenn du gerade überlegen mußt, ob du deine Gesangsanlage verkaufst, um flüssig zu bleiben.

Der Deppen-Vertrag mit Siegel lief fünf Jahre lang, dann warfen Jochen und Trini mit ihm Münzen, um die Eigentumsfrage an unserem Liedgut zu klären. Wer die Rechte an welchen Songs haben würde, wurde so verbindlich festgelegt. Auf diese Weise verloren wir zum Beispiel die Rechte an »Hier kommt Alex«, von dem Siegel wohl heute noch seine Restaurant-Rechnungen bestreiten kann.

Ich mußte mich auch nicht kümmern, wie ich um die Bundeswehr herumkomme oder wo ich einen Platz als Zivildienstler bekomme. Ich ging zur Musterung und zeigte denen meinen Gummiarm; den kann ich in einem ganz verrückten Winkel hinter den Rücken legen. Als die Ärzte diese Vorstellung mitbekamen, sagten sie, ich solle mich wieder anziehen und nach Hause gehen. Es war schon komisch: Du federst da kernig aus dem Gebäude raus und kommst an völlig blutarmen, kurzsichtigen Typen mit zwei Glasbausteinen auf der Nase vorbei, und im Unterschied zu dir werden diese bemitleidenswerten Kreaturen alle eingezogen.

Es ist wohl mein Talent, daß ich mich immer erfolgreich um alles drücken konnte, was mit Musik nichts zu tun hatte. Ich werde mich immer für Wölli, Andi und die anderen prügeln, wenn es sein muß – wie auch sie mir in Zürich und anderswo geholfen haben. Aber für den Staat den Kopf hinhalten? Da bin ich lieber Verpisser, wie übrigens zwei Drittel der Band. Bis auf Trini und Campi, die bei der Bundeswehr begannen und sich schnell auf die andere Seite schlugen, waren wir alle entweder zu ungesund, zu schnell in Berlin oder einfach zu unverdaulich.

Trini muß eine super Drogenschädel-Performance in der Kaserne abgeliefert haben, die seine Vorgesetzten davon überzeugte, daß dieser Kerl wirklich nicht zu gebrauchen ist. Er setzte aber noch durch, daß er an seinem letzten Tag einmal mit dem Panzer über den Hof fahren durfte. Das nenne ich einen Abgang mit Stil!

Wir sind eben tote Hosen, durch und durch. Von uns hat man nichts zu erwarten – außer anderthalb Stunden Lalla in voller Dröhnung und etwa alle zwei Jahre eine neue LP. Bevor wir auf die bittere Wahrheit stoßen, daß wir außer dem sowieso nichts können, machen wir lieber weiter, solange es geht.

Woher aber nach Trinis Abgang einen neuen Schlagzeuger nehmen, ein neues Familienmitglied? Der Nachfolger mußte Anforderungen standhalten, wie sie bei der härtesten Landkommune nicht schlimmer sein können, wenn sie einen Nachmieter für ein freies Zimmer aussucht. Professionell sollte er sein und sympathisch, ehrgeizig und unverkrampft; er sollte sich hauen können und nach der siebten Dose Carlsberg nicht gleich nach hinten fallen – er sollte eben einfach so sein wie Wölli, den wir im Januar '86 zunächst auf ein Jahr zur Probe heuerten, und den wir seitdem nicht los geworden sind.

Wölli spielte damals bei den Suurbiers, einer weiteren Punk-Kapelle aus Berlin. Ein richtiger Schlagzeuger, der seine Drums mit dieser gewissen Lockerheit regierte. Durch seinen Altersvorsprung konnte er auch die freigewordene Stelle des Bandseniors ebenso ausfüllen wie Trini (und zuvor Fabsi bei ZK). Campi hielt es dazu für ein gutes Zeichen, daß er jahrelang mit seiner älteren Schwester Beate zusammen gewesen war. Nach dem Roskilde-Festival und Wöllis Beinbruch hatten wir auch mal einen Düsseldorfer Kumpel namens Jakob Keusen dabei, der uns ab da immer wieder mal aushalf. Jakob war ein begnadeter Techniker, der sich unser ganzes Programm in einer einzigen Nacht einverleibt hatte, aber leider sollte er nicht mehr lange spielen: Eines Tages erstach ihn ein neurotischer Nachbar auf der Hansaallee in Oberkassel aus Wut über den Lärm, den Jakob beim Üben machte. Es war tragisch für alle, außer für die Boulevardblättern, die ein paar Tage lang mal wieder fettere Schlagzeilen drucken konnten (»Hosen-Drummer ermordet...«)

Wöllis erste Bewährungsprobe kam im Mai '86, als wir für unser drittes Album ins Studio gingen. Das berühmte, gefürchtete, sagenumwobene dritte Album, bei dem eine Band zeigen muß, in welche Richtung es weitergehen soll – es traf uns genau zu dem Zeitpunkt, als wir hauptsächlich unser Level hielten, schon wegen der vielen Auftritte. Als wir überhaupt keinen Schimmer hatten von einer zukünftigen Richtung, geschweige denn ein Dutzend ordentlicher Song-Ideen. Wir hatten keine richtigen Ideen, und wir hatten erst recht kein Geld, standen kurz vor der definitiven Pleite. Viel gelobt, wenig verkauft. Aus der Plattenfirma in München kamen keine Vorschüsse mehr, nur noch Unmut und Druck. Es war Krampf, von Anfang an.

Und es sollte doch so eine schöne Platte werden. Wir hatten zum ersten Mal richtige Demos eingespielt vor den Aufnahmen, wir hatten mit der »Klangwerkstatt« in Düsseldorf ein gutes Studio, und wir hatten genügend Zeit. Jochen und Trini, der inzwischen auf der Trainerbank saß, und dann auch ich übten ziemlichen Druck auf den Rest aus, jetzt wirklich gut und sauber zu klingen. Selbst Campi, der Unbeugsame, nahm sich plötzlich zusammen, statt seiner Brüllerei richtig zu singen. Aber es brachte nichts: Als wir nach vier Wochen das Studio verließen, hatten wir das rauhe Demo-Material kaputtgebügelt. Was wir in Händen hielten, war fast nur wohlgefällige, ordentliche, glatte Pop-Kacke – auch wenn mit »Wort zum Sonntag« und »Freitag der 13.« mindestens zwei Highlights drauf sind. Und der Titel, »Damenwahl«, roch genauso.

Es war eine Konzeptidee ohne Konzept und Inhalt. Wir starteten eine fünftägige Promo-Tour durch die Radiostationen, auf der wir so ein bescheuertes Set verteilten: ein Stück Seife, ein Kondom und ein Parfum – genauso sollte es dann auf den Konzerten laufen. Wir stellten Wölli, die neue Hose, als Vogelstimmen-Imitator aus Berlin vor. Beides war ein kleines bißchen lustig, aber es stand überhaupt nicht zu dem in Verbindung, was auf der Platte passierte. Es war verkrampft und ohne Durchschlagskraft.

Nur beim Verteilen von Kondomen lagen wir damals um mehrere Bootslängen vor der politischen Süssmuth-Correctness. Man hatte noch keine Präser auf der Ablage im Bad, sondern verstaute die Dinger noch in Schubläden und geschlossenen Behältern.

»Damenwahl« erschien im Herbst '86, das glatte Cover passend zu dem leicht gelackten Sound. Wir hatten einen richtigen Photographen komplett mit Visagistin und Stylistin verpflichtet, uns in Rüschenhemden im Düsseldorfer Tanzsaal »Weindorf« abzulichten – es blieb eine leblose, erstarrte Nummer. Zu unserer eigenen Überraschung wurde das Ding von der Kritik aber nicht niedergemacht. Im Gegenteil: »Musik Express/Sounds« lobte in getragenen Worten das »bewährte, aber beileibe nicht langweilige Grundmuster« und entdeckte »viel Sinn für klangliche Details«. Wir bekamen die aus meiner Schulzeit so vertraute satte »Fünf« – das war aber im sechsteiligen Bewertungsschema der Zeitschrift das Vorzimmer zum Rock'n'Roll-Himmel. Unsere haßgeliebten Freunde von »Spex« moserten wegen des »Altbierlieds« wie immer über die »scheinbar unvermeidlichen Bundeswehr-Karnevals-Sauflieder« – tranken die in Köln nur Löwenzahn-Tee? Davon ab aber wurde gewürdigt, daß wir trotz Besserwerdens als riskantem Punkrocker-Weg nicht angepasster geworden wären, oder so ähnlich; wir hätten nur »das Terrain ausgebaut«.

Wunderbar. Dank des dicken Sympathie-Bonus' bei der schreibenden Klasse waren wir noch mal davongekommen. Und auf der Tournee konnten wir den aalglatten Sound der Platte nachträglich in ein paar Dutzend Städten live korrigieren. Laut und vernehmlich. Es wurde die erste Tour einer deutschen Band, die von einem Industrie-Unternehmen gesponsert wurde – von Fromms, dem Gummiwarenhersteller aus Hamburg. Fromms wurde sozusagen unser offizieller Tour-Ausstatter. Wo immer wir spielten, wurden die Standard-Präser – keine Noppen, keine Geschmacksrichtungen – unter's Volk gestreut. Wir tüteten die Pariser eigenhändig ein und pieksten in jeden fünfzigsten ein Loch – ein bißchen Spannung muß immer bleiben. Wer sollte schließlich unsere Musik in zwanzig Jahren kaufen? Es war die flankierende Maßnahme zu unserem Orgienaufruf »Hofgarten«, den wir schon länger im Programm hatten. Dem heimlichen Bestseller, der niemals als Single erschien. Das wurde, Jahrzehnte nach Beate Uhse und Oswald Kolle, plötzlich wieder ein Problem.

Wir ließen T-Shirts mit dem Liedanfang »Ficken/Bumsen/Blasen« drucken und schalteten mit Virgin-Kohle große Anzeigen aus diesen drei Wörtern für unsere LP. Daraufhin wollten andere Firmen ihre Anzeigen zurückziehen, wenn unsere FBB-Nummer in der gleichen Zeitschrift erscheinen sollte – und das führte wiederum dazu, daß Jochen Auftrag und Vorlage zu der Anzeige immer erst im allerletzten Moment abgab, wo in der allgemeinen Redaktionshektik nicht mehr so genau geprüft wurde. Es war schon urkomisch: Die gleichen Leute, die mit Sex ihre Kack-Produkte garnieren – »Lust auf Eis«, »Heiß auf Käse« –, zeigten sich plötzlich zickig, weil es nur um Sex ging. Toastbrote und Kopfhörer und Strumpfhosen und Margarine und Brillen sollen die Leute geil finden, ihr eigenes Geilsein aber nicht. Sie sollen ständig ans Bumsen und Blasen denken, während sie Eispackungen öffnen und sich Brillengestelle auf die Nasen setzen, nur tun sollen sie es nicht. Oder erst danach, oder so. Sehr seltsam.

Zwischen den Auftritten müssen wir Stunden damit verbracht haben, die Gratis-Gummis für das nächste Konzert einzupacken. Es waren immer etwa vierhundert pro Gig; das erforderte dermaßen stumpfe Heimarbeit, daß auch wir abends oft nicht mehr an FBB denken wollten. Aber es gab noch genügend Knüller auf unserem Weg. In Freiburg gewannen wir den Schwarzwaldpokal bei einem Fußballturnier, das heißt: Trini und die anderen nahmen das Ding einfach an sich, weil sie sich für die beste Mannschaft hielten, und fuhren los. Im Berliner Tempodrom spielten wir auf der großen Abschiedsveranstaltung des wahren Heino, zusammen mit neunzehn weiteren Punkbands. Wir spielten alle ohne Gage, denn was an diesem Abend in die Kasse kam, sollte unserem Heino gehören. Dem wahren, der gegen den anderen namens Kramm vor Gericht verloren hatte und nun für die Kosten, ca. 15.000 Mark, aufkommen mußte.

Die Prozeßwelle, mit der Heinos Anwalt den guten Norbert ab 1985 überzog, war in diesem Herbst an ein Ende gekommen. Im Jahr zuvor waren wir alle mit Heino-Perücken und Sonnenbrillen zum Prozeßtermin am Oberlandesgericht Bonn erschienen, lauter wahre Heinos. Nun hatte man entschieden: Norbert durfte auf der Bühne weiterhin machen, was immer er wollte, er durfte nur nicht mit Heinos Namen werben – die zehntausend Mark für sein bisheriges »Vergehen« saß er 1988 in vier Wochen lächelnd auf einer Backe ab. Also wenigstens ein Teilsieg für die Freiheit von Satire und Kunst, nur leider nicht für die Freiheit des Namens »Heino«. Den hatte der gleichnamige Schlagerstar tatsächlich als »Markenzeichen« durchgesetzt, wie sein patriotischer PR-Manager Dieter Mauritz das von Anfang an gehofft hatte: »Der Staat ist doch wohl noch so gefestigt, daß man gegen sowas etwas machen kann« (O-Ton Mauritz in der »Zeit« vom 19. 8. 85).

Es war die erste Tournee, auf der wir nicht mehr an jedem Weiher und in allen Kaschemmen spielten. Es war noch nicht die Westfalenhalle in Dortmund, aber schon die »Zeche« in Bochum; nicht die Düsseldorfer Philipshalle, aber das »Tor 3«; nicht die Festhalle in Frankfurt, sondern die »Batschkapp«. Es war, wie Trini und Campino sagen würden, das untere Tabellendrittel der ersten Liga, wo man immer gegen den Wiederabstieg kämpfen muß. Trotzdem vermißten wir nicht die kleinen Auftrittsorte, sondern hielten uns das durch eine zweite Live-Schiene offen – unsere »Magical Mystery Tour«. Der Deal bei diesen Gigs lief so: Nennt uns eine gute Party-Idee und sorgt für Übernachtungsmöglichkeiten, wir kommen dann und spielen gegen Fahrkostenerstattung und Verpflegung.

Und wir kamen und spielten wirklich, oft zur Verblüffung der Kids, die bei uns angerufen hatten. Wir trugen unsere Mini-Verstärker auf eine Almhütte in Österreich, wo wir mit dem Saft aus einem Generator vor zwei angereisten Fans und zwei Zufallsgästen spielten, die gerne ihre Ruhe gehabt hätten – auf dem Weg hoch hatten wir uns verlaufen, und der Kameramann des österreichischen Fernsehteams, das uns begleitete, war komplett mit Kamera hingeknallt. Wir trugen sie an Christi Himmelfahrt ins Klassenzimmer der 8a am Klosterinternat der Englischen Fräulein in Altötting, die Schwester Oberin mit dem Camcorder im Anschlag, trugen sie in Partykeller, Garagen und Gartenhäuschen. Und einmal trugen wir sie, ohne es vorher zu wissen, auch ins Wohnzimmer eines niedersächsischen Ministerpräsidenten – unter Legionen von Hirschgeweihen und sonstigen Skalps.

Wir hatten uns nichts dabei gedacht, als ein Knabe mit Familiennamen »Albrecht« anrief und uns nach Hannover einlud. Erst als wir unseren Transporter vor der Einfahrt parkten und die schlecht versteckten Sucherkameras, das Pförtnerhäuschen und die BGS-Patrouillen entdeckten, kamen wir auf den Trichter. Der Junge wollte sich einfach einen schönen Abend machen, während seine Eltern im Theater oder sonstwo waren; und bis auf diesen bescheuerten Sammelteller ging auch nichts zu Bruch. Nur ein paar Abgeordnete aus Daddys Weinkeller wurden geköpft und alle gemacht, und Wölli hatte aus irgendeinem Grund die Ablage aus dem Badezimmer ins Klo gespült. Außerdem wurde der stumpfe Fußboden mit Bier tanzfähig gemacht. Es war also noch nichts passiert, was jemand veranlassen müßte, uns mit einem Fünfhundertmarkschein zum Verschwinden zu überreden. Aber genau das versuchte Sohnemann Barthold dann plötzlich. Vergeblich, natürlich, denn einmal im Leben wenigstens wollten wir in Betten schlafen, in die auch schon Hans-Dietrich Genscher und Gattin gepupst hatten.

Am nächsten Morgen brüllte uns ein feuerrotes Gesicht in moosgrüner Jägerkluft an, das war der Landesvater. Er herrschte uns an, wir sollten endlich verschwinden und uns nie mehr auf sein »Ammerländer« setzen, ein in solchen Kreisen wohl sehr beliebtes, exotisches Sitzteil – vor allem Faust nicht. Es war alles in allem nicht gerade die eleganteste Rede des großen Landesvaters, der damit seinen leiblichen Sohn ziemlich alt aussehen ließ.

Die Obrigkeit hatte weiter einen Pick auf uns. Zweimal während der »Damenwahl«-Tour erteilte man uns Auftrittsverbot. Zum Beispiel auf Helgoland, wo wir vor mehreren Hundertschaften Polizei ein Fußballspiel gewannen und den geplanten anschließenden Gig nach Nordenham verlegten, und in Karlsruhe, verfügt durch einen Stadtratsbeschluß. Wir kamen uns manchmal wie Viehdiebe vor, die beim Eintreffen in Santa Fé von einem Marshall mit hartem Unterkiefer und einer doppelläufigen Flinte aufgehalten werden, nach dem Motto »Nicht in unserer Stadt!«. Aber zwei Verbote pro Jahr war für unsere Verhältnisse keine schlechte Quote.

Wir waren nie scharf darauf, Verbote und Zensurakte für obszöne Cover, Texte oder dergleichen zu sammeln, um uns interessant zu machen. Wir wollten es immer ohne Innenminister und Polizeipräsident als PR-Fuzzis schaffen. Das Wichtigste hatten wir am Ende der Tour jedenfalls erreicht: Wir hatten live gezeigt, daß wir trotz der glatten Platte nicht in die Pop-zum-Anpassen-Liga gewechselt waren.

Nichts kommt besser als der Schuß Selbstgerechtigkeit, wenn du nach der Veröffentlichung einer neuen Platte für eine Weile zufrieden und faul wirst – wenn du weißt, das Ding ist richtig gut geworden. Ob es auch »am Markt ankommt«, ist zu dem Zeitpunkt noch relativ egal. Doch nichts ist quälender und aufwühlender, als wenn du begreifst, daß du mit deiner neuen Platte nur eine mäßige Arbeit unter die Leute bringen wirst. Diese Erkenntnis beginnt als Ahnung,

Liebe Konzertbesucher, liebe Freunde der »Toten Hosen«,

Ihr werdet Euch sicher fragen, warum die Polizei rund um die Stadthalle Fürth so satt aufmarschiert ist. Wir, die Veranstalter, die Tourneeleitung und nicht zuletzt die »Toten Hosen« wundern sich mit Euch und legen Wert auf die Tatsache, daß wir das Aufgebot nicht bestellt haben. Uns wurde die Anwesenheit der Polizei damit erklärt, daß es bei einigen Konzerten in Fürth in letzter Zeit etwas Randale gegeben hat; und jetzt befürchten die Fürther Stadtväter ähnliches – ausgerechnet bei Eurem für stimmungsvolle Traumstunden berühmten Tanzorchester. Doch wir halten es mit Tony Marshall nach dem bewährten Motto »Wir lassen uns das Singen nicht verbieten« und fühlen uns eher geehrt, daß gewisse Leute die »Hosen« und ihre Fans immer noch als subversiv genug ansehen, um so einen Aufmarsch als angemessen anzusehen.
Damit es nicht die geringste Form an Unregelmäßigkeiten gibt, bitten wir Euch um Beachtung folgender Punkte:

1) Die Security am Einlaß gehört zu uns und checkt Euch – wie allgemein üblich – auf gefährliche Gegenstände, Flaschen etc. ab. Bitte, seid lieb zu ihnen und macht's ihnen möglichst leicht.
2) Bitte laßt alle Messer, Waffen, Spitznieten, Flaschen, Dosen, Schlagwerkzeuge, Ketten, Feuerwerkskörper, Hocker, Kisten, Alkoholischen Getränke im Auto bzw. außerhalb der Halle oder gebt sie beim Einlaßpersonal gegen Quittung in unsere Obhut. Solltet Ihr aber irgendwelche verbotenen Gegenstände mitschleppen, bringt sie aber bitte keinesfalls bis zum Einlaß.
3) Wir weisen Euch der Form halber darauf hin, daß auch der Drogenkonsum nicht erlaubt ist und möglicherweise von Drogenfahndern um oder sogar in der Halle geahndet wird.
   Paßt also ein bißchen auf Euch auf! Ansonsten wünschen wir Euch wie immer jede Menge Spaß, ein geiles Konzert und eine Bombenstimmung.

   Alles Liebe
   Euer CONZERTBÜRO FRANKEN

Manchmal kamen wir uns vor wie Viehdiebe . . .

die dir ein ungutes Gefühl einpflanzt, und steigert sich zur Gewißheit, die dich nicht zur Ruhe kommen läßt. Du willst aufstehen, deine Gitarre packen und die anderen anrufen und in das erstbeste Tonstudio gehen, das dich nicht rausschmeißt. Und du willst dir in einer langen Nacht die Wut und die ganze Scheiße aus den Knochen spielen und in einem Rutsch zwölf neue, geile Stücke aufnehmen, ohne viel Firlefanz auf das Band geklatscht, und dann würdest du sagen: Hier, zack, das ist unser neues Album, vergeßt das alte!

Das war es auch ziemlich genau, was wir im März '87 taten. Wir hatten in unserem Proberaum auf der Fichtenstraße seit einiger Zeit wieder Hardcore-Punk gespielt. Kein Stück war länger als anderthalb Minuten oder langsamer als Carl Lewis. Es war das völlige Zurück-auf-Los-Ding. Dann hatte Campi eines Tages auf der Fahrt zur Probe diesen Schlager im Auto gehört, »Itsy Bitsy Teenie Weenie Honolulu-Strand-Bikini« von »Club Honolulu«, und er kam mit der Idee, solche Sachen auf ganz-hart zu covern. Er sagte: »Wir nehmen uns einfach so ein paar alte Singles mit guten Melodien und jagen die gnadenlos durch!« Und wir nahmen uns ein paar alte Singles und jagten sie gnadenlos durch. Und siehe, es ward gut. Wir hatten das Spiel einfach rumgedreht: Statt uns als Punkrock-Kapelle von dieser Schlagerglätte ins Knie ficken zu lassen, nahmen wir nun alte Schlager und zerfledderten sie.

Wir benannten uns kurzfristig in »Die Roten Rosen« um, die wir als Überraschungsprojekt unserer Roadcrew ausgaben, und spielten das ganze Material unter Waschküchen-Verhältnissen und für ganze 5000 Mark Produktionskosten in zehn Tagen ein. »1/2 stark«, »Im Wagen vor mir«, »Alle Mädchen wollen küssen«, »Die Sauerkraut-Polka«, »Wenn du mal allein bist« – die ganze Palette der frühen Sechziger. Wir hatten nur keine Idee, in welche Art Cover man so eine Platte stecken könnte. Wir überlegten erfolglos in unserem Büro, dann fiel unser Blick irgendwann auf das herumliegende Cover der »Never Mind the Bollocks«-LP von den Pistols. Das war es: Wenn die ganzen Songs schon geklaut waren, sollten wir die Konsequenz haben, auch gleich noch das Cover zu klauen. Und wo konnten wir ungestrafter klauen als von einer anderen Virgin-Platte?

»Never mind The Hosen« war eine schnelle, frische Idee, ein Statement vor allem für uns selbst, von dem weder wir noch Virgin oder Jochen etwas in puncto Verkaufszahlen erwarteten. Noch schlimmer: Als Virgin-Chef Udo Lange die Bänder erhalten und durchgehört hatte, fragte er bei Jochen an, ob das jetzt erstmal die Demo-Bänder seien. Zuerst weigerte er sich, das Ganze überhaupt zu veröffentlichen. Er fand, das könne nicht als reguläres Hosen-Album im Sinne unseres Vertrages gelten und ließ sich erst darauf ein, als wir ihm in dem Punkt entgegenkamen. Mit Jochen hatten wir wegen des Materials eine unserer berühmten Krisensitzungen einberufen. Wir trafen uns im Bonanza-Park von Illetas auf Mallorca und kamen nach langem Hin und Her überein, das Ding als eine Art Zwischenproduktion herauszubringen – deutlich unterschieden von einer richtigen Hosen-LP.

Doch dann wurde es unsere erste Platte, die weit nach oben in die Charts rauf ging, über die Hunderttausender-Linie im Verkauf hinaus. Der erste wirkliche Kassenknüller unserer Laufbahn, die erste Nummer, mit der wir die Für-deutsche-Bands-ganz-beachtlich-Kapsel von höchstens fünfundzwanzigtausend verkauften Platten sprengten. Zum ersten Mal ließen wir für ein Album bundesweit und wild plakatieren; überall sprang einem das signalfarbene Cover in Din A 0-Größe ins Gesicht. Zum ersten Mal auch hatten wir nun richtiges »Airplay«. Die Jungs beim Radio fuhren auf

Krisensitzung in Mallorca

unsere Schlager-im-Fleischwolf richtig ab. Es war alles so gigantisch, daß wir darüber den Remix des Bommerlunder-Raps komplett vergaßen, der etwa gleichzeitig fertig wurde. Dieser Mega-Maxi-Mix, der nach Jochens Vorstellung der eigentliche Verkaufsknüller werden sollte, dann aber gar nicht mehr erschien.

Wir waren in Berlin in diesem Sommer und mischten an der Live-LP der Tour, die hinter uns lag. Da ging das Telefon im Hotel und ein Virgin-Mädchen sagte, »Never mind ...« sei gerade von 0 auf 27 in die Charts eingestiegen. Das Mädchen von Virgin kriegte in München auch Jochen zu fassen, der gerade aus seinem Urlaub in Italien zurückkam. Unser Manager bekam darauf einen solchen Dagobert-Duck-Rausch, daß er sich an Ort und Stelle ein Flugzeug gönnte, um zu uns nach Berlin und mitten hinein in ein gediegenes Besäufnis zu kommen. Das Hotel lag bei Heino um die Ecke, und es gab dort einen Sexclub, der genauso hieß wie unsere Plazierung in den Charts: »27«. Es war der ideale Ort zum Feiern; nach sechs Bier à zwanzig Mark und einer Flasche Sekt der Hausmarke (zweihundertfünfzig Mark) verliebte ich mich unglücklich in eines der Mädchen und wollte gerade mit der Ich-hol-dich-hier-raus-Arie beginnen, als mich die anderen im letzten Moment noch hier rausholten.

Das war damals schon etwas ganz Besonderes für Jochen. Er flog in diesen Jahren nicht mal eben so irgendwohin – vor allem nicht, nachdem er sich als Veranstalter eines Open-Air-Konzerts im Flinger Broich während der Fußball-WM in Mexiko mächtig in die Miesen gebracht hatte. Richtig mächtig, mit sechsstelliger roter Zahl und allen Extras. Und auch für mich war es einfach völlig überraschend, ausgerechnet mit dieser Platte Erfolg zu haben.

Es war nicht so, daß ich mich nun am Ziel meines Lebens fühlte oder daß ich mir einen Bentley bestellte. Keiner von uns war so drauf. Es war eher ein Schub, ein Hochgefühl. Und das blieb erst mal, das war echt.

LETZTE NOVEMBERTAGE '95, sieben Alben später. Susi fragt mich, ob ich an Timmis Geburtstag denken würde; der 5. Dezember soll ein Dienstag sein. Ich muß Glück haben im Moment, denn zum ersten Mal ist Papa an Timmis großem Tag nicht mit der Band unterwegs. Dabei liegt unsere neue Offensive schon in der Luft. In knapp zwei Wochen kommt unsere neue Single heraus, in zwei Monaten erscheint das Album. Auf den Konzertanzeigen in den Zeitungen taucht auf einmal unsere 96er Tour auf; Karten gibt's ab sofort.

Es muß komisch sein, jetzt durch die einbrechende Kälte zu stapfen und sich zwei Karten für einen unserer Open-Air-Auftritte im nächsten Sommer zu besorgen. Aber uns geht's ähnlich: Heute eine Pressekonferenz wegen »Rock am Ring«, morgen oder übermorgen ein Vorgespräch wegen der Lightshow für die Tour, die Ende April anrollt. Jeder Tag ein neues Ziel, eine andere Notiz, die Susi für mich auf den Kühlschrank klebt. Montag bis Mittwoch Video-Dreh für die neue Single in Amsterdam, ab Mittwochabend wieder ins Studio nach Stommeln, Backing Vocals und Abmischen bis Samstagabend. Danach die Woche montags früh »blaue Stunde« (Bandsitzung) bei Patrick im Büro, Studio und abends noch mal Sitzung bei Campi wegen des Videos und dem Buch. Mittwoch früh, sechs Uhr noch-was, in den Flieger nach Hamburg, wo Gabo uns zwei Tage lang für neue Pressefotos und die CD abschießt. Freitag nachmittags direkt zurück ins Studio. Zwei Wochen aus dem Leben einer Hose kurz vor dem Start.

Ich müßte mit fünf Jahren Finanzamt bestraft werden, als Arbeitssklave in der Buchstabengruppe »H« bis »Kil«, wenn ich darüber jammern würde. Genauso sollte mit all diesen zweitklassigen Schauspielerinnen und Talkshowfiguren verfahren werden, die abends im Fernsehen darüber klagen, daß sie gerade erst in den Staaten waren und davor in Rom und deshalb »noch Jetlag« haben. Diesen eitlen Tussen und Onkels, die auf diese perverse Art ihr Luxusleben vor einer Nation von Sachbearbeitern und Empfangsdamen ausbreiten.

Ich habe den Film »Timmi« in den letzten vier Jahren nicht ohne dicke Unterbrechungen mitbekommen, wegen Tourneen und sonstwas. Auch am kommenden Dienstag habe ich nur bis mittags Zeit. Aber dazwischen bin ich intensiver zu Hause als die meisten. Ein einziges Mal habe ich es bisher verflucht, durch die Band so oft weg zu sein. Das war ziemlich genau vor einem Jahr, als wir in New York waren und Susi zu Hause beinahe an einer Bauchhöhlen-Schwangerschaft gestorben wäre. Du hast dich gerade noch gefreut, daß du in einem Laden wie dem »CBGB's« spielst, wo von den Ramones bis Richard Hell alle ganz großen Haie gewesen sind, und dann findest du zurück in Bilk auf der Wohnungstreppe deine Frau, zusammengesackt im Flur. Nachher hieß es, es habe an einer Stunde früher oder später gehangen, wie es mit Susi ausging. Aber das kann auch der Frau eines Stahlbauschlossers passieren, der auf Montage fährt, oder eines Vertreters für Sockenhalter. Das liegt nicht am Rock'n'Roll.

Es ist immer noch das gleiche Ding, das wir als Hosen zusammen durchziehen. Auch wenn jetzt ein paar Mark mehr dabei rüberkommen. Das Geld, die neue, größere Wohnung mit dem Garten hintendran, der Ring an meinem Finger und ein Sohn – das alles ändert daran wenig. Du bist ein Arschloch oder du bist keins. Es ist aber so, daß sich manche Dinge in ihrer Bedeutung verschieben. Heute, mit dreißig und drüber, würden wir ein Lied wie »Ficken, Bumsen, Blasen« vielleicht nicht mehr erfinden. Es würde sich einfach nicht ergeben. Oder diese Tour mit dem Kindersarg voller Gitarren auf dem Dach – inzwischen kann ich nachvollziehen, warum ein paar Mütter sich darüber aufregten. Damals konnte ich es nicht.

Jeder Tag ein neues Ziel. Ich bin noch genauso gerne mit den Jungs unterwegs wie vor sieben, acht Jahren, aber heute komme ich auch genauso gerne zurück. Zu den hohen Zeiten meiner Spielsucht und der Drogenexzesse war mir im Grunde alles scheißegal; ich mußte mich um nichts und niemand kümmern. Und so ging es auch Susi, »Merchandising-Susi«, die ich in dem Jahr kennenlernte, als sie mit einem Stand voller Poster und T-Shirts mit uns auf Tour gewesen ist.

Es war eine harte Zeit für Susi, in unserem Männerclub einen Fuß in die Tür zu kriegen. Feste Freundinnen, die auf der Tour dabei sind, waren bei uns bis dahin streng verpönt. Als Susi dann schwanger wurde, hieß es zuerst: »Wenn Kuddel Familie hat, bricht alles auseinander.« Das Gegenteil davon passierte: Timmi brachte Verantwortung und Struktur in Susis und meine Tage, die wir vorher nicht gekannt hatten. Wir hatten immer gut gelebt und genossen, aber ohne jedes Ziel. Ich trug mein Geld in die Spielhallen rund um den Hauptbahnhof und schmiß es solange in die Automaten, bis nichts mehr davon übrig war. Vierhundert Mark Einsatz am Tag waren keine Seltenheit. Hatte ich mal gewonnen, machte mich das nur um so trauriger; ich setzte alles sofort wieder ein, denn ich wollte verlieren. Das war der Punkt, an dem ich merkte, daß ich nun spielsüchtig geworden war – ohne daß mir diese Erkenntnis zunächst half. Erst als Susi mir einen dieser Automaten kaufte und in die Wohnung stellte, war es mit dieser Sucht schlagartig vorbei. Das High-Life aber ging weiter: Ich ging dreimal am Tag japanisch essen, wenn mir danach war, oder kaufte mir sinnloses Zeug. Ich hatte ja genug Kohle, dachte ich, und überhaupt kein Verhältnis dazu. Als dann die Nachforderungen vom Finanzamt fällig wurden, war die Kohle plötzlich weg. Schlimmer noch: Ich hatte Schulden.

Timmi ist inzwischen vier Jahre alt und hat uns einigermaßen im Griff. Auch deshalb wollen wir so bald wie möglich noch ein zweites Kind. Unser Manager hat damals den besten Kommentar abgegeben, als er von Susis Schwangerschaft erfuhr. Er überschlug im Geiste erst mal den Tourplan, dann nickte er gefällig. »Termin ist okay. Ist sogar ziemlich genial.« sagte er.

Ist das zu fassen?

4
Immer wieder Ellermann

Bass und Kleister: Andi 1984

Wenn es stimmt, was die im Büro sagen, werde ich, Andi, ab Februar wahrscheinlich wieder das Vergnügen haben, auf dem Weg in den Proberaum an unseren neuen Plakaten vorbeizulaufen. Es werden große DIN-A-Null-Plakate mit unseren Tourdaten und einem Hinweis auf die Platte sein, mit denen die Republik dann zugepflastert wird. Mit ein bißchen Glück hängen sie dann auch in meiner Nachbarschaft, und in dem Fall werde ich mal checken, ob die Kolonne, die da geklebt hat, was taugt oder nicht. Und ich sage euch: Das habe ich im Bruchteil einer Sekunde raus.

Man darf nicht einfach alles vollpatschen und dann sofort – zack! – das Papier an die Wand. Das gibt diese vielen kleinen Blasen, die einfach nicht mehr weggehen. Und es muß Salz in den Kleister, wenn es draußen friert, sonst wird die ganze Soße fest. Könnte ja im Februar passieren. Wie oft bin ich in den letzten Jahren mit dem Tourbus von der Halle ins Hotel zurückgekommen und hab mies geklebte Plakate von uns gesehen, und wie oft hab ich dann innerlich gegrinst. Genauso haben wir es früher auch gemacht: Nach dem Hotel der Band fragen, dann auf den letzten Drücker den Weg von der Halle bis dahin vollpflastern, damit es nach Mordsarbeit aussieht, und dann die andere Hälfte von dem Scheiß wegschmeißen. Aber die Blasen unterm Papier sehe ich noch nachts durch getönte Scheiben – egal wie schnell der Bus gerade fährt.

Alles Schweinebanden, genau wie wir. Obwohl – eigentlich waren wir schlimmer, Campi und ich. Heute sind die Zäune und Wände gemietet, alles ist mehr oder weniger legal. Als wir vor zehn, zwölf Jahren klebten, gab es das noch nicht. Es war da oft ein Wettlauf mit der Polizei, wenn du die Stadt zugepflastert hast; mit Rolling Stones, Peter Maffay und Zirkus Flic-Flac. Der richtige »Hot Spot«, an dem sich Metylan-

Cracks beweisen konnten, war zu der Zeit der Bauzaun vor der Kunstsammlung NRW an der Heinrich-Heine-Allee – fünfzig Meter freie Fläche an einem Stück. Die Altstadt-Bullenwache war nur hundert Meter um die Ecke. Einer klebte, und einer paßte auf, wann der nächste grüne Wagen kam. Auch Ampelschaltkästen, Stromkästen und sowas waren gute Anlässe, die Sheriffs zu ärgern.

Manchmal mußtest du hundertfünfzig Mark Strafe abdrükken, manchmal auch mehr; das ging rauf bis tausend Mark.

Das ging auch in Ordnung, so war das Spiel. Der wahre Feind aber steckte im »Sportstudio Ellermann«. Ellermann war selbst ein Bodybuilder, eine richtige Kante, und für seine Muckibude klebte er eigenhändig. Über Maffay drüber, über Holiday on Ice, über alles, was Campi und ich gerade geklebt hatten. Du warst einen ganzen, schweinisch kalten Nachmittag im Regen unterwegs und hast das Zeug mit blauen Händen angeklatscht, gingst kurz nach Hause und abends auf ein Bier wieder in die Altstadt – und siehst an jedem Zaun plötzlich »Sportstudio Ellermann«. Alles, was du gemacht hattest, war weg. Dann wurde das Sportstudio natürlich überklebt, was wieder Ellermännchen auf die Palme brachte. Der wurde so wütend, daß man besser nicht seine Wege kreuzte.

Entertainment fing bei uns ganz unten an. Wir stellten Reklamereiter für einen Zirkus auf, zwei Pappschilder an jedem Düsseldorfer Baum, jeder Laterne – und nahmen sie alle wieder ab, als die Löhnung ausblieb. Wir schleppten als Gelegenheits-Roadies Anlageteile für die Gigs von BAP und Schroeder Roadshow, bauten für Bettina Wegener in der Uni-Mensa Stuhlreihen auf. Das Showgeschäft ernährte uns bereits, wenn auch nur schlecht. Ich mußte jeden Monat dreihundert Mark für meine Bude auf der Bruchstraße aufbringen, das war ein echter Batzen. Einmal ging ich zum Blutspenden und kippte um, als ich mich hinterher wegen der sechsundfünfzig Mark um einen Laufzettel anstellte. Das war offenbar nicht mein Markt. Manchmal war es schon gut, wenn meine Mutter mir wieder ein Care-Paket mitgab, denn ich selbst war nach meinem Platzverweis zuhause zu stolz, um irgendwas zu bitten.

Mein Vater war einfach überfordert gewesen, als sein Sohn eines Tages mit gefärbten Haaren nach Hause kam. Fünf Tage in der Woche zog er für Springers »Welt« irgendwelche Anzeigen an Land – da war für schrille Sachen einfach kein Platz. Seine Welt war schwarz-und-weiß; hier und da auch mal Zusatzfarbe, aber vorsichtig. Heute ist er sogar stolz darauf, daß sein Sohn einen anderen Weg gegangen ist als er, und daß dieser Weg keine Sackgasse gewesen ist. Er ist inzwischen auch wesentlich aufgeschlossener, aber damals sah er mich in eine Drogenhölle laufen, in ein Chaos aus Lärm und Gruppensex und bunten Haaren. Manchmal war es das auch ein bißchen, aber viel zu selten. Das meiste fühlte sich nicht an wie eine Orgie, und der einzige Stoff, mit dem ich regelmäßig in Berührung kam, war diese klebrige Mischung aus Wasser und Metylan, die sich unlösbar in den Klamotten verfing.

Heute kleben andere für uns Plakate, schleppen Boxen und montieren Lichttraversen. Vierzig Leute sind in der Crew, die uns vom kommenden April an bis Ende des Jahres begleitet. Vierzig Leute und fünf Achtunddreißigtonner, die das gesamte Equipment transportieren. Aber was sagt uns das? Ich muß nicht über den Sattelschlepper nachdenken, der irgendwelche Geräte hinter uns her zieht, oder über die Zimmer in weiß-der-Henker-welchen Hotels. Ich muß weder dafür sein noch dagegen. Und ich hab lange genug gegen »Sportstudio Ellermann« gekämpft, im Sommer wie im Winter, um mich heute mal abends in ein warmes Zimmer mit einem Bett ohne Flecken und einer vollgefüllten Minibar zu legen. That 's Entertainment.

Aber Kuddel hat ein wichtiges Ereignis übersprungen. Unser Musiker hat vergessen, daß vor unserer »Damenwahl«-Tour Ende Juli '86 noch das Anti-WAA-Festival in Burglengenfeld stattfand. Der Protest gegen die geplante nukleare Wiederaufbereitungsanlage in Wackersdorf war ein zentraler Abschnitt in der bundesdeutschen Anti-Atomkraft-Bewegung der Achtziger, und das mehrtägige Festival zu seiner Unterstützung war auch für uns ein neues Kapitel. Zum ersten Mal spielten wir für Leute, die wir in ihrer Mehrheit noch wenige Jahre zuvor als »Müslis« und »Teppichtaschen« abgetan hätten.

Es gab anfangs heftige Diskussionen bei uns, ob wir als Punks überhaupt mit Musikern wie Grönemeyer und BAP gemeinsam auftreten könnten. Am Ende siegte bei allen ein Große-Koalitions-Gedanke, daß man sich an bestimmten historischen Punkten unter Umständen auch mit Leuten zusammentun muß, die einem sonst nicht so nahe stehen – die atomare Katastrophe von Tschernobyl war gerade mal sechs Monate alt. Wie sich zeigte, war das auch nicht verkehrt. Es gab in Burglengenfeld keine größeren Probleme, uns mit Grönemeyer, BAP, Lindenberg und den anderen zu verständigen. Die große All-Star-Szene am Ende unseres Gigs, als wir alle zusammen »Am dreißigsten Mai ist der Weltuntergang« grölten und ein Potpourri aus »Ficken, Bumsen, Blasen« und anderen Songs, war ein Ausdruck dafür.

Wir hatten noch nie vor einer auch nur annähernd so großen Kulisse gespielt wie in Burglengenfeld. Du kamst auf die Bühne und blicktest auf ein Meer von Leuten, und dieses Meer hörte auch ganz weit hinten einfach nicht auf. Wir fünf da oben vor diesem Ozean aus Köpfen, das wäre als Comic ein Bild mit der fünffachen Blase »Schluck!« gewesen. Es war außerdem der erste reguläre Auftritt von Wölli. Er muß sich vorgekommen sein wie der Mittelstürmer aus der Landesliga, der von Borussia Dortmund gekauft wird und anstelle des verletzten Stammspielers plötzlich gegen Juventus in der Champions League kickt. Aber es war okay, es wurde ein gutes Konzert.

Es gab natürlich ein ziemliches Gerangel, wer auf dem Festival als Letzter auf die Bühne darf. Alle wollten die Letzten sein – die, von denen auch die »Tagesthemen« noch ein paar Ausschnitte zeigen würden. Es war schon leicht pervers: Draußen auf dem Gelände zelteten Zigtausend, um gegen die nukleare Aufrüstung in Deutschland anzugehen, und irgendwo in einer Ecke debattierten zwei bis drei Dutzend Musiker, wer von ihnen in welcher Reihenfolge seinen Auftritt hat! Aber was geschieht schon aus hundertprozentig naturtrüber Selbstlosigkeit? Die Bands benutzten zu einem gewissen Teil die Demonstranten, und die Demonstranten umgekehrt die Bands für einen guten, langen Nachmittag mit Live-Musik. Sie brauchten keine Grönemeyers und Niedekkens, die vor ihnen hermarschieren und die Fahne schwenken. Sie brauchten nur welche, die für sie singen. Und das kriegten sie.

Wir wollten aber nicht mit dem Hubschrauber einschweben und genauso nach dem Gig verschwinden. Wir wollten da sein und sehen, was passiert. Also fuhren wir mit dem Tourbus aufs Gelände, oder sagen wir: wir versuchten es. Bei der Kontrolle an der Zufahrt wollten Bullen und Grenzschützer erstmal ein Dutzend Farbspraydosen konfiszieren, die bei uns im Wagen lagen (das Dope fanden sie nicht). Spraydosen wären das erste Glied in der schlimmen Kausalkette bis zum

Relaxen vor dem Hosen-Hotel: Wackersdorf 1985

Terroranschlag, hieß es: Erst werden die Parolen gesprüht, dann kommt der heimtückische Anschlag. Wir rangen der Obrigkeit schließlich das Grundrecht jedes Konsumenten ab, das zu verbrauchen, was er legal erworben hat – wir durften unser Zelt mit dem Lack besprühen, bis die Dosen leer waren. Wie das endete, soll Faust erzählen.

»Es war ein gnadenloses Bild des Jammers. Zweieinhalb Stunden lang mühten sich diese Chaoten redlich, das Zelt zusammenzubasteln. Doch es wurde und wurde nichts. Schließlich bekamen sogar die Bullen Mitleid mit soviel Unfähigkeit. Ein oder zwei von denen halfen uns, dat Ding aufzustellen. Am Schluß durften wir auch die Spraydosen behalten und zu dem Einsatzleiter »Gerd« sagen, weil wir so oft beim Rein- und Rausfahren gefilzt wurden, daß man sich irgendwo kannte. Als wir einmal vergessen hatten, unser

Dope vor der Einfahrt auf dat Gelände zu verstecken, schmissen wir 's in letzter Sekunde noch aus dem Wagen. Am nächsten Morgen lag es immer noch da, trotz Schäferhunde und Gedöns. Die müssen Köter dabei gehabt haben, die noch weniger geblickt haben als sie.«

Es machte Spass, auf dem Gelände zu sein. Vormittags Fußball spielen, nachmittags ernsthaft reden und abends kiffen oder saufen – das war der freie, nicht entfremdete Mensch nach DIN-A-Marx. Natürlich gab es Leute, die nicht mit uns umgehen wollten. Für die ganz Harten im Zeltdorf waren wir einfach Kommerz, genau wie Grönemeyer, BAP und alle anderen, die schon eine richtige Platte bei einer richtigen Plattenfirma gemacht hatten. Für solche Hardliner wird es auch nichts weiter als Kommerz und PR-Trick sein, wenn jemand wie Bob Geldof eine Charity-Gala wie das »Live-Aid«-Konzert organisiert. Dabei war gerade »Live Aid« ein gutes Ding, und wenn sich von all den Stars, die sowieso schon jeder kennt, jemand selbst promotet hat, dann nahm das aus dem Topf mit den eingespielten Millionen für Eritrea keine müde Mark.

Niemand weiß, daß wir nach Wackersdorf zum Beispiel auch mal auf einem Festival gegen den Castor-Transport aufgetreten sind. Das war in Lüchow-Dannenberg, wo Campi eine Schwester hat. Beate stellte die Kontakte her, aber unser Auftritt wurde ohne großes Geschrei vorab geplant. Die Folge war, daß viel zu wenige davon wußten und zum Konzert kamen, und das hatte wieder zur Folge, daß nicht viel Geld für Beates Freunde zusammenkam. Mit großem Geschrei und Selbstpromotion wäre das Ding ganz sicher politisch unanständiger, aber dafür letztlich erfolgreicher gelaufen.

Wir wägen sehr genau ab, auf welchen Waggon wir uns stellen lassen, behalten uns gelegentliche Einmischungen aber weiter vor. Als vor einigen Jahren die Ausländerhatz in Deutschland entflammte, spielten wir erneut auf ein paar Festivals. Bis heute aber gilt weiter das Motto »Nicht für Parteien!« Es ist nicht mal gelogen, wenn ich sage: Auf diese Weise haben wir der SPD mal eine Million Mark eingespart.

Irgendwann vor der letzten Europawahl traf über eine Werbeagentur die Anfrage ein, ob wir für die Sozialdemokraten aus Bonn einen Song schreiben könnten. Aus reiner Neugier signalisierten wir, wir wären unter einer Million nicht zu haben. Darauf folgte erst eine Sendepause – etwa so lang wie es braucht, sich rückzuversichern –, dann folgte der Anruf mit der Nachricht, die Sache ginge zu dem Preis in Ordnung. Ein paar ganz Schlaue im Bonner Erich-Ollenhauer-Haus hatten wohl spekuliert, daß sie über die Hosen automatisch die Jungwähler am Wickel haben würden. Einige Urnengänge später zeigte sich aber, was wir damals schon ahnten: Die Enkel vom alten Willy müssen nach so vielen Austritten wirklich jede Mark zusammenhalten.

Wir spielten seit Wackersdorf also auf einmal in der ersten Liga, wenn auch noch nicht auf einem UEFA-Cup-Platz. Spielten auf weiteren Festivals mit Musikern, für die Campi und ich vor ein paar Jahren noch Plakate an Bauzäune geklebt und Stuhlreihen aufgestellt hatten. Plötzlich wurden wir als mündige Bürger und fähige Musiker akzeptiert, und es war irgendwie zu spät geworden, uns das dauernd zu verbitten.

In Garching bei München und im tschechischen Pilsen spielten wir mit Konstantin Wecker, Haindling, den Einstürzenden Neubauten, Alla Pugatschowa und Udo Lindenberg zugunsten des Olof-Palme-Marschs für ein atomwaffenfreies Europa, den die Deutsche Friedensgesellschaft/Vereinigte

Kriegsgegner organisiert hatte. Was so gut klang, war in Wirklichkeit ein doppeltes Desaster. In München hatte der örtliche Veranstalter ein Chaos geschaffen. Keiner blickte durch, wer wofür zuständig war; die Ordner hatten Paranoia, daß irgendein Fan auch nur einen Ellbogen auf die Bühne legte - die Neubauten lieferten sich mit ihnen deshalb ein mittleres Handgemenge. Und irgendwann in dieser Zeit war der Veranstalter, der die Bands wegen der Löhnung ihrer Reisekosten ständig vertröstet hatte, mit sämtlichen Tageseinnahmen verschwunden.

Beinahe sämtlichen. Als wir wieder einmal in den aufgestellten Container am Festival-Gelände trabten, um unserer Gage nachzusetzen, fanden wir eine Kassette voller Münzen und Scheine - und niemand in Sicht, dem sie gehören könnte. Es hieß Nehmen oder dem Nächsten lassen - aber am nächsten waren wir uns immer selbst. Wecker hätte alles verkokst, Lindenberg alles versoffen, und die Milchmänner von Haindling hätten es gespart - alles nicht das Richtige. Es war eine Art Ausfallhonorar. Auf dem Hotelzimmer stellten wir fest, daß etwa achttausend Mark in der Kassette waren. Wir warfen alles in den Himmel, wo Olof Palme saß; für uns und unsere Crew blieb, was wieder runterfiel. Das war ein guter Schnitt für Faust und alle Freunde.

Beim Festival in Pilsen gesellte sich zum Chaos noch die unangenehme Dynamik der Polizeimacht, die jeden spontanen Ausdruck von irgendwas gleich im Ansatz erstickte. Schon an der Grenze zur DDR hatte man die meisten Hosen-Fans aus Dresden, Chemnitz und Leipzig wieder zurückgeschickt. Einige schafften es aber, sich bis in unsere Garderobe hinter diesem Amphitheater durchzutanken, wo wir mit ihnen fröhlich redeten und tranken. Dann aber ging plötzlich die Tür auf, und ein Sturmtrupp Uniformierter mit Gummiknüppeln schrie in Pidgin-Englisch, alle außer den Musikern hätten sofort den Backstage-Bereich zu verlassen.

Die Polizisten waren hypernervös geworden, als vorne auf der Bühne Steine gegen eine linientreue tschechische Band geworfen wurden. Jetzt stürzten sie sich knüppelnd und brüllend auf die DDR-Punks und zerrten sie ins Freie. Als Breiti sich mit Fausthieben dazwischen warf und man nun auch auf uns einschlug, war endgültig die zweite große Keilerei im Namen der Kriegsgegner im Gange. Es gipfelte darin, daß alle Bands mehr oder weniger durchgeklopft in den gemeinsamen Tourbus gestopft wurden, von wo aus wir dann hilflos mitansehen mußten, wie man die Fans aus der DDR in Militärfahrzeugen abtransportierte. Dann brausten sie mit uns schwer bewaffnet im Polizeikonvoi zur westdeutschen Grenze, um uns dort mit unserer Gerätschaft einfach auszukippen. Aber wir weigerten uns, zu Fuß hinüberzutrotten, und begannen die Sitze im Bus aufzuschlitzten – auch wenn die Haindling-Bubis moserten, durch uns würde alles nur »eskalieren« (was kann eigentlich noch »eskalieren«, wenn du geprügelt zurück zur Grenze geschleppt wirst?). Wir hätten den Bus sogar in Brand gesetzt, wenn wir damit über die Grenze gebracht worden wären, wie es ursprünglich hieß. So aber blieben wir noch zwei Stunden im Bus sitzen, bis die Militärs uns wenigstens ein Taxi besorgten, das fünfmal zwischen den Grenzen rochierte.

Das erste Dorf hinter der Grenze hatte einen Gasthof, in dem zu später Stunde die Wirtin und ein Anwalt hockten, und die wollten unsere Geschichte hören. Wir erzählten und tranken, tranken und erzählten, und auf einmal war es sieben Uhr morgens geworden und alle im Gasthof total breit. Der Anwalt wackelte selig aus der Stube, stieg in seinen Wagen und fuhr ins Gericht; die Wirtin weckte ihre Tochter, einen

Hosen-Fan, für die Schule und erklärte ihr mit starker Fahne, daß Mama noch bis eben mit ihrer Lieblingsband gesoffen hatte. So endete der Horror-Ausflug nach Tschechien mit einer unserer unerwartetsten und schönsten Begegnungen – das Leben kann ziemlich launisch sein.

Auf den großen Open-Air-Auftrieben der Sommersaison wurden wir dann dem wahren Reißtest aller Bands unterzogen: Wie gut kannst du wieviel unterschiedliche Gruppen von Festivalbesuchern dazu bringen, dir trotz Hitze und Durst und Currywurst und Kumpels und Mädels und Fummeln und Reden noch richtig zuzuhören? Genau darin wurden wir bald Herbstmeister. Unsere Soße aus Spaß und Punk paßte irgendwie auf die Zungen ganz unterschiedlicher Gestalten. Sie war nicht weltanschauungsexklusiv: Du konntest was von Sid Vicious und Jimmy Pursey und dem Geist von '76 mitbekommen haben und auf die Hosen einsteigen, aber es mußte nicht auf diese Weise sein.

Es gab keine Beschränkungen, keine Auflagen für irgendwen, vor der Euphorie erstmal ein Punk-Diplom zu bestehen; du mußtest nichts über irgendwas wissen oder sein. Teenager und Motorradfahrer und Saufköppe und Vegetarier und Art-Direktoren waren gleichermaßen akzeptiert. Das traf den Kern der Sache vielleicht mehr als manche Pharisäer aus der Doc-Martens-Sekte glauben mochten. Und das machte uns zu einer echten Live-Band, was nach wie vor ein Gütesiegel in unserem Geschäft ist. Du kannst ein geiles Artwork haben, einen Medien-Hype starten und einen Hip-Status durch obszöne Zwischenfälle provozieren – wenn du dann auf der Bühne versagst, im Angesicht des Volkes, hilft das alles nichts. Wie sagt Otto Rehagel: »Entscheidend ist auf dem Platz.«

Wir schafften es '87, die Mitschnitte unserer Tournee »Ein bunter Abend für eine schwarze Republik« im Spätsommer zu veröffentlichen. Die Live-LP hieß »Bis zum bitteren Ende«: Wie sich herausstellen sollte, wurde es zu der Zeit das Live-Album mit den zweithöchsten Verkaufszahlen einer deutschen Band. Es war der Lohn dafür, daß wir uns den Arsch aufgerissen hatten in mittlerweile Hunderten von Konzerten, wo wir – mit Rückschlägen – immer besser geworden waren. Wir gaben noch immer keine herausragenden Solisten ab, aber das Ergebnis unserer gemeinsamen Bemühungen war mehr als die Summe der einzelnen Teile. Jeder von uns war für sich nichts Besonderes; aber zu fünft, innerhalb dieser Mannschaft, waren wir an guten Tagen schwer zu schlagen.

Dabei half, daß Campi als Sänger und Entertainer inzwischen mächtig zugelegt hatte. Mein dienstältester Kumpel, mit dem ich in Mettmann in der Schüler-B-Mannschaft Hokkey gespielt hatte, konnte mittlerweile dieses magnetische Feld zwischen uns und denen da vorne gut aufbauen. Und er setzte seine Turnstunden weiter fort, die schon zu Bommerlunder-Zeiten manches rausreißen konnten. Den Salto vorwärts von der Bühne, zum Beispiel, und die Kletterpartien. Die ließ er sich auch nicht nehmen, wenn manche Veranstalter versuchten, ihm irgendwelche Auflagen zu machen.

Als wir im Sommer '87 zum ersten Mal beim berühmten Festival von Roskilde spielen *durften* – genauso wirst du dort nämlich behandelt, wenn du noch nicht in der europäischen Champions League bist –, gab es eine interne Anweisung, wie weit Campi auf der Lichttraverse hochklettern dürfte. Gerade drei Meter über dem Boden war das Limit. Aber Punkrock geht natürlich anders: Campi kletterte höher, immer höher. Er hangelte sich so weit hinauf, daß der dänische Roadie aufgab, der fluchend hinter ihm hergeklettert war, immer haarscharf an den glühend heißen Spotlampen vorbei. Dann sprang er auf die Zweittraverse und brachte den ganzen Lichterkranz unterm Kuppelzelt ins Wanken. Es war Note 9,9 – mindestens. Aber die Veranstalter fanden, es wäre eine 4,5. Das war jedenfalls der Betrag, den die Dänen von uns für den entstandenen Schaden verlangten – viereinhalb Riesen. Faust montierte dann die angeblich kaputten Teile ab, verkaufte sie und bezahlte den Schaden davon.

Bei unserer Abfahrt aus Roskilde sollten wir uns am nächsten Morgen ebenso wieder freikaufen müssen. Nachdem wir in der Nacht einige Hoteltüren eingetreten hatten, um Tourleiter Jäckie zu finden, und Bollock einen Fernseher durch das offene Zimmerfenster hindurch entsorgte, parkten uns am nächsten Morgen Polizeiwagen zu, damit wir vor der Heimreise den Schaden bezahlten. Wir verdanken es einmal mehr Trinis sauerländischem Verhandlungsgeschick und seiner Behauptung, er sei Schreiner und könne den Schaden schätzen, daß der fällige Betrag gehörig gedrückt werden konnte.

Die einzige Hose, die in Roskilde abstürzte, war Wölli.

Wölli hatte sich besoffen über einen Absperrzaun gehangelt, um denen von Europe in die Boxen zu pissen. Europe machten eine so grausame Musik, daß sie es verdient hätten. Aber Wölli rutschte irgendwie ab und brach sich bei der Landung den Fuß. Wir mußten dann jemand anders für ihn einwechseln, denn ein Drummer mit einem gebrochenen Fuß ist auf der Bühne nicht viel mehr wert als eine Stehlampe – und es standen noch einige fixe Termine an. Es wurde die kurze Epoche von Jakob Keusen, dem Profi, der sich unser gesamtes Programm über Nacht eintrainierte.

Nur Campi kam eigentlich immer davon, egal wie gefährlich er irgendwo turnte. Er zog sich Brandwunden und Quetschungen zu und auch mal eine heftig blutende Platzwunde am Kinn, weil die Kids im Jugendzentrum in Aurich bei seinem Flug in die Menge alle zurückwichen, statt ihn aufzufangen, aber er zog immer voll durch. Sie haben ihn fast zerquetscht, als er in der Berliner Deutschlandhalle in die Massen vor der Bühne fiel; und vor den Gigs im Vorprogramm der Stones wurde er gewarnt: Bitte nicht auf das fünfzig Meter hohe Bühnengestänge, das über die Rampe hinausreicht – und genau da ging Campi rauf.

Ich habe noch das Gesicht dieses Roadies von U2 vor mir, der unseren Sänger bei einem unserer Support-Gigs am Bein packte, um ihn vom Klettern abzubringen. Campi rotzte ihn an, gab ihm einen Tritt und war im nächsten Moment schon wieder irgendwo da oben. Das Mißverständnis bezüglich seiner Kletterei bestand darin, es für eine bloße Nummer zu halten. Man wollte das unter Profis regeln, wie es mit so vielen Nummern in dem Geschäft geschieht. Doch es ist eben nicht nur eine Nummer. Er macht das nicht ausschließlich für's

»Dat sind die Sänger«: Campino auf Klettertour in Amsterdam

Publikum, sondern immer auch für sich. Er will es so, egal wer oder was dagegen spricht.

Auch bei seinen Unfällen hielt er durch. Bei einem Open Air in Winterthur blutete er einmal wie eine abgestochene Sau, als er sich an einer Häuserwand hochhangelte und die Fensterscheibe einer Pfarrerswohnung eintrat, um irgendwo reinzukommen. Das Set wurde trotzdem zuende gebracht – erst kam der Gig, dann konnte er sich immer noch nähen lassen. »Dat sind die Sänger«, sagt Faust manchmal, »die leiden gern. Weil Rock'n'Roll wat vom Hunger hat, vom Alkohol, von Trance und vom Nichts-Merken.«

Es war auch die Zeit, als unser Verbrauch an Speed und Kokain deutlich anstieg. Das Nichts-Merken ist ja wichtig, wenn du gegen die körperliche Erschöpfung angehen mußt. Du stehst vor dem zwanzigsten Gig auf der Tour und hättest gerne eine Pause, aber am Abend warten da wieder fünftausend Leute auf dich. Das ist etwas anderes, als wenn du für zweihundert Leute im Jugendzentrum von Recklinghausen-Marl spielst. Die Gigs dauerten schon lange nicht mehr nur fünfundvierzig Minuten, so wie am Anfang. Mit Zugaben und allem gingen sie meist über anderthalb, zwei Stunden. Das ging aber nur mit viel Energie, und wenn wir die mal nicht hatten, mußten wir sie uns eben irgendwo pumpen.

Ein, zwei Jahre später kamen wir aus dem gleichen Grund auf den Trick mit dem Sauerstoff, was legal und obendrein billiger war. Kurz vor der Zugabe setzten wir uns die Masken über die Nasen und zogen uns eine Extradosis Sauerstoff rein. Wir hatten größere Ventile auf unsere Behälter geschraubt, damit wir eine echte Ladung in die Lungen bekamen. Keine Ahnung, ob dadurch wirklich zusätzliche rote Blutkörperchen gebildet werden, aber es half. Die Luft, die einem einige Tausend Leute nach zwei Stunden lassen, kann man mit dem Messer schneiden, und auch ich fühlte mich ein bißchen besser, wenn ich danach noch mal rausging. Auch ich trug inzwischen ja mehr Verantwortung: Es gab mittlerweile drei Saiten auf meinem Bass, nicht mehr nur zwei.

Meine bevorzugte Musik war Punkrock, seit Campi die ersten Platten von The Damned und den Pistols aus England mitbrachte. Damit konnten wir jede Party sprengen; die meisten in Mettmann mochten das Zeug nicht. Und meine bevorzugte Droge im Zusammenhang mit Musik wurde Kaffee. Heißer Kaffee aus amerikanischen Kaffeemaschinen, wie man ihn in den Schnellrestaurants von Los Angeles die ganze Nacht durch bekommt, wenn man die Zeit totschlagen muß – nämlich die Stunden zwischen dem letzten Akkord in einem Club und dem ersten Bus, der einen von dort wieder zurückbringt.

Ich war gerade »Roadie« von ZK geworden und mußte den Mini-Job unterbrechen, als ich durch das Schüler-Austausch-Programm für ein Jahr an die Wilson High School in Los Angeles kam. Tagsüber schlurfte ich an den Wachen vorbei in die Kurse, abends belegte ich den Intensivkurs »Punk«. Es war die große, frühe Zeit des Westcoast-Punk mit Bands wie Dead Kennedys, Black Flag und The Germs. Jeden dritten Abend gab es im Großraum der Stadt ein gutes Konzert mit diesen oder anderen, auch englischen Bands. Ich sah Sham 69 noch ein Jahr nach ihrem angeblich letzten Gig in London, als Campi und ich vor den Skins flüchten mußten. Weil ich aber wegen irgendeiner Bestimmung keinen Führerschein während meines USA-Aufenthalts machen durfte, hieß das für mich: Bus fahren, warten und Kaffee trinken.

Niemand fuhr mit öffentlichen Verkehrsmitteln in dieser Stadt; als ich das erste Mal jemand fragte, mit welcher Linie ich an den Strand Richtung Venice kommen würde, wurde ich fassungslos angeglotzt. Ein Konzert zu besuchen, war unter den Umständen eine Entscheidung für die nächsten zwölf Stunden. Aber das ging für mich in Ordnung: Wenn man in diesen Restaurants eine Kleinigkeit gegessen hatte, wurde einem Kaffee bis zum Abwinken umsonst nachgeschenkt.

Ich ging fast immer allein. Die Kids an der Wilson High School waren Surfer oder Soulfans oder spielten Baseball; für sie war Musik ein Mittel, um ein Mädchen weichzukriegen, damit man es flachlegen kann. Ihren deutschen Gast hielten sie wahrscheinlich für verrückt. Was die Noten anging, übernahmen die Koreaner und Chinesen an der Schule die Tabellenführung in den Klassen; nur der Deutsche kam mit Ringen unter den Augen in die Stunden und erzählte was von den Ramones. Really weird, right? So ähnlich ging es mir und Campi aber vorher und danach auch in Mettmann. So ähnlich ging es allen von uns.

Wir waren Fans dieser Musik, als wir starteten, nicht Musiker. Als Fans, nicht als Musiker, wählten wir den gleichen Stil: Wir wollten versuchten, nicht viel schlechter zu klingen als unsere liebsten Bands. Doch erst viel später, als ich schon auf drei Saiten spielte, dämmerte mir, daß wir selbst inzwischen wohl ganz akzeptabel waren. Man ertrug uns in Roskilde und in Oslo, auf den großen Dingern, und wo immer wir auftauchten, reisten uns Leute hinterher, die – ähnlich wie ich in L. A. – einfach nicht abzuschütteln waren. Ich meine nicht die Typen, die heute in Hamburg auftauchen und vier Monate später in Berlin, und dann vielleicht noch mal in Köln. Ich meine welche wie Siggi, Achim und »Nase«, die überall hinfahren, wo wir auftreten – egal in welchem Land oder Sonnensystem.

Siggi und seine Freunde sind längst fester Teil unseres Tour-Lebens geworden. Manche Nacht haben sie mit uns im Bus verbracht, manche Triumphe und Pannen wurden mit ihnen geteilt. Mit seinen zweieinhalb Zentnern Cloppenburger Schwergewicht hat Siggi schon öfter als Security-Mann ausgeholfen, oder er machte den Reinigungsdienst: Als wir in Graz keinen Waschsalon finden konnten, hat er sich unsere Klamotten unter die Fänge genommen und eigenhändig gereinigt. Dafür haben wir ihm dann Tour-Pässe und Tickets und sonstwas besorgt, jedenfalls ab und zu. Denn meistens braucht Siggi das nicht: Sein Sportabzeichen ist, wenn er sich auf eigene Faust reinquetscht. Wie sagt er doch gerne:

»Hundertdreißig Kilo Kampfgewicht schiebt man nicht weg. Und man kann sich ja auch immer was einfallen lassen. ›Bin im Security-Team‹, ›Bin für die Backline zuständig‹ – irgendeinen guten Spruch. Es gibt immer ein paar Spitzfindige an den Kontrollen, die deinen Tour-Paß sehen wollen, aber denen zeige ich dann einfach einen abgelaufenen. Das nimmt keiner so schnell wahr. Meistens habe ich inzwischen den eingeschweißten Ausweis dabei, für alle Fälle. Aber das ist dieses Ding, mit dem jeder Hansfranz rumläuft. Ich find es spaßiger, ohne sowas reinzukommen.

Es gibt überall diese Wichtigtuer, die umsonst in Konzerte wollen und dafür tausend zwingende Gründe angeben. Eine Konzertkritik fürs Stadtmagazin, eine Recherche für ein Drehbuchprojekt, solche Sachen. Die Kunst ist aber, ohne dieses Sich-Aufblähen hineinzukommen, mit ganz handfesten Pseudo-Funktionen oder alten Tour-Pässen – und das immer wieder. Solange, bis sie dich schon freiwillig auf die Gästeliste setzen für die ganze Mühe, die du dir irgendwo machst. Wenn man mit seiner Kastenente ein paar tausend

Kilometer pro Tour hinterhergurkt und auch mal aushilft wegen Security, hat man auch eine gewisse Berechtigung.

Ich hab die Hosen zuerst 1985 gesehen, in Bielefeld, da sind wir damals, zack, einfach mit unserem Opel hin. Das hat uns so gut gefallen, daß wir gefragt haben, wo die als nächstes spielen; das stand damals ja noch in keiner Zeitung. In Wilhelmshaven, hieß es. Da haben wir dann Kiki angehauen, der sagte: »In Hamburg können wir mal gucken, ob ihr nicht auf die Gästeliste kommt.« Seitdem habe ich nie wieder für ein Hosen-Konzert bezahlt. Halt, gelogen. Ein Ding hat es gegeben, wo ich nicht reingekommen bin. Das war 1992 in Roskilde. Wir waren den Hosen von Oslo aus nachgefahren, »Nase« und ich, und sind vorher auch noch bei der Fußball-Europameisterschaft in Schweden gewesen. Kiki hatte gesagt, er würde das klarmachen und die Tickets für uns hinterlegen, aber dann hatten sie denen die komplette Gästeliste gestrichen, und mein Dänisch war auch nicht so gut. Schließlich hat Kiki gesagt: »Kauft euch zwei Tickets, wenn ihr soviel Kohlen auf Tasche habt, kriegt ihr morgen früh wieder.«

Wir sind immer auf eigene Tasche hinterhergefahren – Achim, »Nase«, ich, der harte Kern. Manchmal haben wir in der Ente gepennt, manchmal bei Leuten oder bei den Hosen. Ich bin ja die lebende Alarmanlage, ich hör alles. Einmal bin ich morgens um halb sechs allein mit dem alten Mercedes 280, den ich mal hatte, nach Helgoland, wo die Hosen dann nicht spielen durften. Ich hab auch mal auf Montage in Berlin gearbeitet, da sind wir dann wenigstens jedes Wochenende hinterher. Oder sind mit zwei Mann getrampt, bis nach Kempten im Allgäu, wo wir leider das Konzert nicht mehr gesehen haben. Hinterher, bei der Begrüßung, hab ich den Kuddel so ausgehebelt, daß er unglücklich auf den Rücken gefallen ist und noch lange Rückenprobleme hatte.

Kuddel ist der von den Hosen, mit dem ich am besten klarkomme. Das hat sich so ergeben. Er ist ein kleiner Spieler – Billard, Zocken und so weiter. Ich bin als einziger Fan auf seiner Hochzeit gewesen, mit meiner Freundin, das fand ich sehr ehrenhaft. Wir wollten auch schon mal einen Fanclub gründen, aber einen guten. Es gibt ja welche, die wie'n Überwachungsverein vorgehen. Da sind dann sogenannte »Fans«, die räumen systematisch die Mülleimer der Hosen aus, um zu kontrollieren, wie da so der Lebenswandel ist. Ich finde, das geht unter die Gürtellinie.

Inzwischen haben wir einen eigenen Malereibetrieb gegründet, aber das ist kein Hindernis. Die viertausend, die ich nicht verdiene, weil ich mit auf Tour bin, sind mir egal. Diese Woche ist eine Bekannte von mir mit Neununddreißig an Krebs gestorben, das war für mich ein Schlüsselerlebnis. Erst vor fünf Wochen hatte sie erfahren, daß sie Krebs hat. Ich sage mir heute: Solange ich das noch machen kann und es mir gut geht, muß ich das ausnutzen. Nur nehme ich mittlerweile kaum noch Leute mit, weil – es wird einem nicht gedankt. Im Vorfeld sagen alle, sie wollen auch gerne, blabla. Dann renn ich mir die Hacken ab für Tour-Pässe, aber nachher sitzen die im Auto und interessieren sich für sonstwas, nur nicht fürs Konzert.«

Doch Siggi interessiert sich, nach wie vor. Vielleicht ist er als Maler ein bißchen viel mit Lösungsmitteln in Berührung gekommen, daß er ausgerechnet auf die Hosen abfährt – vielleicht ist es auch nur, weil er aus Cloppenburg kommt. Jedenfalls ist er bis heute dran geblieben, und inzwischen betrachte ich ihn als eine Art Boje für unsere Integrität: Solange Siggi noch da ist, kann noch nicht alles verkehrt mit uns sein.

Und dann kam »Alex«. Kein Kumpel von Siggi, kein neues Bandmitglied, sondern Alex, der aggressive Anführer der »Bratschniks« aus der Korova-Milchbar, wie sie Anthony Burgess 1962 für seinen Roman »Clockwork Orange« erfand. Nachdem Stanley Kubrick die Story zehn Jahre später zu einem genialen Film verwurstete, fiel die von Burgess erstellte Bühnenversion eines Tages dem Regisseur Bernd Schadewald in die Hände. Schadewald hatte Campi schon einmal in einem Film namens »Die Verlierer« eingesetzt und uns alle in einem Hamburger »Tatort« auftauchen lassen. Nicht viel später, im Mai '88, war an den Kammerspielen in Bad Godesberg eines dieser Stücke geboren, mit denen pfiffige Mitvierziger-Regisseure zu der Zeit versuchten, die »junge Generation« in ihre faulenden Musentempel zu lokken – die Neubauten wüteten gerade in Hamburg, bei Peter Zadek. Und nach einigem Zögern ließen wir uns dazu überreden, mitzuspielen.

Es hatte einige Debatten gegeben, ob wir auf das Angebot der Bonner Intendanz eingehen sollten. Für uns war die Geschichte von Alex und seiner Umerziehung durch die »Ludovico-Therapie« immer ein Kultbuch gewesen, und ein Kultfilm. Andererseits spürten wir den Dreh dahinter, mit unserem Namen und unserer Musik bloß die mutmaßlichen Wahlmiete-Abonnenten des Jahres 2000 zu ködern. Am Ende siegten die Liebe zum Stoff und die Neugier, wie das so ist, auf einer Bühne zu stehen und Songs zu bauen, deren Text vorgegeben ist. Und weil wir wußten, daß es um Staatsknete ging, hatten wir auch gut um die Gage gepokert – bis heute hat dort keiner gemerkt, daß wir die Backline immer zweimal berechneten.

Wie so oft in Deutschland, wenn es um die Darstellung von links- oder rechtsdrehenden Jugendkulturen ging, stimmte es dann aber weder dramaturgisch noch sprachlich genau. Alles war gut gemeint, wenn auch zu sehr am Film ausgerichtet, aber im Endeffekt sprang natürlich wieder eine Horde Kunstjugendlicher unter großem Lichtgeblitze aus dem Orchestergraben hervor und deklamierte Kunstjugendslang. Und diese geklonten »Figuren aus dem Leben« waren wir.

Aber die Bude war endlich mal wieder voll. Die Leute kletterten sogar durch die Fenster des Theaters im zweiten Stock, um dabei zu sein. Und wir, die Jungs von der Korova-Bar, fakkelten insgesamt ein halbes Dutzend Songs während des Stücks ab, die wir geschrieben hatten: »Hier kommt Alex«, »Farbe grau«, »Vorführ-Kriminelle«, »Zahltag« u.a. Die Besucher wurden mit Handzetteln vorgewarnt, daß es bei diesem Stück ein wenig lauter zugehen könnte, und man bot Ohrstöpsel an. Und damit waren die Elemente erfolgreich voneinander getrennt: Wer aus einer der zwanzig Vorstellungen rauskam, nahm die Idee mit, vielleicht mal das Buch von Burgess oder Kubricks Film einzusehen. Sehr Mutige nahmen sich eventuell noch vor, sich was von den Hosen zu besorgen. Nur von der Inszenierung sprach man nicht mehr, und die Bonner Bühnen waren bald wieder halbleer.

Wieder einmal hatte uns der sagenumwobene Hosen-Duselgeist geholfen, aus den mäßigsten Fremdproduktionen ohne Imageverlust hervorzugehen. Der gleiche Duselgeist hatte uns beschützt, als wir beim Formel-Eins-Streifen mitspielten und den peinlichen Soundtrack dazu als Mini-LP (»Battle of the Bands«) veröffentlichten, sowie bei verschiedenen Fernsehauftritten. Wann immer wir daneben lagen oder Durchschnitt waren, fiel es auf die Leute zurück, mit denen wir arbeiteten. Auf Regisseure, Dramaturgen und Talkmaster, die anderen eben. Wir selbst krochen aus allen Trümmern ungebrochen und ohne jedes Verantwortungsgefühl wieder hervor.

So ähnlich war es auch diesmal, obwohl das Stück nicht wirklich schlecht oder peinlich war. Es war ein interessanter Trip, diese Ego-Maschine von Theater zu erleben, wo jeder noch beim Verzehr einer Frikadelle in der Kantine eine ganz persönliche Aura herzustellen versucht – nur für sich und in Konkurrenz zu allen anderen. Es war gut bezahlt, wie gesagt, und es war fruchtbar: Wenige Monate nach der Uraufführung brachten wir die sechs Bühnenstücke zusammen mit sechs weiteren als Konzeptalbum heraus.

Wir hatten das Material zu »Ein kleines bißchen Horrorschau« an freien Abenden im Theater eingespielt und brüteten lange darüber, ob wir es überhaupt veröffentlichen sollten. Im Unterschied zu vielen anderen waren wir von seiner Durchschlagskraft nicht sehr überzeugt. Ursprünglich hatten wir »Hier kommt Alex« gar nicht ins Bühnen-Programm nehmen wollen, weil die Nummer uns etwas dünn vorkam. Es war Trini, unser Co-Manager und Trainer, der sie vor unseren Zweifeln rettete. Jetzt wurde die »Horrorschau« zum Chartbreaker, zur ersten Hosen-Scheibe, die es bis zur Platinauszeichnung brachte. Und »Alex« entwickelte sich sogar zu einem richtigen Hit.

Bis heute verdienen wir an »Alex« vor allem durch sogenannte Nebenrechte: Wann immer ein neuer Schlaukopf in den letzten Jahren ein TV-Feature von Fortuna Düsseldorf zusammensetzte, benutzte er unsere Single als Soundtrack für die Überleitung auf Trainer Aleksander Ristic. Jeder machte es so, denn ein jeder beim Fernsehen ist heute originell.

Wir waren ein »Top-Act« geworden in Deutschland, eine mittlere Bank für unsere Mutterfirma Virgin – die großen waren Mike Oldfield, Sandra und Simple Minds. Wir standen auf einem UEFA-Cup-Platz und sahen erleichtert zu, wie allmählich Geld in unseren Laden floß. Die Abschläge aus unseren ersten Verkaufserfolgen – »Rote Rosen« und Live-LP – schwappten in halbjährlichen Abständen herein und verteilten sich gleichmäßig auf unsere Konten.

Ende 1987 blieb zum ersten Mal ein Plus für uns zurück. Zum ersten Mal seit vielen Jahren erschien das Saldo auf meinem Konto unter der Rubrik »Zu Ihren Gunsten«. Nach jahrelangen vergeblichen Anläufen, wenigstens an ein kleines Heft mit Barschecks zu kommen, wurde mir auf »meiner« Bank plötzlich unaufgefordert eine EC-Karte ausgehändigt. Auf einmal begrüßte man mich namentlich und fragte höflich, ob ich schon vom günstigen Festzinssparen und ähnlichem Zauber gehört hätte (dumme Frage – hatte ich natürlich nicht).

War ich jetzt ein Popstar? Der Mann im Büdchen um meine Ecke zeigte mir eines Tages ein obskures Blättchen namens »Hanf«. »Guck mal«, sagte er, »sogar da steht ein Artikel über euch!« Dann lachte er. Wenn man in jeder Zeitschrift steht, braucht man Leute, die durch jahrelanges Training schon jeden Respekt vor einem verloren haben. Und davon gibt es in Flingern reichlich.

Ich war noch kein Tycoon geworden durch die Plattenerfolge. Der kleine Batzen auf der Bank war brutto, nicht netto – den Unterschied kannte ich schon. Und es war gut möglich, daß er für einige Zeit der einzige Futterring an meinem Zweig bleiben würde. Besser, ich ließ davon soviel wie möglich stehen. Nur einmal hatte ich mir bis zu diesem Zeitpunkt etwas wirklich Exotisches geleistet, und das ging auch gleich furchtbar daneben.

Zusammen mit meiner Freundin Ariane (für Statistiker: nicht Campis Ariane!) löste ich Anfang August '87 ein Ticket nach St. Lucia, wo wir ein Guesthouse für zwanzig Mark am

Tag mieteten. Palmen, weißer Sand, karibische Gesichter – der komplette Bounty-Kosmos. Aber dann kam am vierten Tag ein Anruf, die Band hätte einen Termin. Nina Hagen würde heiraten, ganz große Show auf Ibiza, und die Hosen mittendrin – ich müßte einfach kommen! Und ich kam.

Ariane wollte mich dafür fast umbringen, aber es war für die Band. Was immer für die Band war, hatte bei jedem von uns höchste Priorität. Es ging nicht gegen »die Weiber« dabei, sondern es ging einfach um die Band.

Aber die »Hochzeit« von Nina Hagen war ein Fake, eine lächerliche Zeremonie. Das Ganze wurde längst nicht so groß gefahren wie es angekündigt war. Es war popelig, um genau zu sein, und ganz definitiv nichts, wofür man seine Freundin nach vier Tagen allein unter den Palmen von St. Lucia zurückläßt. Wann immer ich mit Ariane dann in den letzten zwei Jahren unserer Beziehung Streit bekam, schmierte sie mir die Karibik-Katastrophe wieder aufs Brot. Nina Hagen wurde Arianes Joker.

HEY HO, LET'S GO – wir nahmen wieder Kurs auf europäische Hallen, nachdem wir im Oktober das letzte Mal an der Korova-Bar in Bonn gehockt hatten. Wenige Wochen nach einem kurzen Abstecher mit zwei Gigs in Litauen brachten wir uns in einem guten Dutzend Hallen zwischen Osnabrück und Amsterdam als Live-Band in Erinnerung. Die beiden ausverkauften Gigs an den Weihnachtstagen zu Hause im »Tor 3« wurden der krönende Abschluß des gelungenen Jahres, und sie begründeten eine kleine Tradition – fast jede Weihnacht, oder sagen wir: jede zweite, geben wir in unserer Heimatstadt ein oder zwei Konzerte.

Dann beging ich einen Fehler, aus Gutmütigkeit: Ich fuhr mit diesen Verrückten, diesen manischen Kletterern, Kiffern und Trunkenbolden, ausgerechnet in die Ferienwohnung meiner Eltern in Strobel am Wolfgangsee. Unser alljährlicher gemeinsamer Winterurlaub wurde diesmal ein Massaker. Oben auf dem Berg rutschten wir mit unseren Skiern über den Schlamm, zu dem ein viel zu milder Januar den Schnee zusammengeschmolzen hatte. Unser sogenannter »Großer Preis vom Wolfgangsee« wurde trotzig ausgefahren, aber alle fühlten sich bei den Bodenverhältnissen als Verlierer. Norbert/Heino war an einem der ersten Abende vom Barhocker gekippt und hatte sich einen Arm gebrochen. Und eines Nachts hatte Bollock, der damals noch keinen Führerschein besaß, unseren Leihwagen beim Einparken mit Vollgas genau auf die Hecke von Frau Hödelmoser gesetzt.

Keiner hatte eine Ahnung, wie die Karre in die Botanik unserer Nachbarin gekommen war; alle waren sturzbetrunken. Dann kam Frau Hödelmosers Sohn aus dem Haus, besah sich die Szene und befand genauso betrunken, daß dies doch ein guter Parkplatz wäre. Wir gaben auch noch ein Konzert im nahen Bad Ischl, zusammen mit einer örtlichen Bluesband. Durch die fortgesetzten Saufereien waren wir aber derart außer Form, daß uns die Jugend von Bad Ischl nicht abnahm, die auch hier bekannten »Toten Hosen« zu sein. Wer so schlecht spielte, konnte unmöglich schon ein paar Platten in die Charts gebracht haben. Übles Plagiat, ganz klarer Fall.

Alles war ziemlich grausam am Wolfgangsee – und alles würde ich sofort noch einmal wiederholen. Wo immer wir bei unseren Urlaubsversuchen zusammen auftauchten, wurde es chaotisch bis katastrophal, aber niemals langweilig. Wir konnten abstürzen und verunglücken, peinlich sein oder rausgeworfen werden, dann war das eben so. Doch ohne irgendwas Denkwürdiges ging es eigentlich nie ab.

Sind wir in Bad Ischl nicht auch noch aufgefordert worden, die Gemeinde innerhalb von vierundzwanzig Stunden zu verlassen? Kuddel und ein paar andere meinen, ja – aber ich kann mich nicht daran erinnern. Dafür sind wir zu oft irgendwo rausgeflogen. Ich weiß nur, daß wir nach dem Pleitenurlaub am Wolfgangsee die bis dahin unglaublichste und erfolgreichste Tournee unseres Daseins erlebten, von März bis Mai '89. Wenn wir auf die beliebte Journalistenfrage nach dem »Endgültigen Durchbruch« unbedingt etwas antworten müßten - ich würde diese Tour angeben.

In diesem Frühjahr wollten uns alle sehen. Wir spielten inzwischen fast nur noch in den größeren Hallen der größeren Städte, Hallen der Dreitausend-und-drüber-Kategorie, und wegen der großen Nachfrage spielten wir nicht selten an zwei Abenden hintereinander am gleichen Ort. Zweimal Biskithalle Bonn, zweimal Volkshaus Zürich, zweimal Tempodrom Berlin. Auch diese Zusatzgigs waren restlos ausverkauft. Jeden Abend sah man noch Fangruppen vor der Halle, die von der Abendkasse aus enttäuscht nach Hause schlurften. Diese Leute wollten wir auch noch bedienen; wir wußten sogar ziemlich schnell, wie.

Ich schnappte mir einen Mini-Verstärker, Modell »Pig Nose«, Kuddel und Breiti ebenso, Wölli nahm sich eine Snare-Drum oder irgendein anderes Schlagzeugteil mit, und Campi brüllte durch ein Megaphon. Dann stellten wir uns vor den Fans ohne Karten auf und improvisierten drei, vier Hosen-Stücke. Wir stiegen dafür auf die Motorhauben und Dächer der Autos vor der Halle, auf Balustraden oder sonstwas. Auch wenn hinterher ein paar Rechnungen für zerbeulte Karosserien ins Büro flatterten, war es eine geile Kurzshow.

Heute faselt jeder Herbert von »Unplugged« und »Roots« und »Low-fi«, wenn er mal von 64 auf 32 Spuren runtergeht.

Aber damals war es noch kein Trend, sich so zu geben. Es war einfach ein Spaß, vor dem offiziellen Gig schon mal eine Kinderportion Hosen-Sound zu verbreiten. Es ist einfach, Musik zu machen, wenn du damit lebst. Da ist immer ein Instrument in der Nähe, und wann immer dir danach ist, machst du ein bißchen Krach. Auf dieser Tour starteten wir komplette Busparties mit Spontan-Konzerten, die manche Auftritte in der Halle an echtem Dampf klar übertrafen. Wir spielten im Bus, vor der Halle, in der Halle, dann wieder im Bus – wir spielten eigentlich immer. Wo sich eine Gelegenheit ergab, nahmen wir sie in den Würgegriff.

Mitte April etwa hatten wir nach einem Auftritt in Offenbach einen freien Tag; schon der Gedanke daran kam uns schrecklich vor. Dann saßen wir im Bus nach Düsseldorf und beschlossen, bis Hamburg durchzuziehen. Von einem Rastplatz hinter Frankfurt aus riefen wir die Goldenen Zitronen an und beauftragten sie, am gleichen Abend einen Gig für sie und uns klarzumachen. Keine große Nummer, sondern was Kleines. Am Abend standen wir schließlich mit unseren Hamburger Freunden auf der Bühne des »Subito«, vor etwa hundert Gästen, während Jochen zuhause umsonst nach uns und unserem Bus fahndete.

Auf dieser Fahrt nach Hamburg haben wir ungewollt noch eine Journalistin der »Elle« von unserem Haufen verscheucht. Es war eine beliebte Nummer unter selbsternannten Starschreibern geworden, sich für ein paar Tage oder auch nur Stunden in unsere Karawane einzuklinken; das pralle Rock'n'Roll-Leben einatmen und jede Menge Stoff für eine plastische Story an Land ziehen. Aber nicht jeder (und nicht jede) hielt die echte Vorlage auch aus. Miss Elle rief mehrfach zur Ordnung, sie wollte ihr Elle-Gespräch führen, jetzt mal ganz ernsthaft. Aber keiner im Bus ging richtig darauf ein.

Der Pogo, von dem wir erzählen sollten, lief schon, und Miss Elle wählte konsequent die Welt der Wörter jenseits der Bustür. Sorry anyway, aber...

Der Bus war unsere Welt, die wir nach eigenen Vorstellungen gestalteten. In dieser Welt war es lustiger und aufregender und vertrauter und einfach besser als überall da draußen. Von München nach Böblingen blieben wir unterwegs im Starkbier-Brauhaus »Operator« hängen, ex und hopp und hackevoll. Und als wir weiterfuhren, entzündete sich eine gigantische Party für Pannemänner. Wir hatten eine Ramones-Scheibe in der Beschallung, voll aufgedreht, und ließen die Sau raus. Alle. One, two, three, four, cretins wanna hop some more. Sämtliche Kissen wurden aufgeschlitzt und aus den Federn weisse Bärte gebaut. Hosen-Scheiben wurden geknickt und gebogen, Zeitungen zerfleddert; alles in diesem Bus, einschließlich der Leute, wurde irgendwie geschändet.

Busparty...

Es war schließlich unser Bus, unser Leben. Four, five, six, seven, all good cretins go to heaven.

Als wir Böblingen erreichten, war der Bus nur noch eine Müllhalde auf Rädern. Es brauchte einige Stunden und zehn große Müllsäcke, das Chaos annähernd zu entfernen; die Gänsedaunen verstopften die Lüftung noch Tage später. Auch das ist Hosen-Kosmos: Du darfst unmöglich und verantwortungslos und destruktiv und obszön sein, wenn du nur für deine Laune eine Mehrheit schaffen kannst. Es gibt kein Niveau, von dem aus man nicht mehr versuchen dürfte, weiter hinunter zu steigen. Aber wenn schon absteigen, dann gemeinsam, denn im Verein ist Schwein am schönsten.

Die Erlöse aus den Tickets verwendeten wir zum ersten Mal nicht ausschließlich für unsere Unkosten und Begierden. Wir führten die Fortuna-Mark ein, denn unser Lieblingsclub befand sich an einem historischen Wendepunkt. Nach zwei Jahren bitterster Zweitklassigkeit schickte sich die Ristic-Truppe an, in die erste Bundesliga zurückzukehren. Aber dafür brauchte sie dringend noch ein paar Verstärkungen. Mit der Fortuna-Mark in den Ticketpreisen für 37 Gigs kamen bis Ende Mai stolze 150.000 Mark zusammen. Das reichte entweder gerade für einen jungen Amateurspieler oder für einen kleinen Teil an einem gestandenen Profi, wenn der Verein selbst noch mal das Siebenfache drauflegte.

Der Fortuna-Vorstand und wir entschieden uns für die zweite, solidere Lösung, denn die Mannschaft stieg im Sommer tatsächlich auf. Man holte neben einigen anderen den ghanesischen Nationalspieler von Fortuna Köln, Tony Baffoe, an dem wir durch unsere Aktion sozusagen Anteile hatten. Uns gehörte das rechte Bein von Baffoe, etwa bis zum Oberschenkel, also ein ganz wichtiger Teil. Und es war ein guter Nebeneffekt, daß wir auf der Tour auch in Köln-Mülheim aufkreuzten. Wir luchsten unseren Freunden vom Dom zuerst eine Mark für unseren Verein ab, dann gingen wir mit dem Geld, das dabei insgesamt rumkam, ausgerechnet bei ihrem Zweitligaclub einkaufen. Viele Fans in der Mülheimer Stadthalle pfiffen, als wir ihnen die Fortuna-Mark auf den Tikkets über Mikro ansagten, und übrigens nicht nur dort.

Das Prinzip ist ja ausbaufähig: mit dem Tombola-Erlös vom Gartenfest des Kanzleramts die Chaos-Tage in Hannover organisieren usw.

Überall gab es Auswärtssiege, (fast) überall passierte was. In Wien nahmen Hosen-Fans die Straßenbahnen auseinander, setzten einzelne Waggons in Brand. Nicht so gut: Wir durften von da an erstmal nicht mehr in österreichischen Hallen auftreten, nur noch in Zelten – es war ja nur ein Hallenverbot. In Böblingen ließen über fünftausend Leute die Sporthalle beinahe platzen, in Dortmund durften wir erstmals in

Mit Anthony Baffoe im Rheinstadion

die Westfalenhalle. Zwar nur die »Halle 3«, aber »Halle 1«, den deutschen Pop-Olymp mit 13.000 Zuschauern, sollten wir ein Jahr darauf auch noch knacken.

Beim Open Air-Festival in Konstanz, dem letzten Gig der Tour, gab es hinter den Kulissen dann noch einen ekligen Kleinkrieg. Weil die von The Cure T-Shirts für fünfundfünfzig Mark pro Stück verkauften, wollte man uns den Merchandising-Stand verbieten. Unsere T-Shirts lagen nur bei zwanzig Mark, und anscheinend sollten wir für den günstigen Preis bestraft werden. In solchen Fällen ist es gut, eine berühmte Rockband zu sein, denn du kannst diese Tatsache auch mal als Joker (»Dann treten wir nicht auf!«) ausspielen.

Es ist ein Schweineladen, dieses Geschäft, kaum besser als Plakatier-Kolonne. Was da hintenrum alles abläuft mit Merchandising-Prozenten und Rechten an Druck und Verkauf von Tickets, die sich Partner- und Tochterfirmen der Veranstalter von einem abklemmen wollen, ist zum Teil unglaublich. Du kriegst eher eine unabhängige Pizzeria im Garten eines Cosa-Nostra-Paten durch, als umfassende Autonomie im Popgeschäft. Nicht lachen, es ist so.

Ich habe Patrick im Hörer und ahne schon wieder, worauf es hinausläuft. Unser Büroleiter hat »Zwei, drei wichtige Dinge« entdeckt, die dringend noch abgeklärt werden müssen. »Drin-gend!«, betont er, das heißt in seiner Sprache: Eigentlich noch heute. Der gute Junge, ich könnte ihn manchmal mit dem Panzer überfahren.

Welche Fotos aus der Session mit Gabo sollen wir für das Booklet zur CD nehmen? Wie paßt Zamis Artwork dazu? Mit welchen Blättern sollen wir über einen Vorabdruck unseres Buchs verhandeln? Welche Talkshows sind akzeptabel, und muß es immer Campi sein, der seine Rübe hinhält? Seit wir eines fatalen Tages beschlossen haben, alle Dinge nach Möglichkeit selbst zu regeln, rennen wir heute fast täglich ins Büro und prüfen und palavern. Es ist nicht bequem, unabhängig zu sein. Wenn fast alles Chefsache ist und der Chef sechs Leute sind – die Band und Jochen –, bist du zu Überstunden verdammt. Und keiner weiß das besser als Patrick, der uns alle vom Büro aus koordinieren soll und immer wieder daran scheitert, obwohl er uns seit mehr als zehn Jahren kennt.

Seit wann eigentlich genau, Patrick, und überhaupt?

»Es ist eine elend lange Geschichte, wie ich in diesem Büro gelandet bin. 1980 war es die mit der Musik verbundene Rebellion und Aggression, die mich als halbes Kind zum Punk machte. Und diese bestimmte Mentalität: Scheiß auf alle Regeln und mach dein eigenes Ding! Es gehörte damals einfach zum guten Ton, irgendwas auf die Beine zu stellen. Viele gründeten Bands, manchmal jede Woche eine, andere organisierten Konzerte oder sonstige Aktionen. Mein Beitrag wurde ein sogenanntes »Fanzine«, eine kleine Punkzeitung mit Chaos-Layout und handgetippten Stories über Konzerte, Platten, Besäufnisse und das Leben als minderjähriger Punkrocker in Deutschland, wo man für eine zerlöcherte Jeans in schöner Regelmäßigkeit was auf's Maul bekam.

Ende 1982 erreichte mich per Post die erste Hosen-Single, addressiert an mein Fanzine »Primitiefes Leben«. Das war für mich damals eine Sensation, denn als Herausgeber einer solchen Minigazette war ich es gewohnt, die Platten, über die ich berichten wollte, zu kaufen. Da mit Punkplatten noch kein Geld zu verdienen war, war bis dahin noch niemand auf die Idee gekommen, obskure Hobbyschreiber damit zu bemustern. Viel wichtiger aber war, daß nach der ersten Euphorie und der anschließenden Stagnation in der Punkszene auf einmal wieder eine Band am Start war, die das ganze unbeirrbar fortsetzte. »Mit wehenden Fahnen werden wir untergehen«, lautete eine ihrer frühesten Songzeilen – das sprach mir voll aus dem Herzen. Ich gründete den ersten offiziellen Fanclub dieser Idioten (drei Mitglieder) – und reiste ihnen jahrelang hinterher. Bei einem Zuschauerschnitt von etwa fünfundfünfzig Leuten pro Auftritt entwickelten sich dadurch schnell familiäre, bis heute bestehende Seilschaften.

Ende der Achtziger, als ich bei einer Plattenfirma in meiner Heimatstadt Frankfurt Promotiontexte für Künstler verfaßte – viele davon zu schrecklich, um sie hier namentlich zu erwähnen –, erreichte mich dann ein Ruf aus Düsseldorf. Die Hosen suchten jemand mit solidem Punk-Background und Kenntnis der Strukturen eines großen Musikkonzerns, der bei ihrem damaligen Vertragspartner Virgin ihre Interessen vertreten konnte. Die folgenden Münchner Jahre wurden sowas wie meine Ausbildung für die eigene Firma »JKP« (Jochens kleine Plattenfirma), auf der die Hosen ihre Musik jetzt veröffentlichen.

Keine Konzernpolitik, keine Geschäftsführer, die man um Budgets anbetteln muß – es hätte so schön werden können. Aber das tägliche Brot jeder Band besteht ja nicht nur aus dem Musikmachen, sondern auch daraus, jeden Tag wieder Dutzende von Entscheidungen zu treffen. Dazu kommt der Nachteil, daß die Hosen demokratisch organisiert sind und ich keine andere Gruppe von Menschen kenne, deren Persönlichkeitsstruktur so grundverschieden ist. Jedes Thema, vom Spruch auf dem Anrufbeantworter bis zur Gestaltung des Plattencovers, wird in unseren sogenannten »Blauen Stunden« lang und breit erörtert, bis es endlich mal zur Abstimmung kommt. Da hat man dann nach stundenlangen Redeschlachten, oft am Rande körperlicher Gewaltanwendung, durch Diplomatie und geschicktes Taktieren endlich Mehrheiten für eine Entscheidung geschaffen – und dann gehen kurz vor der Abstimmung zwei Stimmberechtigte auf's Klo, und der fast angenommene Antrag ist plötzlich abgelehnt. Oder Entscheidungen fallen, weil jemand schlecht drauf ist oder müde oder auf einmal nach Hause will. In solchen Momenten spiegeln sich auch bei uns die Schwächen des demokratischen Systems.

Manchmal wünsche ich mir einen kleinen Band-Stalin, der in gewissen Notfällen die anderen mit allen notwendigen Mitteln wieder auf Parteilinie bringt. Der Gag am Erfolg der Hosen ist aber, daß die Herren es mitsamt diesem Chaos soweit gebracht haben. Ich könnte mich bepissen vor Lachen, wenn mir wieder irgendwelche Neunmalklugen erzählen, wie toll die Jungs ihre Karriere und diese »ausgeklügelten Marketingstrategien« geplant hätten. Totaler Quatsch! Die Toten Hosen sind bloß die mal mehr, mal weniger kontrollierte Katastrophe im klassischen Stil: Scheiß auf alle Regeln, mach dein eigenes Ding.«

So manche verlaberte Nacht habe ich mich gefragt, ob das den Aufstand überhaupt wert war. Es geht ja auch anders: Keine Kontrolle, keine Verantwortung – nur hundertfünfzig Launen, nach denen ich abnicke oder verwerfe, oder alles stumpf ertragen, was die Plattenfirma für mich beschließt. Vielleicht wäre es das schönere Leben. Aber wir haben es uns anders ausgesucht, und inzwischen sind wir unabhängig auf eine Art, wie keiner sich das damals vorstellen konnte.

Wir legen fest, wieviel ein Ticket oder ein T-Shirt maximal kosten darf, wir bestimmen, wo wir auftreten und wo nicht. Wir entscheiden, welches Cover das beste ist und welcher

Sound gefahren wird. Und wir suchen uns die Leute aus, mit denen wir zusammenarbeiten.

Ich will nicht das Wort »Familie« für unseren Verbund strapazieren, das ist zu ausgelutscht. »Familie« sagen auch Panasonic und Hertie und Mannesmann, und dann entlassen sie ihre Leute. Im Hosen-Kosmos sitzen aber jetzt Leute an den Hebeln, die meist sehr früh zu uns gestoßen sind. Männer und Frauen der ersten Stunde, die als Fans und Freunde hospitierten, wie Faust und Elmar und Patrick und Kiki. Kiki war am Anfang einer dieser Fans, die uns hinterhergereist sind. Irgendwann wurde er eingespannt, uns unterwegs zu helfen, und heute ist er unser Tour-Veranstalter, Chef einer eigenen Firma namens »KKT« (Kikis kleiner Tournee-Service).

Drei Dinge muß der Mensch haben, der bei uns einsteigt. Er/sie sollte erstens nicht nur mit uns trinken können, son-

Weihnachten im Kreis der Lieben:
Wir mit Bollock, Kiki, Jon, Faust, Elmar und Frank

dern auch das Kotzen mit Gelassenheit ertragen. Er sollte zweitens im Notfall dazwischengehen, wenn einem aus der Hosen-Crew Übles widerfährt. Und drittens sollte er über sich selber lachen können, sonst wäre er bei uns schnell beleidigt – weil wir ihn nämlich genauso selten ernst nehmen werden wie alles andere.

Wie haben wir zum Beispiel damals über Jochen gegrinst! Manager einer Punkband – der Mann mußte doch einen an der Waffel haben! Das hieß aber auch: er paßte zu uns. Einige harte Jahre lang hat Jochen sein eigenes Blut für uns gespendet, bevor er als gleichberechtigter Vampir von unseren Erfolgen saugen konnte. Wir haben bis heute keine einzige schriftliche Abmachung mit ihm, alles wird mündlich geregelt. Das geht nur, wenn einer im Kern genauso bescheuert ist wie wir selbst. Ja, auf seine Art war Jochen am Anfang sogar schlimmer. Vor ein Uhr mittags lag er einsatzunfähig zuhause, wahrscheinlich in einem Sarg, und ab nachmittags kochte er auf fünfzehn Feuern gleichzeitig. Dann mußten wir ihn suchen.

Wer der größere Punk von uns war, Manager oder Band, blieb unentschieden. Es lief fast alles genau anders als im klassischen Rock'n'Roll-Film: die Musiker ernsthaft, pünktlich und akkurat und der Manager unzuverlässig und verspätet. Eines Tages gab es einen historischen Krach zwischen ihm und Campi, und beide gingen mit roten Köpfen aufeinander los. Ein paar Tage später trafen sie sich auf ein Bier und sind seitdem dicke miteinander. Campi machte damals deutlich, daß Jochen uns als die Numero Uno in seinen Arbeitsalltag einzubauen hätte, und diese Botschaft hat Jochen verstanden. Er und Campi sind heute eine Fraktion, so wie Kuddel und Wölli eine sind (interner Slang: »Das Säuferzimmer«) oder wie Breiti und ich. Fraktionen, wohlgemerkt, die je nach Lage auch mal wechseln können, nicht »Flügel« oder »Parteien«.

Es gibt nach wie vor Tage, wo wir uns völlig in die Wolle geraten; vielleicht wird es heute mittag schon wieder so, wenn wir uns bei Patrick im Büro über die Fotos zur CD beugen. Kein Problem ist zu gering, um uns nicht vorübergehend in fünf, sechs verfeindete Lager zu spalten. Wenn es darauf ankommt, sind wir aber immer noch eine feste Koalition. Keine Ahnung, was uns immer wieder zusammenbringt. Man sollte vielleicht mal Kiki fragen, der uns seit den Anfängen auf Tour begleitet hat.

Weißt du es, Kiki?

»Vielleicht. Erstmal ist es ja nie so schlimm, wie es sich hier anhören mag. Ich bin sechs Jahre lang mit anderen Bands unterwegs gewesen, von den Ramones bis zu den Circle Jerks und Adicts und wasweißich. Aber ich habe keine Combo erlebt, wo es intern noch so gut gestimmt hätte wie bei den Hosen. Oft genug reduziert es sich leider auch bei Punkbands darauf, daß eine Haltung als Business durchgezogen wird. Das ist hier nicht so, auch wenn vieles durch die größeren Dimensionen heute schwieriger zu leben ist. Das liegt eben auch an dieser gut strukturierten Anarchie.

Campi dominiert deutlich bei allen Debatten in der Band, das macht aber eigentlich nichts. Wenn es darauf ankommt, zu entscheiden, zählt jede Stimme gleichviel. Wo es um zentrale Dinge geht, schalten sich auch die Stilleren, Kuddel und Wölli, in das Palaver ein. Das funktioniert ganz gut, und wenn wir irgendwo auf Tour sind, landen die acht bis zehn Leute vom innersten Kreis sowieso und jeden Abend wieder am gleichen Tisch.

Ich bin aber nicht objektiv, und ich lege großen Wert darauf. Ich bin den Jungs anfangs als Fan hinterhergereist und hab mal im SO 36 in Berlin die Kasse gemacht. Dann hat mich

Auf Tour in der Schweiz: Kiki und das Matterhorn

Jochen in die Sache reingezogen. Das ist wörtlich gemeint: Er zog mich in Jöllenbek durch das Fenster dieses Jugendzentrums, damit ich nicht zu löhnen brauchte. Dabei fragte er, ob ich nicht den Fahrer machen könnte (Tour-Management kam später). Heute gibt es neben meiner Freundin niemanden, der mehr über mich weiß als die Band.

Man hält an den alten Kumpels fest und lernt wenig neue Leute kennen, wenn man einmal dreißig und drüber ist. Das ist auch bei den Hosen so, und das könnte mal gefährlich werden, wenn der Kontakt zur Basis abreißt. Breiti sagt manchmal: »Ihr müßt uns sagen, wenn was zu stinken anfängt.« Darauf komme ich mal zurück, wenn es soweit ist. Im Augenblick aber halten sich Humor und Ernsthaftigkeit noch die Waage. Die Pornos werden inzwischen gekauft, nicht mehr geklaut, und wer das schon »bürgerlich« findet, soll das meinetwegen tun.

Zehn Jahre gebe ich denen noch, wenn sie in der Formation zusammenbleiben. Dann stelle ich sie halbtags in meiner Konzertagentur an und drehe mit ihnen einen Lehrfilm für weiterführende Schulen, über die Spätfolgen der Nachtarbeit.«

Wir hatten für unsere Verhältnisse eine riesige Tour gespielt, aber das Jahr 1989 war noch immer nicht um. Was lag näher, als es noch ein paar Mal auf der großen Live-Schanze auszuprobieren? Die Einladung einer französischen Band, Berurier Noir, brachte uns am 9. November ins »Olympia« nach Paris. Ich weiß es so genau, weil wir an diesem eher mittelmäßigen Abend etwas Wichtiges verpaßten. Stell dir vor: Du bröselst im Quartier Latin am nächsten Morgen so ein blödes Croissant auseinander und liest mit deinen Französisch-Brocken irgendwas von der Mauer in Berlin in den Zeitungen, dick und fett auf allen Titelseiten.

Ein paar Telefonate nach Deutschland setzten uns dann schnell ins Bild. Unser erster Gedanke war diesmal genau der richtige: Wenn die Mauer gefallen ist, müssen wir sofort nach Berlin! Wir wollten nicht »Hurra« schreien, wir wollten es einfach sehen – die Mauer gefallen, das war so ungeheuerlich, als wären Marsmenschen auf dem Brandenburger Tor gelandet. Nur Kuddel paßte die Wiedervereinigung eigentlich nicht, jedenfalls nicht jetzt: Er wollte lieber zu seiner Susi, die gerade Geburtstag hatte.

Noch in Frankreich machten wir unsere Teilnahme an einem großen Festival mit Paul Young und Joe Cocker klar, das zwei Tage später in der Deutschlandhalle stieg. Es war eine einzige große Party, die in Berlin tobte, wie Chaos-Tage für die ganze Familie. Selbst die Politiker, die natürlich sofort auf der Welle der Emotionen surften, konnten das Hochgefühl nicht vermasseln. Es war Momper, der zwischen den verschiedenen Bands des Festivals immer wieder die Ansage machte, welcher Grenzübergang gerade geöffnet wurde – ganz so, als hätte er die Mauer mit seinem Heimwerkerbohrer persönlich gelöchert. Immer wenn du dachtest, jetzt ist das nicht mehr zu steigern, legte eine neue Nachricht, eine neue Euphorie noch ein Brikett drauf.

Ich dachte an unsere Ostberliner Fans, die '82 mit uns in dieser Kirche standen, und von denen uns '83 einige bis nach Budapest nachgefahren waren. Damals durfte ich an der Friedrichstraße wieder raus, und sie blieben drin. So einfach war das, so scheiße. Jetzt tobte da ein Pogo, auf den konnten die Politniks nur noch hilflos reagieren. Es war schon klar, daß bald massive Probleme beginnen würden. Aber in diesen Tagen hatten die Leute einfach ein Recht darauf, euphorisch und besoffen und völlig optimistisch zu sein.

Wir verließen die Party und kehrten ein paar Wochen später zurück, um in Berlin noch zwei denkwürdige Gigs hinterherzuschieben. Zuerst spielten wir im Frauenknast am Plötzensee, dann bei den männlichen Insassen der Justizvollzugsanstalt Tegel. Es waren unsere ersten Auftritte hinter Gittern, und es war das, was man so gerne eine »echte Erfahrung« nennt.

Wer im Gefängnis spielt, hat fast immer einen Punktevorsprung – die Leute vor einem sind eigentlich schon froh, daß überhaupt mal etwas abgeht in ihrem kleinen Karton. Für uns waren die Szenen danach aber viel wichtiger. Wir konnten mit den Frauen reden, die meist »BTMs« (Delikte gegen das Betäubungsmittelgesetz) oder Abschiebe-Häftlinge waren. Und wir konnten mit einigen der Männer reden, die in Tegel einsaßen.

Eine harte Umgebung, in die man da mal eben einsteigt. Aber es hat einen ganz bestimmten, nicht genau zu erklärenden Wert. Plötzlich sitzt du da mit einem Mörder und seinem Kumpel und schlürfst den Schnaps, den sich die Jungs an den Heizungsrohren gebrannt haben, irgendwie. Die fangen an zu erzählen, und du erzählst auch was, und auf einmal bist du mitten in einem sehr guten Gespräch. Warum und wie und über was – ich kann es mit Worten nicht erklären.

Schon davor hatten wir den »Kreuzzug ins Glück« gestartet. Wir waren mit einem Dutzend Songs und einem Haufen loser Schnipsel, aber ohne großes Selbstbewußtsein, in die Düsseldorfer »Klangwerkstatt« gezogen, um unsere erste reguläre Platte seit langem einzuspielen. Es sind ja immer die gleichen Zweifel, die einen dann antreiben, und ihr Kern lautet: Haben wir es noch drauf, wenigstens für zehn, zwölf weitere Songs?

Bald sagte das fertige Material zu uns: »Ich bin zwei Platten!«, und wir feilten weiter. Inzwischen hatten wir keine

Zeitnot mehr, niemand mußte für zwei weitere Studiotage Plakate kleben gehen. Uns fehlte also, was der klassische Pop-Soziologe den »echten Hunger« nennt, den eigentlich sowieso nur »Die aus dem Ghetto« haben. Aber darauf konnten wir gut verzichten, solange wir dafür ohne übertriebene Hektik unser Zeug einspielen konnten. Es gab keinen Druck von der Plattenfirma, die Produktionskosten gingen auf unseren Deckel. Als wir fertig waren, hatten wir ein Patchwork aus Songs und passenden Zwischenstücken zusammen.

Nicht zuletzt war die »Willi-Trilogie«, die wir mit Gerhard Polt aufnahmen, ein gescheites Intermezzo. Es gab schon länger einen guten Draht zu Polt, der auf unseren Auftritt beim WAA-Festival '86 zurückging (in Burglengenfeld hatten ja auch die Biermösl Blosn gespielt, mit denen Polt eng zusammenarbeitete). Mit der Idee zu »Willi« kam die Gelegenheit, sich zusammen zu tun. Campi fuhr nach Miesbach und zerrte den guten Gerhard ins Tonstudio von Hanns Christian Müller, Polts Co-Autor und mittlerweile unser Ratgeber und Freund. Dann wurde das »Kurzdrama in drei Akten« mit viel Vergnügen eingespielt.

Aber durften wir das eigentlich – Kooperationen mit richtigen Künstlern, Statements zur Politik? Mit den Erfolgen der letzten Jahre war inzwischen auch eine Gegen-Revolution in Sachen Hosen entstanden – ein Protestmarsch aus Enttäuschung darüber, daß wir in den Augen einiger keine richtige Bürgerschreckband mehr waren. Daß wir uns scheißkonstruktive Bemerkungen herausnahmen oder Samstag abends im Familienfernsehen auftraten. Und an der Spitze dieser Pseudo-Fundamentalisten schritt ausgerechnet das bürgerliche Feuilleton.

Es waren die Abschmecker der FAZ, die herausfanden, daß nicht mehr genug Zerstörung und Auflehnung und Verweigerung, also nicht mehr genug Punk in der Suppe war. Wo blieben die wilden Kids und der Hunger und die brennenden Mülltonnen, wenn jetzt auch die Hosen nur noch aus Marktkalkül provozierten? Wer rettete für die fest angestellten Kulturredakteure den deutschen Underground?

»Der Begriff Punk ist schlicht Etikettenschwindel«, klagte die FAZ anläßlich der Veröffentlichung unserer Doppel-LP. »Die Band macht eigentlich Pop-Rock, gelegentlich im Tempo der schnelleren Variante Heavy Metal, darüber hinaus huldigt sie munter dem modischen Stilzitat von Reggae bis Rap.« Das galt im Juli '90. Zwei Monate später, im September, enthüllte dann ein weiterer FAZ-Artikel, daß die Hosen ihrer Musik »im wesentlichen seit ihrer Gründung 1982 treu geblieben« waren. »Drei Akkorde, monotoner Draufhau-Beat und ein Chorgesang, der verdächtig nach Kasernenhof klingt, sind noch immer ihre Markenzeichen.«

Wie fertig waren wir eigentlich, wenn man uns nun schon im Frühstücksblatt der Nadelstreifenhörnchen zu konservativ und zu militant fand? Immer noch die gleiche alte, stumpfe Punkmusik, von der sie aber leider längst abgegangen sind – vielleicht hatte ich ja auch schon zuviel Kleister im Schädel, um so schwierige Zeitungen zu verstehen.

Die mit dem Sarg sind da

Die Polizeistreife fuhr gleich am frühen Morgen vor der Ferienwohnung am Timmendorfer Strand vor. Sie ließ den Tatverdächtigen keine Zeit mehr, Spuren zu verwischen. Die Verdächtigen: fünf Musiker und mehrere Begleiter, alle sehr nachlässig gekleidet; Milieu-Zuordnung »Punker«. Die Tat: illegale Abtreibung. Vermutlicher Fundort der Überreste: mitgeführter Kindersarg auf rotem BMW (Kennzeichen überprüfen!). Vorgehen: Hinweis überprüfen, Tatverdächtige gegebenenfalls festsetzen.

So stehen sie bald gemeinsam vor dem knallroten BMW, die Uniformierten und die Musiker, und werden zusammen Zeuge, wie einer der Jugendlichen die schwere Kette öffnet, mit der der Sarg auf dem Auto befestigt ist. Die Kette rasselt hinunter, der Sarg wird geöffnet – und vier unblutige Elektrogitarren kommen zum Vorschein, die am gestrigen Abend noch im Vereinsheim Strand 08 sehr vernehmlich am Leben waren. Schmeiß einen Stein ins Wasser, und du weißt nicht, wohin er fällt. Es war die Idee der Toten Hosen, zu ihrer Anfang August 1983 begonnenen Tour die Betriebskosten zu senken: Ein Kindersarg à vierhundert Mark ist billiger als vier aufwendige Gitarrenkoffer. Es war der Kunstgriff, diese Sparmaßnahme als Markenzeichen auszugeben. »Die mit dem Sarg sind da« wurde zum selbstgewählten Motto der Tour, und dabei hatten sich die fünf Bandmitglieder nicht mehr gedacht als die berühmten drei Chinesen mit dem Kontrabaß. Oder sagen wir: nicht viel mehr. Was dann folgte, war eine Kette von Schwierigkeiten, so dick wie jene auf dem Dach von Trinis Wagen. Es war, mit einem Wort, die große Kindersarggitarrenkofferkatastrophe.

An allen Grenzübergängen müssen die Hosen, die auch in der DDR, in Österreich und der Schweiz spielen, ihr Dachgepäck ablassen, müssen Fragen beantworten und werden

Die mit dem Sarg: Mittagspause am Straßenrand 1983

peinlich genau durchsucht. Die jedes Mal ergebnislose Prozedur bringt die Ansage der bürgerlichen Internationale aus Grenzbeamten aller Länder und Systeme deutlich rüber: So etwas macht man nicht, egal warum. Eine deutsche Mutter, die ihr Kind vor kurzem verloren hat, deponiert einen Brief; darin die Frage, ob man wüßte, wieviel Leid sie in ihrer Lage zu ertragen hat. Nur ein paar Biker heben mehrfach zustimmend den Daumen, als sie unterwegs von dem BMW mit seinem Dachgepäck überholt werden.

Und dann Timmendorf: Nachbarn verständigen die Polizei, weil sie im Kindersarg einen abgetriebenen Fötus vermuten. Es ist, wie die Beamten an jenem Morgen entdecken, die Ausgeburt ihrer eigenen Phantasie. Dennoch gibt man den Fremden ohne weitere Erklärung zu verstehen, daß sie sich binnen vierundzwanzig Stunden aus dem schönen Badeort zu schaffen haben. Ähnliche Wild-West-Behandlung durch verwirrte Sheriffs und Marshalls wird der Band später noch einige Male widerfahren – in Koblenz wird sie 1985 ohne Angabe von Gründen verhaftet, in Karlsruhe erhält sie ein Jahr später Auftrittsverbot.

Dabei hatte alles so nett begonnen. Der Auftritt im Clubhaus von Strand 08 war, wie so oft, in eine kleine Party übergegangen. Am Ende wurden die fünf Bandmitglieder von vier jungen Mädchen in dieses Wochenendhaus gelockt, das sie zusammen angemietet hatten. So fangen eigentlich die besseren Geschichten an. Dann kamen nacheinander der »Hinweis aus der Bevölkerung«, die Durchsuchung und der Platzverweis. Und ein knapp verhinderter Eklat: Fast hätte Breiti beim rückwärtigen Ausparken zur Heimfahrt noch einen Kinderwagen überrollt, wie um den wilden Verdächtigungen um die Band neue Nahrung zu geben.

»Und kommt bloß nicht wieder!«, ruft dem alten BMW ein Trupp der Timmendorfer Müllabfuhr noch hinterher. Daran haben sich die Hosen bis heute gehalten. Die Nummer mit dem Sarg aber blieb auch nicht mehr lange. Die ominösen fünf konnten bald das Kettengerassel nicht mehr ertragen, das jedem Griff nach den Instrumenten unweigerlich vorausging. Auch fand besonders Andi, daß der kleine Kasten »für das Geld saumäßig verarbeitet« war. Und damit war er in der Kindersarggitarrenkofferkatastrophe der einzige, der bis zum Ende immer sachlich blieb.

5
Flingern – Rio und zurück

Von meinem Fenster im vorderen Zimmer aus blicke ich, Breiti, auf drei Schlote in unmittelbarer Nachbarschaft. Zwei davon gehören zum Kohlekraftwerk am Flinger Broich; der dritte, etwas weiter links gelegene, ist sozusagen das Auspuffrohr der Müllverbrennungsanlage. Zusammen ergeben die beiden Anlagen nicht nur eine schöne Kulisse für die Stunde, wenn sich in Flingern sogar die Sonne verpißt. Sie sind für mich auch eine Versicherung, daß man hier in naher Zukunft weiter ungestört leben wird. Solange die Dreckspötte dort stehen, werden wir hier von zuziehenden Designerpaaren ohne Kinder und drastischeren Mieterhöhungen mit Sicherheit verschont bleiben. Solange wird mir eine Umgebung erhalten bleiben, zu der mir noch immer ein paar Ideen für neue Songs einfallen.

Es ist nicht das lupenreine Arbeiterviertel, dieser Straßenzug zwischen Dorotheen- und Ronsdorfer Straße und den Bahngleisen, das nicht. Eher eine Kreuzung aus allen möglichen Welten, die hier nebeneinander existieren. Wenn ich über die Straße gehe, wie jetzt, als ich meine Karre für die Fahrt ins Studio suche, kommen mir auf fünf Metern eventuell sechs völlig verschiedene Gestalten entgegen. Hausfrauen mit Plastiktüten und echten Kindern am Handgelenk, Rentnerinnen mit kleinen Hunden, die hinter die Laterne kacken, Studenten, Türken, Griechen, versprengte Autonome. Es gibt einen unabhängigen Plattenladen um die Ecke und den griechischen Grill, die »Flurschänke« und einen Aldi-Markt, vor dem sich ein paar Typen jeden Morgen um halb neun bereits den ersten Flachmann an den Hals setzen. Es gibt die Stadtbücherei und den Tschibo-Laden, und es gibt diese merkwürdigen Partnerlook-Pärchen im Trainingsanzug, die hier samstagvormittags mit Otto-Mess-Tüten zwischen den Beinen herumstehen und rauchen. Es gibt hier fast alles, was

»Nicht besonders gut, aber immer so schnell wie möglich«: Breiti bei der Arbeit

man im feinen Oberkassel oder im Fernsehen kaum noch findet.

Andi wohnt gleich nebenan, die Frau vom Weingeschäft genau gegenüber. Wenn da Party ist, kann ich es durch die Fenster sehen; das spart die Einladung. Und wenn etwas mit meiner Karre ist, gehe ich zu Micky. Micky repariert Autos, wochenlang. Er hat keine Werkstatt und vermutlich auch keinen Meisterbrief, aber er hat Ahnung – und er bringt die Kiste in Ordnung, irgendwann. Das Wichtigere ist sowieso, daß man bei ihm steht und redet. Micky hat Autos nach Syrien überführt und kennt einen Scheich aus Saudi Arabien, den er Trini schon lange mal vorstellen will. Aber irgendwas kommt immer im letzten Moment dazwischen. Die Geschichten vom Scheich sind aber gut, ob sie nun stimmen oder nicht, und so ist es auch mit Micky. Man kann den ganzen Tag lang

Blödsinn erzählen und doch ein guter Kerl sein, kein Problem.

Es gibt immer einen Micky oder Siggi oder Ralle in den Vierteln, wo man es aushalten kann, und es gibt auch eine bestimmte Art, sich gegenseitig zu ertragen. Als ich mit zwanzig auf die Bruchstraße zog, Andi gegenüber, gab es da einen Typ, der ab und zu nachts um drei plötzlich seine Anlage voll aufdrehte. Niemand dort hat deswegen einen Aufstand gemacht. Wenn einer ein Problem mit irgendwas hatte, sagte er es irgendwann, aber er rief nicht nach der Polizei.

Das einzige Mal, wo ich da einen grün-weißen Wagen gesehen habe, klingelten sie bei Andi. Das war aber, weil sie was über seinen Vormieter wissen wollten, den sie gerade wegen einem der dämlichsten Banküberfälle seit den Daltons festgesetzt hatten. Echte Bruchstraßen-Story: Der Kerl ruft einen Nachbarn an, gleich würde er ihm seine Schulden zurückzahlen, geht mit einer Knarre in eine Bank in Mönchengladbach, packt sich die Achtzehntausend ins eigene Auto, mit Original-Nummernschild, und fährt damit auf kürzestem Weg nach Hause. Sie haben ihn schon gekascht, als er sich dort gerade einen Parkplatz suchte. Zwei Nachbarn haben die Stelle noch nach Drogen abgesucht, weil sie ihn für einen Dealer hielten. Er war aber nur ein ganz gewöhnlicher Trottel.

Ich kann nicht behaupten, daß wir unsere Musik für solche Leute machen, das wäre völliger Quatsch. Aber für bestimmte Ideen ist es sicher kein Nachteil, hier zu wohnen. Wir saßen mal vor unserem alten Proberaum an der Fichtenstraße, als diese Jungs mit dem Manta an uns vorbei bretterten. Lauter Mickys und Siggis und Ralles, alle in dieser aufgemotzten Karre, die Schrott war, genau wie unsere. Das war in dem Moment einfach ein gutes Bild, und aus dem Bild entstand ein Song, »Opel Gang«. Es ging darin um eine bestimmte Art, mit seinem Auto umzugehen, weniger um die Marke. Nicht perfekt, aber immer volle Pulle voraus und im eigenen Stil – davon konnte man für die nächsten zwölf Jahre mit einer Band durchaus was übernehmen.

Die Doppel-LP war eingespielt, aber noch nicht erschienen; die Tage und Nächte im Studio hatten allen schwer zugesetzt. Es war der erste gesamtdeutsche Frühling, April 1990, als wir den nächsten gemeinsamen Bandurlaub beschlossen. Zu den Gitarren packten wir diesmal die Fahrräder in den Bus, und ab ging es durch den wilden Osten. Tagsüber wollten wir die neue Welt zwischen Gera und Usedom durchkämmen, am Abend einkehren und hier und da musizieren. Tatsächlich kam es dann aber so, daß alle beim ersten Regentropfen in den Bus flüchteten oder sich auflesen ließen, wie die Rohrkrepierer bei den Radprofis vom »Besenwagen«. Es war einfach nicht zu vertuschen, daß wir körperlich ausgebrannt waren.

Spontan-Gigs in kleinen Clubs in Halle, Dresden oder dem ehemaligen Ostberlin stiegen trotzdem. Es lag eine eigenartige Stimmung über dem Land, eine Mischung aus Unsicherheit und verhaltener Anarchie. Die alten Herren waren weg, das war offensichtlich, und die neuen waren noch nicht da. Im Radio waren plötzlich neue, freie Sender zu hören mit guten Programmen, witzig und respektlos gemacht (auch diese Keime wurden in der Mehrzahl bald gekappt). Andererseits konnte man auch in den kleinsten Orten Jugendliche treffen, die nur beinharte, rassistische Sprüche über Ausländer klopften, allerunterste Schublade. Wir erlebten aber auch witzige Geschichten. Zum Beispiel, als uns in Leipzig eine Polizeieskorte nach einem Konzert im Spätsommer von der Halle bis zur Autobahn begleitete, einfach weil es dort anscheinend so üblich war. Mit eingeschaltetem Blaulicht lavierte man uns über sämtliche roten Ampeln hinweg, während wir mit einem guten Joint in unserem Bus die Fahrt genossen.

Dann begann der »Kreuzzug ins Glück«. Es sind zwei Paar Schuhe, von der Nr. 1 der Hitparade bloß zu hören oder zu reden, oder es zu sein. Jahrelang hatten wir diesen Mythos von einer absoluten Spitze eher seltsam und nicht besonders aufregend gefunden. Aber mit der Doppel-LP kam der große Tag. Wir waren unterwegs auf Promo-Tour und gaben gerade Interviews im Hamburger Virgin-Büro, als Silvia Bell von der PR-Abteilung plötzlich vor dieser Glastür zum Konferenzraum stand und einen handgemalten, großen Zettel an die Scheibe preßte; darauf stand »1«.

Numero Uno, Number One - und das mit einer Doppel-LP. Ich müßte lügen um zu behaupten, daß mir das völlig egal gewesen wäre. Ich bin vielleicht nur aus trockenerem Holz als der Rest der Band, der darüber ziemlich euphorisch wurde. Wir hatten davor bereits Platten in den Charts gehabt, hatten auf Festivals und Tourneen regelmäßig die Bude brummen lassen - völlig überraschend kam es also nicht.

Ich mußte mich deshalb nicht mit Champagner vollaufen lassen oder bis zur Kotzgrenze gehen. Ich fand es eher gut, daß wir am gleichen Abend noch zum Konzert von Sator ins »Logo« gingen und noch einmal die andere Seite des Mondes zu Gesicht bekamen. Die schwedische Band, von der wir immer Fans waren und die wir deshalb auf unserer nächsten Tour mitnehmen wollten, spielte in dieser Nacht vor zwanzig zahlenden Zuschauern.

Erst bei unserer zweiten Nummer Eins, »Kauf mich!«, war es auch für mich ein ziemlich geiles Gefühl. Der zweite Triumph ist wie das zweite Tor in der achtzigsten Minute, wenn man selbst bis dahin seinen Kasten dicht gehalten hat: Es ist die Bestätigung der überlegenen Spielweise, setzt die Marke – auch wenn ich selbst die Chartposition nicht für ein Qualitätsmerkmal halte.

Ich wähnte mich auch nicht im Schlafzimmer der Götter, als wir im Müngersdorfer Stadion in Köln vor den beiden Stones-Konzerten spielten. Die Rolling Stones waren groß und Geschichte und Tradition, ohne Zweifel, aber was hieß das schon? Tatsächlich war es so, daß wir eines Abends zu einem ihrer Gigs losgingen, um zu sehen, ob sie live akzeptabel waren – daß sie uns haben wollten, war schon klar. Oder hätten sie Modern Talking nehmen sollen?

Wir fuhren zusammen nach Hannover, um uns die Combo mal anzusehen. Als Trini und Campi nachher ihre Karre aus der Tiefgarage eines Hotels holten, kam ihnen die Limousine von Bill Wyman entgegen. Campi stoppte den Wagen, weil er Kleingeld für den Parkschein wechseln wollte, und Trini fing inzwischen einen Small Talk mit Wyman an. Zwei Punks von der Straße, die den großen Rockstar aufhalten – der Chauffeur wurde so nervös, daß er den beiden tatsächlich zwei Fünfer aus dem Wagenfenster warf, um sie loszuwerden. Wyman blieb cool, nur sein Fahrer preßte irgendwas wie »Ihr geht jetzt besser!« hervor. Trotzdem konnte er nicht verhindern, daß sie Wyman beim Rumfummeln an Mandy Smith beobachteten – oder war es die Gewinnerin aus einem Double-Wettbewerb?

Der Einakter in der Tiefgarage machte fünfzig Prozent unserer gesamten Erlebnisse mit den Stones aus. Während der beiden Gigs in Köln kam es noch einmal zu einer Art Zusammentreffen, als Faust im Backstage-Bereich Mick Jagger aus Versehen umrannte. Sonst gab es absolut keine Berührungen. Die Stones saßen auf einer eigenen Etage in den Stadion-Räumlichkeiten und ließen ihre Leute alles mit uns regeln. Darin war man allerdings großzügig: Es wurde kein einziger von den Tricks versucht, mit denen der »Main Act« gerne mal einer Vorband ihren Auftritt versaut. Niemand sagte, wir dürften nicht über die volle Anlage spielen. Kein Mensch verwehrte uns die Zeit zum Soundcheck. Selbst die Video-Leinwand konnten wir benutzen. Es gibt nichts Schlechtes über die Rolling Stones zu sagen – es gab sie nur einfach nicht. Wenn das also ein besonderer Tag gewesen sein soll, dann höchstens für das Stadion.

Endlich war diese Aufbahrungsstätte für scheintote Profikicker mal randvoll gefüllt mit Leuten. Sie kamen zwar nicht, um die Untoten des 1. FC Köln zu erleben, sondern die Stones – aber zur Strafe dafür mußten sie vorher eine Düsseldorfer Band ertragen.

Fußballstadien wurden in diesem Jahr unsere Wohnzimmer. Im Rheinstadion litten wir mit der Fortuna, die sich immer zwischen Platz 13 und 18 in der Bundesliga herumdrückte, wenn sie nicht gerade Fahrstuhl fuhr – das rechte Bein von Baffoe, das wir gespendet hatten, wurde auch schon deutlich langsamer. Aber für wen litten wir eigentlich während der Fußball-WM in Italien? Wir hatten an Trinis abgeschleiftem Mercedes den Taz-Aufkleber angebracht, weil wir für die alternative Tageszeitung eine WM-Kolumne verfassen sollten, und bretterten damit zwischen Bari und Bologna kreuz und quer über die Autostrada. Immer volle Pulle, immer linke Spur – rechts blieb so mancher Taz-Abonnent auf Toscana-Kulturlaub mit seinem Vernünftigkeits-Panda offenen Mundes zurück. Die Diskussion um das unterstützungswürdigste Team ließ die Band aber fast auseinanderfallen.

Campi favorisierte wie immer das englische Team, Andi und ich hielten es eher mit Brasilien und Kamerun, Trini ging wieder eigene Wege und setzte zwischenzeitlich mal auf Costa Rica. Für die deutschen Rasenkraftsportler um Lothar Matthäus rührte sich dagegen kein Herz; Wölli und Kuddel, unsere beiden Zwangsdelegierten, hielten sich, wie vorauszusehen war, weitgehend raus. Mit diesem komplizierten Sozialgefüge mieteten wir uns für vier Wochen in der Pension Concordia am Gardasee ein, unserem Hauptquartier, und schwärmten von dort fast täglich sternförmig in alle Windrichtungen und WM-Stadien aus. Was wir dabei erlebten, wurde in Deutschland täglich in den »Leibesübungen« der Taz aktenkundig.

»Rätselfrage: Was trägt unten schwarzes Turnhöschen, in der Mitte schwarz-rot-gold-gestreiftes Hemd, ist leicht übergewichtig und hat im Gesicht einen Oberlippenbart?

Auflösung: 40.000 deutsche ADAC-Mitglieder im Meazza-Stadion zu Mailand. Verzweifelt und chancenlos suchen sie den richtigen Klatschrhythmus, während sie mit brünftigem »Sieg-Sieg«-Geheul »unser geniales Team« anfeuern und ihre Impotenz überspielen. Sie bezeichnen ihre Gegner als »Kakteenpflanzer«, »Kameltreiber« und »Scheiß-Kommunisten« und wundern sich immer noch unsäglich darüber, daß hier sämtliche Schilder und Wegweiser in Italienisch und nicht in Deutsch darüber Auskunft geben, wo es zur Toilette und wo es zum Bierstand geht. Das sind die Fans, auf die Lothar Matthäus so stolz ist.

Daß es auch anders geht, kann man hier alle Nase lang sehen. Beispielsweise die Party beim Schottland-Brasilien-Spiel. Wer hier nun ein Schotte war und wer ein Südamerikaner, das war oft schwer festzustellen, da jeder mit jedem Bekleidung und Souvenirs tauschte, um sich sogleich in die Arme zu fallen.

Brasilianerinnen bringen umherspringenden Briten in ihren Kilts Lambada bei, und nach einem Platzregen liegen alle in einer riesigen Wasserpfütze, spritzen sich gegenseitig voll, bauen Staudämme oder nutzen einfach mal die Gelegenheit, sich zu waschen. Um solcher Szenen willen sind wir nach Italien gereist...« (Kolumne vom 22. 6. 90).

Liest sich doch ganz lustig, oder? Aber es war hart, jeden Vormittag mit fünf Grappaschädeln wenigstens fünfzig brauchbare Kurzzeilen zusammenzutragen, richtige Arbeit war das. Zum ersten Mal bekamen wir die ganze Erbarmungslosigkeit einer Schreiberexistenz zu spüren. Und auch das Turnier war wie die restliche Welt: Die den Spaß verbreiten (Brasilien, Kamerun) sind im Viertelfinale draußen, und die Humorlosen lachen am Schluß – feist und unerotisch. Aber Andis Autocrash vor dem Stadio Bentegodi in Verona, komplett mit Massenpalaver wie aus einer ARAG-Werbung, die Hotelzimmerzerstörung im Rechnungswert von 215.000 Lire, das Fußballspiel gegen die Angestellten-Elf der Pension Concordia (9:2 für uns) und nicht zuletzt die Tochter von Klaus Fischer – das alles und mehr war es wert gewesen. Die Welt war schlecht, das Leben schön. Forza Italia, Forza Flingern!

Ich wollte Fussballprofi werden, nicht Rockmusiker, als ich in die Untertertia kam. Aber es war nicht der erste und einzige Selbstversuch in der Welt der verschwitzten Ekstasen. Ich hatte mich vorher im Judo versucht, in Basketball und in Leichtathletik, immer zwei Jahre in irgendeinem Verein. Dann kam Fußball und damit der Versuch, es wie Heiner Baltes hinzukriegen, der eisenharte Manndecker bei der Fortuna. Ich wollte nie Netzer werden oder Overath oder Cruyff oder sonst eines dieser Fußballgenies, von denen es samstags im Radio immer hieß: »Er streichelt den Ball.« Ich wollte mich wie Baltes hinten reinstellen und dann voll draufhalten – keine Gefangenen! Jeden Nachmittag Turnier auf dem Bolzplatz vom Humboldt-Gymnasium, gegen den fünf Jahre älteren Bruder und seine Freunde – da entsteht der wahre Kampfgeist.

Aber dann wurde die Entzündung in der Achillessehne chronisch. Ich hockte jeden Tag mißmutig zuhause rum, bis meine Eltern mir eines Tages eine Gitarre schenkten; irgendeine Klampfe für dreihundertdreißig Mark. Gitarrespielen interessierte mich, seit ich vor ein, zwei Jahren begonnen hatte, Ulrich Kleemann auf den Wecker zu gehen. Ulrich war fünf Jahre älter als ich, hatte schon eine eigene Wohnung und spielte in einer Rockband, die objektiv betrachtet vermutlich völlig daneben war. Aber ich sah nur diese Stratocaster und den Vox-Röhrenverstärker und nervte den Kerl, bis er mir ein paar Griffe zeigte. Und mit der kaputten Sehne und meinen eigenen sechs Saiten legte ich jetzt richtig los. Jeden Tag.

Auch ich hatte das Buch von Peter Bursch, natürlich, und ein Plektrum hart wie Heiner Baltes – und den Blues, dachte ich, hätte ich sowieso. Ich schloß die Klampfe am Kofferradio an, ein kleiner Verzerrer war vorgeschaltet, und probierte ein paar von den Sachen, die mir bei B. B. King und Eddie Taylor gefielen. Das war eine überschaubare Angelegenheit mit diesen ewig-gleichen drei Akkorden, aber bei mir klang es nicht toll. Es war in Ordnung, es war nicht zu schwierig, aber es war einfach nicht mein Film. Vor meiner Tür war nicht New Orleans oder St. Louis, sondern Düsseldorf-Derendorf. Mein Vater war auch kein Baumwollpflücker, den weiße Herren gequält hatten; er war Betriebsleiter bei einer Firma für Teppichreinigung und quälte sich selbst, als er sich eines Tages selbständig machte und kurz darauf einen Herzinfarkt erlitt. Monatelang dirigierte er seine Familie und ein paar Freunde aus dem Krankenhaus heraus, um seine Firma zu retten; auf die Art überlebte sie, genau wie sein Herz, noch sieben Jahre.

Dann kam ein Kerl in meine Klasse, der sitzengeblieben war, eine wilde Mischung aus Clown, Kumpel und Schläger. Seit einer Schlacht mit Bonbons hieß er bei allen nur noch »Campino«. Campino brachte den Punkrock aus England – in Form von Platten – ohne Umwege in die achte Klasse des Humboldt-Gymnasiums. Die meisten fanden diese Platten zum Kotzen, ich und ein paar andere nicht. Da waren wieder drei Akkorde und es war wieder nicht besonders schwierig, nur paßte es diesmal auch von der Art her zu meiner Vorstellung von Ekstase. Ich blieb dran und übte, und als ich achtzehn war, rief Campi irgendwann an und erzählte was von einer neuen Band und einem Proberaum. Nicht nur, weil Campi mein Freund war, ging ich hin.

Drei, vier Jahre später, als die Band schon in Schwung gekommen war, spürte ich auch meine Achillessehne nicht mehr, wenn ich sonntags auf den Rheinwiesen bolzte. Zu spät: Gemeinsam mit Trini spielte ich noch ein paar Jahre für die dritte Mannschaft von Alemannia 08, aber das war dritte Kreisklasse, ganz unten im organisierten Fußball.

Während also dieser Aufzug im Keller feststeckte, fuhr ein anderer gerade ziemlich weit nach oben.

DIE GROSSE TOUR nach der Doppel-LP und der Fußball-WM wurde unser Eintritt in die Champions League. Von Emmendingen bis Kiel und wieder runter nach Zürich spielten wir nur die großen Festivals und die größten Hallen. Schleyerhalle Stuttgart, Westfalenhalle I in Dortmund – überall sah es aus wie am Morgen des ersten Sommerschlußverkaufstages vor Horten. Leute, massenhaft Leute. Acht Jahre nach unserem ersten Gig als »Die toten Hasen« in Bremen mußten wir uns eingestehen, in der Tabelle ganz oben angelangt zu sein. »Kreuzzug ins Glück« bis auf Platz 1 in den LP-Charts geklettert, mit den Rolling Stones in Köln gespielt und jetzt die Mega-Hallen ausverkauft – das war großartig und beunruhigend zugleich. Wie konnte es von da aus eigentlich noch weitergehen?

Wir hatten unsere Euphorie fast bis zum Schluß der Tour einigermaßen im Zaum gehalten, von ein paar eingetretenen Hoteltüren abgesehen – das war unsere Art, Partymuffel gelegentlich aus ihren Betten zu holen. Aber dann kam der »Day off« nach dem Konzert in Innsbruck. Die beiden letzten Auftritte im Zürcher Volkshaus sahen noch weit, weit weg aus. Plötzlich brachen alle Dämme: Achtundvierzig Stunden lang wurde durchgemacht. Campi und Wölli fuhren mit der Crew nach Zürich voraus, wir anderen blieben über Nacht in Innsbruck. Gefeiert wurde hier wie dort, und als sich die beiden Arme dieses Flusses am nächsten Tag trafen, ging es doppelt so feucht weiter.

Unglaubliche Szenen. Ich weiß noch, daß Campi irgendwann in der zweiten Nacht an der Hotelfassade rumkletterte. Plötzlich erschien er im vierten Stock halbnackt draußen am Fenster! Wir wollten aber, daß möglichst alle in diesen Stunden glücklich sind, und riefen noch ein paar Zürcher Freunde an. Auch die Nummer mit den Hoteltüren wurde wieder versucht, um alle Abtrünnigen einzusammeln. Aber dieses Hotel muß Spezialtüren gehabt haben: Mit unserem Getrete erreichten wir nur, daß Patricks Tür sich verzog und er am nächsten Morgen aus seinem Zimmer herausgeschnitten werden mußte. Ebenso erfolglos endete der Versuch, Gabi Sabatini aus dem Bett zu klingeln, die wir am Morgen in der Lobby gesichtet hatten. Unser hartnäckiges Läuten blieb unbeantwortet, aber wohl nicht folgenlos: Am nächsten Tag schied die müde Gabi beim Tennisturnier aus.

Außer Pattex, geriebenen Muskatnüssen und Heroin ist in diesen achtundvierzig Stunden so ziemlich alles angezapft worden, was uns auf den Wolken hielt. Dazu kam das Zeug, daß sich in unseren Stammhirnen ganz von allein aufbaute: Adrenalin, Endorphine – die ganze Apotheke, die intensive Erlebnisse sowieso in einem entfalten, gerade bei extremer körperlicher Belastung. Die Rock'n'Roll-Mythen sind voller Drogengeschichten und Süchtiger, aber nirgendwo liest man etwas von dem Highsein, auf das einen die Herausforderungen und Bestätigungen einer Tour zwangsläufig bringen. Die beste Dröhnung ist ja das Erlebnis, wenn es dir gelingt, an einem Abend zwölftausend Leute plus fünf – die Band – in die Euphorie zu treiben. Nach einem solchen Abend kannst du nicht sofort deine Gitarre in den Koffer und deine Birne auf ein Kopfkissen legen. Unmöglich! Du machst weiter, trinkst und schnupfst, und irgendwann hast du auch keine Hemmschwellen mehr, Hoteltüren einzutreten. Das ist nicht »Zerstörungswut«, wie gerne geschrieben wird, sondern hauptsächlich das Adrenalin.

Wir waren total verwüstet, als wir am nächsten Abend auf der Bühne standen. Die Party hatte erst eine Stunde zuvor geendet; keine Chance, sich nochmal »frisch« zu machen, auch nicht mit Kopfbad in einem kalten Eimer Wasser. Campi fiel beim ersten Versuch, die Bühne zu entern hin, und konnte aus eigener Kraft nicht mehr aufstehen. Wölli konnte seine Drumsticks nicht mehr festhalten; die Dinger flogen herum, als spielte er damit Mikado. Faust und Elmar versuchten, ihm die Sticks mit Klebeband an den Fingern zu befestigen, aber auch das funktionierte nicht. Nach zwanzig Minuten mußten alle einsehen, daß es keinen Zweck mehr hatte; das Konzert wurde abgebrochen. Kann es etwas Peinlicheres geben?

Wir kamen bei den Zuschauern noch vergleichsweise glimpflich davon. Die Leute versuchten uns irgendwie zu helfen, ihr Mitleid mit uns war stärker als ihre Enttäuschung. Einige amüsierten sich auch über uns, aber es war natürlich nicht wirklich lustig. Wenn wir vor zweihundert Leuten in einem Club mal daneben gelegen hatten, war das eine andere Geschichte, aus einer anderen Zeit. Damals bildeten Kids und Musiker noch eine Szene, und wenn man mal nicht so gut war, wurde eben eine Party draus. Aber vor zweitausendfünfhundert in Zürich zu versagen, das war eine Katastrophe.

Wir konnten uns zwar rechtzeitig erholen, um wenigstens am zweiten Abend auf der Bühne durchzuhalten – unter den Zuschauern kursierten vorher richtige Wetten, ob wir es diesmal schaffen würden oder nicht. Ein halbes Jahr später aber versagten wir wieder in der Schweiz. Nach dem peinlichen Konzert beim Festival in Fraunfeld kam es zu jenem Knall im Hotelzimmer, von dem Campi schon erzählt hat. Es folgte ein langes Krisengespräch in Trinis Garten. Vielleicht war das Wichtigste, daß wir trotz aller Probleme, die wir damals hatten, zusammenblieben. Wir hockten bei unserem Lieblings-Italiener, kletterten später für ein Wettschwimmen über den Zaun des Freibads, bis die Polizei uns rausschmiß, und landeten schließlich auf dem Fortuna-Trainingsplatz am Flinger Broich, wo wir über die Köpfe einer Abwehrmauer aus Pappe hinweg auf's Tor bolzten. Gezirkelte Freistöße, die irgendwo in der nächtlichen Dunkelheit verschwanden. Natürlich waren wir auch diesmal nicht nüchtern, aber entscheidend war das Erlebnis, daß wir noch Spaß miteinander kriegen konnten.

Es folgte die große Aussprache im Ferienhaus am Baldeneysee, von der Campi erzählt hat, aber damit war die Krise noch nicht überwunden. Zum zweiten Mal in unserer Geschichte, ausgerechnet auf dem Höhepunkt, hatten wir plötzlich nicht mehr den leisesten Schimmer, in welcher Richtung es weitergehen sollte. Ein Grund dafür waren sicher die Drogen. Ab einer bestimmten Menge ist das Zeug nicht mehr die Begleitung, sondern das Hauptthema. Es wird wichtiger als die Musik – und wenn das passiert, wirst du asozial. Es kümmert dich nicht mehr, daß dein Beitrag in der Band immer dürftiger wird; du willst nur noch deine Kohle und denkst an das Zeug, das du dir damit besorgen kannst. Wir waren eine der bekanntesten, erfolgreichsten deutschen Bands geworden, und plötzlich hatten einige von uns Schulden! Mir war zu Hause beigebracht worden, daß null die kleinste Zahl ist, ich habe nie im Leben ein Konto überzogen. Das machte mich zum Kassenwart der Hosen, und das machte mich zusammen mit Andi damals manchmal auch zum Finanzberater. Für Kuddel zum Beispiel, der auch noch dauernd um Geld spielte, stellten wir richtige Entschuldungspläne auf. Der Junge steckte wirklich tief in der Tinte.

Auch nach dem »Frieden von Flingern«, geschlossen in Trinis Garten, wurden wir nicht schlagartig Kefir-Mönche. Was bisher offen konsumiert wurde, geschah jetzt heimlich. Bei den Proben fiel dir dann auf, daß einige plötzlich so oft auf die Toilette rannten und längere Zeit brauchten, von da wieder zurück zu sein. Oder du stolpertest über halbversteckte Tequila-Flaschen, die in konzentrischen Kreisen um das Schlagzeug herum deponiert waren. Und das war das zweite Problem: Wir waren nicht mehr ehrlich zueinander. Jeder pflegte seinen eigenen Wahn, bewohnte einen ganzen Planeten für sich selbst. Wenn man jemandem eine neue Melodie vorspielte, fühlte der sich eher belästigt. Oder er wurde aggressiv, weil er selbst eine Idee hatte und damit bei keinem anderen landen konnte. »Fick dich!«, »Leck mich!«, »Hau doch ab!« – es hörte sich völlig asozial an, und es sah aus wie das nahe Ende einer sehr guten und sehr dummen Band.

»Go back to Square One«, heißt eine englische Redensart für die mögliche Rückbesinnung, wenn die Dinge im Leben festgebacken oder völlig durcheinander sind. Das bedeutet soviel wie: Geh zurück bis auf »Start«, zum Ausgangspunkt. Wer so vorgeht, heißt es, findet früher oder später den Grund wieder, aus dem heraus er aufgebrochen ist. Den Grund, warum er anfing, dies oder das zu tun.

Als Campino mir die ersten Kassetten mit Musik von den Lurkers, Chelsea, Boys u. a. aufnahm, stellte ich mir beim Hören oft vor, ich stünde mit denen zusammen auf der Bühne. Jetzt, im Herbst 1990, tourten wir mit einigen davon, und sie bestritten das Vorprogramm. Peter and the Test Tube Babies, UK Subs, The Lurkers – nicht eine von diesen Bands hatte drüben in England auch nur annähernd die Aufmerksamkeit und den Erfolg, den wir, ihre deutschen Epigonen, inzwischen hatten. Aber sie schissen drauf und waren unterwegs in allen Lebenslagen nicht weniger positiv als wir; eher mehr. Das war der wahre Geist dieser Musik, das war »Square One«.

Mitten im Winter unternahmen wir einen Betriebsausflug nach London, um ein paar alte Freunde zu treffen – Arturo Bassick von den Lurkers, Honest John Plain von den Boys. Wir wollten ursprünglich nur ein paar Hände schütteln und ein paar Pints heben – und eventuell in Fulham noch ein paar Kugeln im »Golden Dragon« versenken, bei den Stadtmeisterschaften im Pool Billard. Dann wurden es aber ein paar Pints und ein paar Punkrock-Legenden mehr, gleich am ersten Abend, und nicht lange danach entstand die Idee, uns mit den Helden der Vergangenheit aus unserer gegenwärtigen Sackgasse herauszubeamen: Warum nicht als nächstes eine Platte machen, in der wir gemeinsam mit diesen Leuten ihre besten Songs einspielten?

Wir wollten eine akustische Ausstellung aufziehen, mit all den fast vergessenen Künstlern, die wir zum eigenen Ruhm beklaut hatten, und uns würde dabei vielleicht wieder einfallen, warum wir selber mit der Musik begonnen hatten. Wer diese Platte dann eines Tages kaufen sollte und wer nicht – das konnte uns erstmal völlig egal sein, Virgin hin, Erfolgsdruck her.

Es wurde für uns ein sehr wichtiges Album – »Learning English, Lesson 1«. Bis es aber dazu kam, war viel Detektivarbeit zu leisten, denn in England schien niemand mehr Adressen oder Telefonnummern von den alten Punkrockern zu haben. Einige von ihnen, wie Captain Sensible und Billy Idol, hatten sich als Popstars nach oben durchgeschlagen, aber die meisten waren keine Gewinner geworden im großen Pop-Biz-Spiel. Im Grunde hatten sie die größeren Hits fabriziert, größer als alles was The Clash oder die Pistols je ablieferten. Aber irgendwie hatten sie die schwarze »8« zu früh versenkt oder einfach am falschen Tisch geglänzt. Ohne Arturo und seine Zettelsammlung würden wir vermutlich noch heute nach ihnen fahnden.

Arturo trieb Nick Cash von 999 auf und noch ein paar andere, und die anderen hatten auch noch ein paar Zettel oder Bierdeckel mit Telefonnummern, und so weiter. Einige riefen auch von sich aus bei irgendwem an, weil sie etwas von dem Projekt gehört hatten. Martin Rockefella von The Rockefellas trafen wir zufällig auf der Tribüne eines Greyhound-Stadions. Es gab sie also alle noch, alive 'n' kickin'. Keiner hatte viel mehr ansammeln können als gute Erinnerungen und ein paar Lükken im Gebiß. Aber wenn sie dann mit uns im Studio standen oder in ihrem Pub, gingen sie voll zur Sache und grinsten fast ununterbrochen. Wenn sie mal nicht grinsten, dann war es, weil sie gerade laut und dreckig lachten.

Learning English: Im Pub mit Arturo Bassick (Lurkers), Knox (Vibrators), Nick Cash (999), Charlie Harper (U. K. Subs) und John Plain (The Boys)

Matt Dangerfield von den Boys hatte mit Radioprogrammen überlebt, die er für einen norwegischen Sender zusammenstellte. Sein Kumpel John Plain pumpte sich jahrelang hier zwanzig Pfund, um dort dreißig zurückzuzahlen; von der Differenz ging er regelmäßig einen trinken. Nick Cash von 999 hatte viele Gelegenheitsjobs hinter sich, als wir ihn trafen; zur Zeit arbeitete er als Friedhofsgärtner. Und Arturo? Der alte Lurker lag mit dem ehemaligen Bandbus auf der Lauer, um damit Umzüge fahren zu können. Aber sie hatten nie aufgehört, an ihre Sache zu glauben; keiner hätte aus Erfolgsgründen etwa seinen Musikstil geändert.

Für zwölf Tage hatten wir die Church-Studios im Londoner Norden angemietet, um jeden Tag einen anderen unser Lieblingssongs mit seinem Urheber einzuspielen. Manchmal ging es schnell, wie bei Captain Sensible, der sich, sobald das rote Lämpchen anging, blitzschnell vom euphorischen Chaoten in einen Vollblutprofi verwandelte. Manchmal dauerte es etwas länger, wie bei Charlie Harper von den UK Subs, der erstmal Spiegeleier und *baked beans* für alle briet. Sinn machte es in jedem Fall, und Spaß sowieso.

Aber wie sah das eigentlich aus der Fish 'n' Chips-Perspektive aus? Wie war es für euch, Arturo?

»Ich hatte kein Problem damit, unsere Musik noch einmal mit einer deutschen Band einzuspielen, die von uns beeinflußt worden war. Ich denke, keiner der an der Platte Beteiligten hatte damit ein Problem. Wir waren nicht gerade sehr in Mode zu der Zeit, kann man sagen. Da war jeder willkommen, der versuchte, uns ein bißchen von dem zurückzugeben, was er durch uns bekommen hatte. In der Tat waren die Toten Hosen aber die einzige Band, die das machte. Und das war mehr als eine schöne Geste. Viele vergessen später, woher sie gekommen sind, auch wenn sie am Anfang nicht daran geglaubt haben, daß sie mit ihrer Musik mal groß abräumen werden. Keine Band kann sich das ja wirklich vorstellen.

Ich kannte Campi, Andi, Faust und die anderen schon fast zehn Jahre lang. Fast jedes Jahr war ich in einer der Bands dabei, die mit ihnen in Deutschland auf Tour gingen. Zuerst waren es die Blubbery Hellbellies, dann Towerblock Rockers, Lurkers, 999. In den ersten Jahren waren es höchstens sechs- bis siebenhundert Leute, die zu den Konzerten kamen. Heute sind sie eine der großen Bands und verkaufen in Deutschland mehr Platten als die Pistols und The Clash zu ihrer besten Zeit. Ich wünschte, das wäre uns passiert, aber so ist es nun mal nicht. Sie sind gute Jungs mit Boden unter den Füßen, und ich mag ihre Musik, auch wenn sie nicht besonders neu ist – ich liebe den guten alten Punkrock sowieso am meisten. Wenn ihnen vorgehalten wird, daß auf ihren Konzerten viele Teenager sind, kann ich nur sagen: So what? Einige der besten Bands in der Welt, Slade, Gary Glitter, selbst die Beatles, hatten immer massenhaft Teenager unter ihren Fans. Würde irgendwer deshalb behaupten wollen, die Beatles seien eine »Teenie-Band« gewesen?

Wenn wir mit den Hosen auf Tour waren, hatten wir stets die gleichen Hotels, das gleiche Essen, den gleichen Alkohol. Das ist nicht selbstverständlich in einem Geschäft, wo Bands wie Status Quo anderen Gruppen bis zu 40.000 Pfund dafür abknöpfen, daß sie in ihrem Vorprogramm spielen dürfen – und ihnen dann noch sagen, sie könnten nur einen Teil der Anlage benutzen. Genauso war es bei den Aufnahmen zu diesem Album: Sie bezahlten uns gut und gingen respektvoll mit uns um. Es machte Spaß, unser Stück noch einmal mit ihnen einzuspielen. Manche hier sagten: »Warum das ganze alte Zeug noch einmal aufnehmen?« Aber tatsächlich hatten einige der neuen Versionen mehr Power als die Originalnummern. Erstaunlich.

Unsere eigenen Projekte erhielten dadurch zunächst eine gewisse neue Aufmerksamkeit, aber längst nicht in dem Maß, das wir für uns selbst erhofft hatten. Nur ein sehr kleiner Teil der Fans in Deutschland ging wirklich in die Plattenläden, um nach unserer Musik zu fragen. Aber was soll's, wir leben immer noch. Es gibt ab und zu mal ein paar Lurkers-Gigs, auch in Deutschland, und es gibt nach wie vor 999, wo ich auch Bassist bin. Im kommenden November ist es zwanzig Jahre her, daß diese Band gegründet wurde. Wir sind also immer noch da, auch wenn wir uns weiter ein bißchen im Gebüsch halten.«

Als wir von der Insel zurückkehrten, waren wir aufgekratzt und voller Erwartungen. Wir wußten zu dem Zeitpunkt noch nicht, daß wir einen Teil der Aufnahmen noch einmal würden einspielen müssen.

»Sicher und direkt in alle europäischen Länder«, hatte es bei dem Kurierdienst geheißen, dem wir die fertigen Bänder anvertraut hatten. Nach Düsseldorf kamen sie auch, aber zum allgemeinen Entsetzen nicht unversehrt. Doch während sich die Dinge verzögerten, entwickelten sie sich fast gleichzeitig. Inzwischen stöberten wir Wreckless Eric in Frankreich auf und Johnny Thunders in den USA. Eric kam zu den Neuaufnahmen in seinem »Wohnmobil« angerauscht, einem umgebauten kleinen Renault-Transporter mit wellblechartigem Aluminium-Aufbau; Johnny wurde nach Deutschland eingeflogen. Für ihn sollten es die letzten Aufnahmen in seinem bewegten Leben bleiben – zwei Tage nach unserer gemeinsamen Arbeit an »Born to Lose« starb er in einem Hotelzimmer in New Orleans. Todesursache ungeklärt.

Wir waren ziemlich geschockt, als wir von Johnnys Tod erfuhren – auch wenn sein körperlicher Zustand schon während der sechsunddreißig Stunden in Deutschland merklich kritisch war. Wir dachten sogar daran, die ganze Arbeit hinzuschmeißen. Dann erfuhren wir durch einen Freund von Thunders, Johnny habe ihm noch auf dem Weg zum Flughafen am Telefon enthusiastisch von den Aufnahmen erzählt – er hatte seinen Gitarrenpart wegen der speziellen Akustik in einem Badezimmer des Kölner Studios eingespielt. Das brachte uns auf den richtigen Gedanken, gerade jetzt mit dieser Aufnahme zu zeigen, was für ein großartiger Musiker Johnny Thunders gewesen war.

»Solange Johnny Thunders lebt, solange bleib ich ein Punk«, hatte Campino jahrelang in »Wort zum Sonntag« gesungen. Als Johnny die Drogen geschafft hatten, galt das aber nur um so mehr – solange man die Stücke eines Musikers spielt, lebt er weiter. Solange leben auch Jim Morrison und Janis Joplin, Bon Scott, Keith Moon und Sid Vicious – und eben auch Johnny Thunders.

Wir spielten weiter Detektive und nahmen im Sommer Joey Ramone, Dick Manitoba (Dictators) und Cheetah Chrome (Dead Boys) in New York unter Studio-Arrest. Damit war dann klar, daß das geheime Projekt erfolgreich sein würde. Nach außen hin hatten wir den Ball in dieser Sache immer flach gehalten, um im Fall eines Scheiterns nicht wie Maulhelden dazustehen. Für den Notfall hatten wir sogar einen »Plan B« parat, der aus einer risikoarmen »echten« Hosen-LP bestand.

Diesen Plan brauchten wir aber nicht: Nach knapp einjähriger Forschungsarbeit erschien unser Tribute-Album am 11. 11. 91. Es war ein echtes Gitarrenalbum mit viel Druck und ohne Schnörkel, und es hatte eine Gästeliste, die sich wie das komplette Register eines Who is Who des Punkrock las. Es gab sogar ein echtes Potpourri am Schluß, wo in den Backing Vocals zu »Borne to Lose« alles zu hören ist, was Rang und Namen hat – von TV Smith (The Adverts) bis zu Ronald Biggs.

Ronald Biggs? Ja, *der* Ronald Biggs! Der erste postmoderne Gangster der britischen Gegenwart hatte mit seinem millionenschweren Coup, verfilmt als »Die Gentlemen bitten zur Kasse«, seiner Flucht um die halbe Erdkugel und seiner kurzen Gastrolle bei den Sex Pistols ausreichend Punk-Qualitäten nachgewiesen. Während Joe Strummer mit den Clash »I fought the law but the law won« sang, zeigte Biggs seinem Heimatland von Rio de Janeiro aus weiterhin den Mittelfinger.

Beim Versuch, Biggs zu erreichen, stellten wir uns an wie James Bond für Arme. Das ganze Detektivspiel im Zusammenhang mit der Platte verleitete uns, die indirektesten und konspirativsten Wege zu beschreiten. Wir schalteten in unsere Ermittlungen den Daily Telegraph und die Plattenfirma der Pistols ein, dabei wäre es so einfach gewesen. Biggs, Ronald wird ganz normal im Telefonbuch von Rio geführt! Er war ein freundlicher, offener Kerl von dreiundsechzig Jahren, als er im August '91 zu unserem Hotel in Rio kam. Für die Aufnahmen hatten wir eine kleine Gage ausgehandelt, das ging in Ordnung – er ist ein Ein-Mann-Museum und lebt davon, der berühmte Posträuber zu sein. Alles, was danach folgte, war aber weit entfernt von einem Deal.

Gleich am ersten Abend schleppte uns Ronnie in sein Haus in Santa Teresa, einem ehemaligen Künstlerviertel der Stadt. Wir schauten auf die nächtlichen Lichter von Rio und kippten uns die Caipirinha-Cocktails und die Import-Biere in die Birne – das Beste aus beiden Welten. Irgendwann in diesen Tagen mit Biggs wurde mir dann klar, daß ich mir über das Älterwerden keine Gedanken zu machen brauchte. Wenn man dreiundsechzig Jahre alt werden kann und noch immer dasteht wie Ronnie, kann Älterwerden gar nichts Schlechtes sein. Es liegt also an mir, wenn ich eines fernen Tages ein »BOF« sein sollte, ein »Boring Old Fart« – nicht am Geburtsdatum in meinem Reisepaß. Mit dieser Glorifizierung junger Toter, von Buddy Holy bis Kurt Cobain, wollen sich die Kids im Grunde nur selbst einbalsamieren. Sie wollen das Standbild ihrer Jugend einfrieren – »Forever young«, weil sie sich nicht zutrauen, ohne Verrat an sich selbst zu altern. Aber Ronald Biggs' wache Augen sagten: »Völliger Quatsch, laß es sein! Mach dein Ding und werde steinalt!«

Rio ist jedoch kein leichtes Pflaster, wenn man siebenundneunzig werden will. Eines Abends liefen wir von Ronnies Haus die Straße in Richtung Supermarkt und Kneipe runter,

Mit Ronnie Biggs an der Copacabana

genau in eine Gang von Santa Teresa hinein. Ein Dutzend Kids hatte sich auf der Straße aufgebaut, fast alle hatten ein Messer dabei. Dann sahen sie uns in Großaufnahme auf sich zukommen – Kiki mit den roten Haaren, Campi wasserstoffblond, alle irgendwie bunt und grell. Vielleicht war es Respekt für unseren Stil, den Stil einer unbekannten Favela namens Flingern, vielleicht war es eine gewisse Verunsicherung – die Kids ließen uns jedenfalls passieren.

Viel später, als »Learning English« längst veröffentlicht war, kam ich noch öfter nach Brasilien und zu Mr. Biggs. Die Treffen in Rio arteten immer wieder in Parties mit den dubiosesten Gästen aus. Für mich war es aber viel mehr, als nur ein paar Cachacas zu heben. Die Geschichten von einem Leben auf der Flucht und die dabei angehäuften Lebensweisheiten waren für mich jedes Mal absolut faszinierend.

Einmal nahm mich Ronnie für ein paar Tage in sein Ferienhaus in Itacuruca mit, einer Fünfzehn-Hütten-Siedlung auf einer kleinen Insel vor der Küste, etwa zweihundert Kilometer südlich von Rio entfernt. Ronnie mußte bei der Ankunft feststellen, daß man sein Haus ausgeraubt hatte. Möbel, Fernseher, alles war weg, bis auf den letzten Eierbecher. Jeder auf der Insel mußte die Täter kennen, aber keiner sagte was. Das war der Punkt, der Ronnie wütender machte als alle Verluste. Bis zum Abend hatten wir wenigstens ein paar Sitzgelegenheiten organisiert, um uns mit einem Fischer auf die Terrasse zu setzen, den Wald mit dem alten Sklaven-Friedhof der ehemaligen Quarantäne-Station im Halbdunkel vor uns. Dann erzählten Ronnie und der Fischer all die Geistergeschichten der Schwarzen aus der Sklavenzeit, diese ganze Horrorshow des Candomblé, während wir gegrillte Fische und kalte *baked beans* aus der Dose aßen. Und ständig kamen Geräusche aus dem Wald, stiegen zur Terrasse auf und verschwanden wieder, wie Nebelschleier in einem deutschen Film mit Eddie Arendt, Karin Dor und Heinz Drache.

Es war unheimlich, großartig und schön. Es war Brasilien.

»Was macht ihr da eigentlich den ganzen Tag?« Micky kann nicht glauben, daß ich jetzt erst aus dem Studio zurück bin. Seit ich ihm erzählt habe, daß die neuen Stücke »im Sack« sind, kommt er nicht mehr ganz mit. Wozu noch groß rumfummeln, wenn die Aufnahmen fertig sind? Wenn eine Karre repariert ist, setzt man sich rein und brettert ab. Die Hosen dagegen – sitzen da und spielen an den Armaturen. Wochenlang!

Nicht, daß ich Micky für einen Blödmann halte. Absolut nicht. Aber wie soll man einem, der es nie erlebt hat, das Abmischen erklären? Diese Tage und Wochen zu beschreiben, wo Schieberegler und Knöpfe die aufgenommenen Stücke in Gold oder in Scheiße verwandeln – ich schaffe es nicht. Das geht noch weiter, über die Marathon-Sitzungen mit der Band bis zu den Presseterminen, die jetzt, zum Jahreswechsel, unsere Arbeit an dem Album abschließen. Nichts anderes sind diese Gespräche: Letzter, aber nicht unwichtigster Teil der Veröffentlichung eines neuen Albums.

Mittwochs kommt Edgar Klüsener, ein alter Bekannter, der mal den Vorsitz im »Metal Hammer« hatte, dann folgen Interviews mit »Prinz«, »Tempo«, »Fachblatt Musikmagazin« undund. Andrea hat eine ganze Batterie dieser Termine für die nächsten vierzehn Tage zusammengestellt, insgesamt zwanzig bis dreißig. Ich müßte allerdings erschossen werden, wenn ich jemals anfangen sollte, mich darüber zu beschweren.

Es ist doch völlig schizo, den genervten Popstar zu mimen, der eigentlich mit keinem Journalisten reden will. All diese abgebrochenen, blasierten Art-School-Absolventen aus Manchester und Hamburg haben eine Carol oder eine Andrea im Rücken, die vierzehn Stunden am Tag nichts anderes tut, als solche Gespräche anzubahnen (»Liam und Noel sind total wütend auf mich, aber ich hab dich jetzt für Freitag um halb vier im Interconti gebucht. Keine Fotografen bitte, wir schikken euch was!«). Warum also das Gezicke? Wenn ich in einer Band bin, möchte ich die Musik, die wir eingespielt haben, so gut es geht öffentlich zugänglich machen. Dabei helfen mir die Vertreter dieser Öffentlichkeit. Sie sind die Neuronen, die alle verfügbaren Informationen an das Nervenzentrum der Allgemeinheit weiterleiten. Wir benutzen sie für unsere Zwecke und sie benutzen uns, um ihre Leser/Hörer/Zuschauer zu bedienen und deren Summe möglichst zu steigern. Das ist der Deal, und das geht in Ordnung. Dafür kommen wir pünktlich zu den Interviews, spielen den Neuronen unsere neuen Stücke vor und sabbeln gern mit jedem, der sich interessiert.

Das heißt: Campi macht das, meistens, entweder allein oder mit Andi. Ich darf im Grunde sowieso nicht klagen, mich schützt dieser alte Pop-Mechanismus. Sie wollen die »Frontmen« haben, die Jagger, Strummer und Geldof, nicht den Rhythmusgitarristen oder den Drummer, dieses stumpfe, zuckende Tier. Und dafür sind wir – Wölli, ich und die anderen – eigentlich nur dankbar. Campino macht den Job sehr gut, er sabbelt sowieso ständig. Pausenlos, von früh bis spät, prasselt sein Sermon auf uns ein. Ihn mal für eine Stunde bei einem Schreiber abzustellen, ist die beste Entspannung für die Band.

Campino in der ZDF-Talkshow »Live«, zwischen Ira von Fürstenberg und Graf Lambsdorff. Campino im großen, persönlichen Penthouse-Interview (»Haben Sie immer ein Präservativ bei sich?«). Campinos Kommentar zu den Chaos-Tagen in Hannover, Campino am Werkstor des Stahlwerks in Rheinhausen, Campino im Streitgespräch mit Bundestrainer Berti Vogts. Die selbsternannten Vertreter der Öffentlichkeit hatten unseren Sänger zum außerparlamentarischen Abgeordneten der Jugend befördert. Seine Antworten waren der Kaffeesatz, aus dem sie den inneren Zustand der »Heutigen Generation« (auch »Null-Bock-Generation«, »Anspruchs-Generation« und »Generation X«) zu lesen meinten. Sie ließen einen davon zu sich durch, den Obergeneralrepräsentanten, um den Code des ganzen, fremden Sektors zu knakken – dabei hatten wir oft schon genug damit zu tun, uns fünf auf eine Linie zu einigen.

Halb spielte Campi mit und halb kämpfte er dagegen, indem er die Richtung des Stroms umkehrte. Er infiltrierte die Medien mehr als die ihn, und er verwirrte sie zu seiner eigenen Unterhaltung. Einmal bot er der »Bild am Sonntag« für 50.000 Mark sein Outing als Homosexueller an, um das

Geld der AIDS-Stiftung zu spenden; ein anderes Mal knutschte er auf einer Ehrung durch die Münchner »AZ« die verdutzte Gattin von Bayerns Ministerpräsident Edmund Stoiber als seine Mutti ab – die geschossenen Fotos verschwanden aber wie auf Absprache in den Archiven. Mir dagegen machte es oft nicht viel Freude, ihm bei den Journalisten-Dates zu assistieren. Doch das lag weniger an ihm.

»Ihr habt als Punkband angefangen und spielt jetzt vor dreizehntausend Leuten in der Westfalenhalle. Wo ist die Grenze zum völligen Kommerz?«

(»Haben wir weggeschmissen, einfach in den Wald!«)

»Ihr habt als Band in den letzten Jahren mächtig abgeräumt, gehört längst zum Establishment. Seid ihr überhaupt noch richtig hungrig?«

(»Und wie! Wir hatten gehofft, du lädst uns ein!«)

»Wie lange, glaubt ihr, könnt ihr das alles überhaupt noch mitmachen?«

(»Keine Sekunde mehr. Kommt, Jungs, wir gehen!«)

Windgeräusche. Am Anfang haben wir uns über jeden Verriß mächtig geärgert, waren auf Rache aus. In Bremen haben wir mal den Schreiber einer Stadtillustrierten seine Kritik über uns Satz für Satz laut wiederholen lassen, um ihn dann argumentativ zu zerpflücken. Das war ein rhetorischer Showdown: Wir zielten mit unseren Satzpatronen auf seine Füße, und er mußte tanzen. Handgreiflich wurde es dagegen einmal in Bayreuth, als uns ein Lokalreporter von der Jungen Union wegen unserer »Kommerz-Musik« provozierte. Wir gaben ihm zu verstehen, er habe genau zwei Minuten Zeit, ungeohrfeigt den Backstage-Bereich zu räumen. Aber er wartete die zwei Minuten trotzig ab, kriegte die Ohrfeige und verschwand dann.

Es ist ja leider fast nie so, daß diese Typen einem offen und frontal die Feindschaft ansagen; das könnte ich problemlos akzeptieren. Und hinterher heißt es immer »Sorry, war doch eigentlich nicht so gemeint!« Aber inzwischen sind wir gelassener. Mit fünf von zehn, die uns den Rekorder vor die Nase halten, macht es Spaß und Sinn – auch wenn aus einem guten Gespräch noch immer ein Scheiß-Beitrag werden kann. Die andere Hälfte ist die Arbeit, das Zugeständnis. Mit denen setzen wir uns zusammen, weil wir unser Zeug unter die Leute bringen wollen.

Wie korrupt sind wir inzwischen eigentlich, Andrea? Hast du einen Überblick?

»Ziemlich korrupt. Die Hosen reden nach wie vor mit fast jedem, von der Schülerzeitung bis zum Staatsfunk. Daran kann ich aber nichts Schlechtes finden. Wir kommen mit vielen klar und viele mit uns. Ich bin auch nicht einverstanden mit dieser Quote, nur die Hälfte der Schreiber oder Redakteure sei ganz brauchbar. Ich würde sagen: Höchstens jeder Zehnte ist ein bißchen unbrauchbar.

Es ist aber nicht so, daß sich jeden Tag Tausende durch das Telefon quetschen oder gleich durch die Tür, um mit den berühmten Stars zu sprechen. Ich muß heute niemandem mehr erklären, wer die Hosen sind, aber für die acht Seiten, die ich gerade mit dem »Playboy« ausgemacht habe, brauche ich schon ein paar Argumente. Solche Leute rufe *ich* an, mittlerweile seit sechs Jahren, bei denen quetsche ich mich durch die Tür. Nur so lassen sich die Dinge in unserem Sinn steuern.

Ich arbeite offenbar für eine ziemlich gute Band, denn ich habe außer Demo-Bändern und ab und zu Backstage-Pässen nicht viel anzubieten. Ich gebe keine Flugtickets und keine Kurzurlaube nach Ibiza aus und kleide niemand mit Merchandising-Klamotten ein – alles gängige Tricks, die in der Branche ohne Ende laufen. Wir schmieren auch keinen der zweitausend Plattenhändler, die für die Top 100-Listen künftige Chartrunner tippen – wie es die anderen machen. Ich bin nur nett und bleibe angezogen, wer auch immer vor mir steht. Und solange ich nicht mit denen von den Frisörblättchen reden muß, ist das Leben gut zu mir.

Nur eins nehme ich mir heraus – ich schicke Platten, Fotos und sonstiges Material auch mal an nicht so korrekte Zeitungen, wenn da ein netter Mensch sitzt, der sich für die Hosen wirklich interessiert. Diese Leute wissen, daß sie wohl nie im Leben einen Termin mit den Jungs bekommen, aber die Jungs wissen auch, daß ich ihnen alles andere besorge. So »korrupt« möchte ich unbedingt weiter sein, sonst würde ich aufhören und auf Neuseeland Schafe züchten.«

Ist auch völlig egal, ob jeder zehnte oder fünfte oder dritte koscher ist. Man hofft jedes Mal wieder, daß man gerade den einen vor sich hat, mit dem es Sinn macht – und nicht einen von den anderen, die sich wie im Restaurant aufführen.

»Tja, dann erzählt doch mal was über euch. Was gibt's denn Neues? Wir können ja nicht immer dasselbe bringen.«

»Also: Campi ist zu den Kapuzinermönchen übergelaufen, oder waren es diese Affen, Andi vögelt mit Naomi Schiffer, und Kuddel fordert im Oktober Axel Schulz heraus. Und die Musik ist total anders geworden. White Trash mit Cajun- und Zydeco-Einspritzern, von Brian Eno in Albuquerque und Seattle abgemischt... Oder willst du die Wahrheit erfahren?«

Bad, bad Brain. Wer uns übel wollte, konnte die »Learning English« auch anders verstehen. Und das kam auch verschiedentlich so. »Jetzt sind sie von der deutschen Sprache ab«, »Jetzt schielen sie auf den internationalen Markt« – was immer man sich an seltsamen Kommentaren zu dem Album zusammenphantasieren konnte, hat es ab November '91 tatsächlich gegeben. Aber wir wußten, warum es veröffentlicht wurde, das war entscheidend. Wir selbst waren es auch, die von der Arbeit daran am meisten profitierten. Wir wußten endlich wieder, worauf es ankam, nachdem wir Leute wie Johnny Thunders und Joey Ramone im Studio erlebt hatten.

In Deutschland gibt es eine gewisse Art, über alle denkbaren Nebenaspekte einer Sache zu brüten, bevor man richtig beginnt. Deutsche Leistungssportler haben drei Ernährungstabellen aufgestellt, bevor sie einmal zum Training gehen, und deutsche Musiker zerbrechen sich den Kopf über ihr Image, ihre Tantiemen, und vor allem über den Sound ihrer Musik. Von morgens bis abends feilen sie daran, wie die Snare-Drum ihres Trommlers abgenommen werden könnte und bis sie damit fertig geworden sind, haben sie ihre Songidee vergessen. Auch wir waren von diesem Virus angesteckt, der einen meistens befällt, wenn man gerade keine großen Eingebungen hat – du feilst dann an deinem Dünnpfiff, um dich von deiner Mittelmäßigkeit abzulenken. Da trafen wir, genau im rechten Moment, Joey, Johnny, Arturo und die anderen, und die legten einfach los. Es war ganz simpel: Schließ dich an den Saft an, dreh auf und laß es raus – und scher dich nicht zuviel um alles übrige!

Der neue alte Geist war wieder in uns, als wir Weihnachten '91 an zwei aufeinander folgenden Tagen zum Heimspiel in die Düsseldorfer Philipshalle luden. Zusammen mit vielen Gaststars des Albums im Vorprogramm trug er uns durch mehrere Dutzend Konzerte, die wir vom Frühjahr bis in den Sommer hinein zwischen Zürich und Seinäjoki/Finnland gaben. Das englische Album hatte seinen Anteil daran, daß wir in London das berühmte »Marquee« ausverkauften. In diesem Pantheon der populären Musik flößten einem gerahmte alte Handzettel mit Ankündigungen aller großen Bands, von den Yardbirds und The Who bis The Jam, Stolz und Respekt ein. Das englische Album war es auch, das uns die Einladungen zum skandinavischen Festival-Sommer einbrachte – lange Tage in klarer Juni-Luft in Seinäjoki, Oslo, Roskilde und Hedemora.

Es war der längste Tag des Jahres in Norwegen, Ende Juni, als wir mit dem Tourbus zum Oslo-Fjord fuhren, in einen dieser kleinen, idyllischen Vororte im Pippi-Langstrumpf-Look. Wir waren auf LSD und glotzten die Mitternachtssonne an; keine Ahnung, wie lange wir so im Bus saßen und diesen Anblick in uns aufsaugten – vier Minuten, vier Stunden? Irgendwann kamen wir an einem Bungee-Sprungturm vorbei, den wir in dem Zustand natürlich auch testen mußten. Im schwedischen Hedemora hatten wir dann mit Faith No More, Sator und den Leningrad Cowboys immer noch ein paar Gefährten, mit denen wir uns in die Dinge hineinstürzen konnten – man traf sich auf den Festivals immer wieder. Mit Trips in andere Länder ist es ja wie mit Drogenreisen ins Innere: Du bist ein anderer, wenn du von dort zurückkommst.

Wir waren auf dieser Tour doppelt so gut gewesen wie wir es angenommen hatten, aber erst halb so reich und sexy, wie andere es von uns glaubten. Früher hatte es kaum Mädels vor unseren Türen gegeben, weil uns niemand für etwas Besonderes hielt, nur weil wir in einer unbekannten Band spielten. Inzwischen gab es kaum welche, weil alle annahmen, wir seien sowieso versorgt. Auch das größere Geld mußten wir weiter anderswo machen als auf Tour.

Zugegeben, die halbjährlichen Abschläge für die Plattenverkäufe, die auf unserem Bandkonto landeten, ließen Herrn Schumpfle von der Stadtsparkasse in Flingern abrupt den Umgangston wechseln. Dieser doppelköpfige Filialleiter kriegte plötzlich einen derart schleimigen Ton uns gegenüber, daß wir uns nach seinen Verhören aus der Minusära regelrecht zurücksehnten. Diese Gewinne aber waren unser Polster, wenn wir auf Tournee gingen. Die Nettoerlöse aus den Konzerten waren meist eher Taschengelder – wenn sie nicht sogar unter »Steuerlich absetzbare Werbeausgaben« verbucht werden mußten.

Ja, richtig gelesen – Ausgaben. Hier und da rannten wir jetzt in diese Typen, die uns nach der dritten Pulle Frankenheimer zuzwinkerten: »Hömma', Ihr satt doch alle schon lenks Mijonäre, ne!« »Ey, Kappitaliss, gib ma' ein'n aus!« Zu gewissen Tageszeiten hat es keinen Zweck mehr, zu argumentieren. An dieser Stelle möchte ich aber einmal die Abrechnung vorlegen, die unser Konzertveranstalter uns nach den beiden Weihnachts-Gigs '91 in der Philipshalle zusandte.

Los, Kiki, zeig her.

»ABRECHNUNG. Veranstaltung: Die Toten Hosen.
Saal: Philipshalle Düsseldorf. Datum: 19./20. 12. 91.

Einnahmen 19. 12.

5539 Karten à 20 DM	110.780,– DM
66 Karten à 23 DM	1.518,– DM
Einnahmen aus Kartenverkauf:	112.298,– DM
abzgl. 7% Mwst.	7.346,60 DM
	104.951,40 DM

Einnahmen 20. 12.

6009 Karten à 20	DM 120.180,– DM
185 Karten à 23 DM	4.255,– DM
Einnahmen aus Kartenverkauf:	124.435,– DM
abzgl. 7% Mwst.	8.140,61 DM
	116.294,39 DM«

Das heißt: An den beiden Abenden wurden insgesamt Einnahmen von DM 221.245,79 registriert. Dem stehen laut Kikis Aufstellung folgende Ausgaben gegenüber:

»Saalmiete	34.000,–DM
Saalnebenkosten	3.708,– DM
Hausmeister	600,– DM
Stagehands	4.923,– DM
Security	16.526,– DM
Kassierer	750,– DM
Frontline Zusatzkosten	955,– DM
Sanitäter	1.120,– DM
Rigger	500,– DM
Gema	5.700,– DM
Runner (Benzin)	100,– DM
Spotfahrer	730,– DM
Sammelplakat	800,– DM
Plakatierung	5.778,– DM
Kleinsäulen	1.200,– DM
Anzeigen	5.466,– DM
Handzettel	800,– DM
Veranstalterhaftpflicht	900,– DM
Sonderreinigung	3.600,– DM
Handtücher	420,– DM
Porto, etc.	200,– DM
Vorverkauf, auswärtig	1.600,– DM
Telefon	377,– DM
Div./Büro	2.000,– DM
Renovierung Garderobe	6.709,82 DM
Stefan	700,– DM
Gesamtkosten	100.162,82 DM«

Das sieht eigentlich gar nicht so schlecht aus, denn wenn man diese Summe von den 221.245,79 abzieht, bleiben immer noch DM 121.082,97 übrig – doch halt: Wir haben die Kosten vergessen, die Kiki für unsere Plakate, unsere Crew, die Hotel-Übernachtungen etc. hatte. Ich darf also noch einmal Kikis spröde Lyrik rezitieren:

»KOSTEN KKT.

Tickets, Plakate, Handzettel, Überkleber .... 24.594,60 DM

(Entwurf, Druck etc.) Tourpässe .... 280,– DM

Soundfirma .... 57.500,– DM

(Audio-und Licht-Equipment,

Techniker, Transport etc.)

Löhne DTH-Crew .... 6.645,20 DM

(Elmar, Faust, Nopper, Piet, Theo, Meyer)

Spotfahrer .... 420,– DM

Catering .... 4.736,84 DM

Hotels Crew + YOBS .... 9.117,20 DM

(Frankfurt/D'dorf)

Gagen + Flüge YOBS .... 6.271,15 DM

Bewirtung YOBS/Gäste .... 737,42 DM

Dekoration Philipshalle .... 9.830,75 DM

Kostüme Ordner + Crew .... 1.466,67 DM

Arzneimittel .... 488,29 DM

Reperaturen, Batterien etc. .... 1.399,62 DM

(Verstärker, Gitarren, Monitorboxen)

Miete Funkgeräte .... 660,– DM

Miete Minibusse .... 1.583,86 DM

Diverse Reisekosten .... 1.558,43 DM

Ausfallversicherung .... 2.722,50 DM

Diverses .... 573,94 DM

KOSTEN KKT TOTAL .... 130.586,47 DM«

Ziehen wir diesen Posten von den 121.082,97 DM ab, die uns nach Abzug der Hallenkosten geblieben sind, haben wir mit den beiden Konzerten unterm Strich einen Gewinn von – korrigiere, einen Verlust von DM 9.503,50 eingefahren. Das heißt: Jeder von den gleichberechtigten sieben – fünf Hosen plus Jochen plus Trini – hat Weihnachten '91 genau 1.361,50 Mark draufgezahlt.

Aber keine Kollekten, bitte – dies war unsere Party, und sie war jeden Pfennig wert. Man schmeißt keine Parties, um Geld zu verdienen. Dafür hatten wir ja immer noch die Platten und die Tantiemen – und wir sahen schon zu, daß wir wenigstens ab und zu mal auf den Parties von anderen aufkreuzten. Den Open Airs zum Beispiel oder den Support Acts für die Mega-Bands, von den Stones bis zu U2.

Wir sackten hunderttausend Mark ein, als wir während der »Learning English«-Tour auf dem Open Air von Jübek bei Schleswig spielten. Nach Abzug unserer Kosten blieben uns davon immerhin gut 88.000 Mark brutto. Achtundachtzig Riesen durch sieben, abzüglich der Theo-Waigel-Dollars für das Finanzamt – ist das viel oder wenig? Unsere Gastrolle auf den Parties, die U2 im folgenden Jahr in sechs deutschen Stadien gaben, sollte uns später brutto eine halbe Million einbringen. Immer geteilt durch acht, wie gesagt, denn Theo war unser achtes und raffgierigstes Bandmitglied. Jedes Mal kam er mit einem größeren Brocken aus der Sache raus als wir.

Wir mußten wegen unserer Live-Engagements also nicht auf Zwieback und Milch umstellen. Verglichen mit den Verkaufserlösen aus den Alben, war es aber nicht gerade die bestgeölte Geldmaschine. »Break even« wurde der Punkt genannt, den wir mit den Live-Geschichten anpeilen mußten, wenn wir weiterhin zu akzeptablen Eintrittspreisen auftreten wollten. Jeder, der eine Band gut findet, sagten wir uns,

Anmeldung von Schäden an städt. Eigentum

Veranstaltungsort:	
Philipshalle	[X]
Robert-Schumann-Saal	[ ]
Stadthalle/Alte Messe	[ ]

Firma	Kosten

SCHADEN Nr. 210

80/1 Ph 21. 12. 91 He / -- 7714

Anmeldung von Schäden an städt. Eigentum . Veranstaltungsort PHILIPSHALLE

Veranstaltung : Die Toten Hosen am 19. 12. und 20. 12. 91

Veranstalter : Concert Team , Heinrich-Heine-Allee 33 , 4000 Düsseldorf 1

Schadentag: 19. und 20. 12. 91 bemerkt um 9:00 Uhr durch Herrn Herrmann am 19. 12. 91
bemerkt um 23:30 Uhr durch Herrn Tettolowsky 20. 12. 91
bemerkt um 08:30 Uhr durch Herrn Herrmann am 21. 12. 91

Voraussichtliche Schadenhöhe 13. 000, 00 DM

Schadenstelle Art des Schadens und Ursache des Schadens

1.) Garderobenteppichboden , Wandflächen,Raumdecken, beschädigt durch übermäßige Nutzung

2.) Foyerraumdecke mit Bier,Cola, Senf , verunreinigt
Klebemittelrückstände auf Wandpaneele nach entfernen von aufgeklebten Verkaufsartikeln
Drahtverbundglasscheibe 1/2 Format durch Stoßeinwirkung gesprungen

3.) Halle WC-Anlagen 7 Einrichtungen beschädigt durch übermäßige Benutzung
1 Pulver - Feuerlöscher zum Spaß .. entleert, 1 Pulver - Feuerlöscher entwendet
Tribühne 14 Reihe 1 1 Tribünenbodenbrett 1,50 m x 1,00 m x 42 mm Multiplex beschichtet

Kostenschätzung siehe Blatt - 2 -

Ich erkenne den Schaden
dem Grunde nach an.

Unterschrift/Veranstalter

Amt 65/3
30/1
80/1

Ich versichere, daß die vorstehenden Angaben nach bestem Wissen gemacht worden sind.

[Unterschrift] TECHN. LEITER
Unterschrift/Funktion

21. 12. 91 8997714
Datum Telefon-Nbst.

Weihnachtskonzert '91: Partyschäden

sollte sie auch live sehen können. Fiel dabei etwas in unsere Taschen, mußten wir die ja nicht gleich auf links drehen. Der eigentliche Thrill aber waren die Reisen, die Erlebnisse und die Leute, die wir auf keine andere Art mitbekommen hätten. Was hätte ich als Nachfolger von Heiner Baltes in meinem Fortuna-Trainingsanzug schon gesehen, außer Waldhotels, Masseuren und Fußballstadien?

Stadien erlebte ich zwar mit der Band inzwischen auch, im Sommer jedenfalls, aber eben nicht nur. Im September '92 landeten wir mit der Crew auf dem Flughafen von Buenos Aires, um in Südamerika eventuell ein paar Konzerte zu geben. Ich sage »eventuell«, weil wir noch immer nicht richtig glauben wollten, daß es auf die Art, wie das eingefädelt worden war, überhaupt funktionierte. Eines Tages war eine Nachricht von Michael Reichel durch das Faxgerät gerutscht, einem langjährigen Hosen-Fan aus Karlsruhe, den sein Arbeitgeber inzwischen nach Argentinien geschickt hatte. Michaels Note besagte, er habe den Bankjob geschmissen und sei jetzt Konzertveranstalter, und wir könnten in Buenos Aires spielen und bei Interesse auch noch anderswo. Er selbst würde diese Gigs veranstalten bzw. sich darum kümmern, daß Bekannte von ihm in Brasilien etwas für uns auf die Beine stellten.

Gab es denn da unten irgendwen, einen Menschen oder einen Hund, der uns kannte? Und wieviel war einem Hosen-Fan wie Michael zuzutrauen, der bisher noch nie etwas Größeres aufgezogen hatte als eine Magical-Mystery-Party in seiner Heimatstadt? Wir ließen die Sache bis zu dem Punkt kommen, wo Michael als Veranstalter uns die Flugtickets zukommen lassen mußte. Das ist gewöhnlich ein sehr klärender Punkt im Dialog mit Veranstaltern. Wenn dann noch etwas schiefging, hatten wir immerhin diese Reise. Aber die Tickets kamen tatsächlich, die Maschine landete wirklich, und nur Stunden später stöpselte mir auf der Straße jemand begeistert die Hörer seines Walkman in die Ohren. Mitten in Buenos Aires hörte ich plötzlich »Opel Gang«!

Wie für jede Musikrichtung und jede Art von individuellem Zeugnis, hatte diese vor Leben explodierende Metropole natürlich auch eine Punkrock-Kompetenz. Wann immer eine Band nach Buenos Aires kommt, kann sie einen Grundstock von fünfhundert Neugierigen für ihre Musik blind einkalkulieren. Alles übrige ist eine Sache der Promotion, und darin war Michaels Vorarbeit einfach grandios. Wir entdeckten mehrseitige Artikel über uns in allen argentinischen Musikgazetten; in einigen steckten sogar Hosen-Poster. Wir waren überall angekündigt, die Stadt wußte Bescheid. Nur das Timing war anders als bei uns: Als wir nachts um eins ins »Halley« kamen, einem Rock'n'Roll-Club nahe der zentralen Avenida 9 de Julio, spielte die erste Band, Pilsen, vor ein paar Dutzend Leuten. Aber zu unserem Gig um vier war der Laden dann vakuumfrei mit Menschen abgedichtet.

Wir mußten mit eingezogenem Kopf durch einen langen, niedrigen Gang gehen, um von der Kabine im Keller zum Bühnenaufgang auf der gegenüberliegenden Seite zu gelangen. Die gewölbte Decke vibrierte von dreitausend Leuten, die dreißig Zentimeter über unseren Schultern trampelten und außer sich waren. Die Sache war keinen Dezibel schlechter als bei dem Heimspiel der Boca Juniors, das ich einige Tage später mit fünfzigtausend Fußballfanatikern erlebte. Vom ersten Akkord an drehten die Kids durch, als hätten die Juniors gerade die Copa America geholt. Als sie uns wieder rausließen, war es Frühstückszeit.

Zu steigern war sowas in Brasilien für uns nicht mehr, aber wir konnten das Level halten. Wir hatten sogar noch einen Trumph im Ärmel, den wir in Rio zückten. Im »Circo voador«, einer Art Roncalli-Szenerie in der Altstadt, holten wir unseren Freund Ronnie Biggs auf die Bühne. Vor fünfhundert Kids schleppte sich Ronnie gegen Ende unseres Sets an einem Stock und mit Sonnenbrille ausgerüstet als Stevie Wonder-Double auf die Bühne, um da oben dann förmlich zu explodieren. Zu »Police On My Back« von den Clash und »Carnival in Rio (Punk was)«, seinem Beitrag von der »Learning-English«-Platte, zog unser vielgesuchter Freund sämtliche Show-Register. Das war viel angenehmer als die Atmosphäre in Saõ Paulo, wo heftige Gangfehden zwischen Punks und Skins ausgetragen wurden. Und »heftig« heißt in Brasilien: nicht mit Fäusten und Flaschen, sondern mit Schußwaffen.

Als wir dort am ersten von zwei Abenden im »Woodstock« auf der Bühne standen, verschandelten etwa zwanzig Skins in den ersten Reihen die Aussicht auf die Gäste der Discothek. Keine linken Redskins, sondern die ganz ordinäre Fascho-Dröhnung. Ich machte eine Ansage, daß wir solche Arschlöcher nicht brauchen würden, und irgendwer alarmierte die Polizei. Erst als die Straße vor der Disco voller Mannschaftswagen war, zogen die Glatzen endlich ab. Bei der Gelegenheit stellte man auch etliche Schießeisen fest, aber eben nicht sicher – ihre Besitzer hatten tatsächlich Waffenscheine dabei. Das sollte Folgen haben: Noch in der gleichen Nacht erschoß ein Mitglied dieser Gang jemand in der Altstadt. Wen und warum, ist schwer zu ergründen in diesen Vierteln, wo sie Fremden für fünf Dollar das Messer an den Hals setzen.

Aber warum in die Ferne schweifen? Deutschland im Herbst '92 war alles andere als ein sicherer Ort – besonders wenn man die falschen Pässe und Pigmente besaß. Die Idylle des sozialen Scheinfriedens galt nicht für die Bewohner des Asylbewerberheims in Rostock-Lichtenhagen, das aufrechte Deutsche im August abfackelten. Es galt nicht für die Familien Arslan und Yilmaz in Mölln, die bei einem Brandanschlag auf das von ihnen bewohnte Haus im November Angehörige verloren. Die fremdenfeindlichen »Übergriffe«, die in Wahrheit oft Lynchattacken waren, erreichten in diesen Monaten ihren pogromartigen Höhepunkt. Zweimal, auf der Bonner Hofgartenwiese sowie auf der Messe in Frankfurt, bildeten wir mit den Westernhagens dieser Welt erneut die große Koalition im Sinne des »Heute sie, morgen wir«. Der Publikums-Zuspruch war zwar riesig, aber das neue Asylgesetz und seine verschärften Bedingungen zum Asylrecht wurden durchgedrückt – nicht zuletzt mit der stillschweigenden Billigung zahlreicher Sozialdemokraten, die sich bei der entscheidenden Abstimmung im Parlament ihrer Stimme enthielten.

Wir gebrauchten unsere Stimme. Im Dezember folgte unsere Single »Sascha«, das war mehr als bloß die Platte zum Pogrom. Es wurde ein dicker Klingelbeutel für den »Düsseldorfer Appell gegen Fremdenfeindlichkeit und Rassismus«, dem die Verkaufserlöse von 500.000 Mark zugingen. Dann begann der ebenso unglaubliche wie erfolglose Versuch der Republikaner, das Lied verbieten zu lassen. Das entwickelte sich aber zu einer Form von Selbstjustiz durch Prozeßniederlagen, die Schönhubers Armee der Verlierer erlitt – die Düsseldorfer Staatsanwaltschaft bescheinigte unserem Song die Eignung, »junge Menschen positiv zu beeinflussen« und zur »Deeskalation« beizutragen – und wies den Antrag der Reps zurück.

Mit Festivals und Liedern allein aber kommt man auf Dauer nicht weiter. Nach wie vor ist die Anzahl der Anschläge aus rassistischen Motiven extrem hoch, nur daß sich die Medien und damit die Öffentlichkeit kaum noch dafür interessieren. Man möchte schließlich seine Ruhe haben. Irgendwer hat mal errechnet, daß der Deutsche im Jahr mehr Geld für Hundefutter ausgibt als für die Menschen, die hier Asyl suchen.

Aber das ist noch lange kein Grund, zu resignieren.

Es gibt weiterhin Organisationen, bei denen hartnäckig und kontinuierlich gearbeitet wird und die man unterstützen kann – ob die Edelweiß-Piraten in Berlin, Pro Asyl in Frankfurt/Main, der erwähnte Düsseldorfer Appell und andere. Außerdem habe ich jetzt Hunger, und es ist spät, und da setze ich sowieso eher auf die eingebürgerten Nachbarn. Die arbeiten einfach länger als die Deutschen.

Was ist, Micky – Gyros oder Pizza?

»Guten Abend allerseits«

Der Staatsminister im Auswärtigen Amt heißt heute nacht einfach Helmut. Er sitzt im Fond eines Berliner Taxis, eingerahmt von zwei Mitgliedern der Punkband »Die Toten Hosen«, und fühlt sich ganz entspannt im Hier und Jetzt. Man hat gemeinsam ein paar Bierchen gekippt und ist nun auf dem Weg zum alternativen Privatsender »Radio 100«, wo Helmuts neue Freunde Gäste einer Live-Sendung sind. Und das alles ist im Grunde das Verdienst von Heribert »Guten-Abend-allerseits« Faßbender, dem Sportchef der ARD.

Es ist der Spätsommer nach der Fußball-Weltmeisterschaft 1990 in Italien, während der der allerseitige Heribert seine dümmlichen Live-Kommentare mit der Aufforderung an die argentinische Auswahl krönte, man solle sich doch »Zurück in die Pampa« begeben. Der Doppelpaß mit dem deutschen Fußballvolksempfinden stieß auch Helmut übel auf, der auf dem Briefpapier seines Ministeriums einen geharnischten Protest einreichte. So kam es, daß Heribert, der Allseitige, und Helmut, der Auswärtige, zusammen mit den Hosen, Taz-Kolumnisten der WM, in eine TV-Diskussionsrunde zum Thema Sportreporter-Sprache nach Berlin geladen wurden. Und weil man sich darüber gut verstand, zogen der Staatsminister und die Punkrocker von da aus weiter.

Helmut ist nicht übertölpelt worden, nicht abgefüllt oder völlig stoned. Er ist nur ziemlich in Ordnung, wie die Band findet, und irgendwie mag auch er die Jungs. In dieser Stimmung erreicht man gemeinsam das kleine Studio, wo Moderator Norbert »Heino« Hähnel auch für Helmut noch ein Mikro hat. Was sich darauf in den nächsten zweieinhalb Stunden entspinnt, gehört zu den wenigen Höhepunkten im deutschen Radio-Alltag. Es ist Politik von innen, FDP unplugged.

Da war diese Ausschußsitzung im rheinland-pfälzischen Landtag, erzählt das FDP-Mitglied, wo man sich auf eine gemeinsame Linie in Sachen Drogenproblematik einigen wollte. Aber was wußten sie eigentlich über diese Dinge? Es war nur logisch, daß sie selbst erstmal was rauchen mußten, um über weiche Drogen, Straffreiheit und all das zu befinden. Heißa, das wurde eine schöne Sitzung! Auch eine Abgeordnete der CDU meinte nachher, sie verstehe die Aufregung um das bißchen Rausch nicht. Als Diplomat auf internationalem Parkett aber hatte man es sowieso immer leichter. Dem Kännchen Tee mit Dope, das sie da irgendwo in Indien genossen, krähte in Deutschland natürlich kein Hahn hinterher. So löste sich Helmuts Zunge synchron zur Krawatte, ohne daß sich der Mann jemals komplett vergaß. Und dann, gegen fünf Uhr früh, stand er auf; halb angeschickert noch und völlig zufrieden. Man tauschte untereinander Adressen aus und war sich völlig einig: Eine Nacht mit der Gang ist der beste Urlaub vom Karneval der hohen Tiere.

Am Abend war Helmut dann wieder im Fernsehen zu sehen, als Sprecher beim FDP-Parteitag in Hannover. Die lange Nacht hatte ihm optisch nichts anhaben können, die Krawatte saß wieder einwandfrei – genau wie bei den anderen. Ohne Heribert Faßbender und die Nacht in Berlin wäre er keinem von der Band aufgefallen. Aber das ist das Gute am Rock'n'Roll: Man lernt die schrägsten Vögel kennen.

Lang lebe »Unplugged Helmut«, lang lebe Rock'n'Roll!

6
Der alte Mann und die Snare

Die müssen mir, Wölli, eigentlich einen Strauß Blumen in die Hände drücken heute, finde ich. Oder einen Zinnaschenbecher, 'n bißchen wertvolles Feuerzeug oder 'ne blöde Armbanduhr – was es in einer anständigen Firma eben so gibt bei einem Jubiläum. Und der Chef, das wäre Jochen, hätte eine kleine Rede zu halten über meine Treue und Unentbehrlichkeit, blabla, und dann, tsching-ping, hörte man die Sektflöten klirren. Weiter so, du blöde Sau!

Aber hier – fast nichts. Fünfter Januar '96 in Düsseldorf, Lierenfelder Straße. Auf der untersten Etage in unserem »Turm« werden vielleicht bald Eisblumen an den Fenstern erscheinen; ansatzweise klirrend ist nur die Kälte. Der einzige, der mir bisher die Hand geschüttelt hat, war dieser junge Dachs von der Zeitung, der uns interviewt hat. Wenigstens habe ich noch eine Pulle Sekt gefunden und zwei gespülte Tassen, damit konnten wir kurz anstoßen, alle fünf. Und ehrlich gesagt: mehr wäre mir auch doof vorgekommen.

Der alte Mann und die Snare

Fünfter Januar 1996 – der erste Tag seit Ewigkeiten, wo wir nicht mehr im Studio hocken. Alles, alles eingespielt und abgemischt, bis auf die letzte B-Seite für die nächste Single-Auskopplung (gutes Stück – hätte es vielleicht doch auf das Album gepaßt?). Keine Spätschichten mit Jon mehr, keine Hektik, keine Hörproben. Es ist der erste Tag in Freiheit, und etwas ist heute genau zehn Jahre her.

Der fünfte Januar '86 war der erste Tag in meinem neuen Leben als Hose! Ich kam mit meinem Koffer aus Berlin angerauscht, um ausprobiert zu werden. Stieg bei Campi ab und wurde gleich am ersten Abend in eine Sauferei verwickelt; gemeinsam kotzten wir beide früh morgens auf dem Klo. Da hatte ich den Test schon bestanden, ohne auch nur einen Break vorgelegt zu haben. Ich wußte nur noch nichts davon.

Fünfter Januar – genau zehn Jahre als Schlagzeuger in dieser Band, zehn Jahre Hauptwohnsitz Düsseldorf. Ich wollte hier nicht bleiben, als die mich holten. »Nicht für diese Stadt weg aus Berlin!«, dachte ich. Ich war es gewohnt, rund um die Uhr auf Trebe zu gehen, wenn mir danach war – nicht bloß Freitag und Samstag, wie hier in diesem Dorf. Ich war auch ziemlich fertig mit der Musik, dachte eher daran, mal ins Ausland zu gehen. Aber da war dieser Rotzlöffel, der kleine Bruder einer früheren Freundin, der nun hoch aufgeschossen war und einen neuen Drummer brauchte für seine Band. Eine sehr gute Band.

Dieser Rotzlöffel. Er war höchstens elf gewesen, als seine ältere Schwester Beate mich bei den Freges einführte. Wir hatten seinem älteren Bruder John beim Umzug geholfen und saßen noch zusammen über einer Pulle Sekt. Und dann kam Campi dazu, dieser halbgare Pupser, und sabbelte und erzählte Kinderwitze und lachte selbst am lautesten darüber, den ganzen Abend lang. Absolut penetrant, der Junge, aber

»Ein Rotzlöffel, der Junge, aber was für ein Energiebündel«: 20 Jahre später.

was für ein Energiebündel, was für ein Entertainer! Es war auch nicht nervig, sondern wirklich witzig, wirklich gut. Es wunderte mich kein bißchen, als der dann Frontmann wurde, und es ist vielleicht nicht nur Zufall, daß er nun seit zehn Jahren fünf Meter vor mir steht. Nennt es »Koinzidenz«, nennt es »Kharma«, ich sage nur: Es gibt Wege, die sich immer wieder überkreuzen.

Für wen arbeitet der junge Dachs, der uns interviewen wollte? Ich kann mir die Titel dieser ganzen Trendblättchen nicht merken. Der erste Nachmittag in Freiheit ist sowieso für Alex reserviert. Also zügig auf die Autobahn nach Mönchengladbach, wo Alex mit seiner Mutter lebt.

War es richtig, den Jungen nach einem unserer bekanntesten Stücke zu benennen? Auch Anja war nichts Besseres eingefallen in dem Jahr, und als Musiker bist du mit einer Hälfte deines Herzens sowieso immer bei der Band. Man kriegt lauter kleine, krächzende Kinder, wenn man eine neue Platte einspielt, denn jeder Song ist ein Baby, das man gemeinsam zur Welt bringt. Und es dauert oft ebenso lange, bis so ein Song fertig ist. Und länger: Seit den ersten Sessions zur neuen Platte sind inzwischen elf Monate vergangen.

»Das Jugendherbergs-Album« - so hätten wir es statt »Opium fürs Volk« nennen können. Wir hatten im Februar begonnen, uns im Proberaum für die Arbeit an neuen Songs einzuquartieren. Wir wollten nicht mehr beschließen, von drei bis um sieben kreativ zu sein und dann wieder auseinander zu gehen, wie fünf Aktionäre, die ihre Geschäfte organisieren – also fünf mehr oder weniger Fremde. So läuft es mit Ideen einfach nicht. Also brachten wir Decken und Schlafsäcke mit, wenn wir ins Studio oder zu Campi gingen, und hockten drei, vier Tage lang zusammen, wie das Klassenzimmer im Landschulheim. Und genau wie in einem Heim funktionierte das bei uns – jeder Rückzug ins Private war dadurch weitgehend verstellt.

Wir hatten fast immer einen Kasten Bier und ein bißchen was zu kiffen, und wir hatten Zeit und Gelassenheit. So fertigten wir Fragmente und nahmen auf, sobald uns etwas halbwegs tauglich erschien. Was sich nicht gleich zusammenfügte, ließen wir liegen. Wir schufen, brachen ab und gingen später wieder dran. Nur cool bleiben, nichts zwingen, aber auch nicht zu lange brüten. Es sollten Ideen entstehen, so viele wie möglich, nicht unbedingt komplette Songs.

Einmal ging Breiti bei einer Session pinkeln, und wir anderen sagten uns: »Wenn der zurückkommt, haben wir einen neuen Song!« Wir schafften es tatsächlich, bevor Breiti mit leerer Blase zurück war. Das war der Sportsgeist dieser Tage, der Jugendherbergs-Geist. Wir wollten uns selber überraschen mit diesen Songs, und, verdammt nochmal – heute, am ersten freien Tag danach, weiß ich: Es ist uns gelungen. Das – und nichts anderes – zählt für mich an diesem eiskalten Jubiläumstag.

Nur wüßte ich gerne mal, wie Jon, unser Produzent, das alles bis heute ausgehalten hat. Von der »Opel Gang« bis »Opium« hat er noch jede Hosen-Platte abgemischt, ohne einmal unser erst spät entwickeltes Verständnis für die feinen Details bei der Arbeit im Studio zu verfluchen. Muß doch schrecklich gewesen sein, besonders am Anfang – oder, Jon?

»Ich habe mit genügend Bands gearbeitet, die schlechter waren als die Hosen am Anfang. Aber es war schon eine ziemliche Herausforderung, sie vom Sound her dahin zu bringen, wo sie hin wollten. Zunächst waren ja nur Kuddel und Campi musikalisch halbwegs fähig. Doch die Musik ist nicht die einzige Sache. Es geht auch um die Personen. Für mich ist es wichtig, mit Leuten zu arbeiten, die ich mag und deren Entwicklung ich akzeptieren kann. Es ist nicht wichtig, wieviele Leute die Platte nachher kaufen, sondern den Moment mit ihnen zu erleben, wo sie entsteht.

Jeder denkt, die Hosen wären absolut chaotisch, aber in Wahrheit sind sie mit Abstand die am härtesten arbeitende Band, mit der ich je zusammengekommen bin. Viele Bands brauchen erstmal ein paar Stunden zum Aufwärmen, aber bei den Hosen geht es immer sofort voll los. Einmal im Studio, gibt es nur noch Arbeit, Arbeit, Arbeit. So haben sich alle im Laufe der Jahre unglaublich gesteigert. Als ich Breiti jetzt bei den neuen Aufnahmen hörte, konnte ich es anfangs fast nicht glauben. Er hat hart an sich gearbeitet in den letzten Jahren, genau wie Andi.

Als wir in Berlin das vierte oder fünfte Album aufnahmen, sagte ich: »Was ist los, Andi, du kannst ja plötzlich Bass spielen!« Und er sagte: »Ich habe mir nach der letzten Platte gedacht: Als Bassist muß ich Bass spielen können, oder ich lasse es besser sein.« Sogar Kuddel nahm Stunden in Banjo und Flamenco-Gitarre, während wir in Düsseldorf die neue Platte aufnahmen.

Und trotzdem sind sie in dem Sinne keine Künstler. Sie machen es einfach, weil sie anscheinend Spaß daran haben, und deshalb machen sie auch immer weiter. Als wir »Opel Gang« aufnahmen, hätte ich nie daran gedacht, mit denen dreizehn Jahre später noch immer in einem Studio zu sein.

Erst als wir ein Jahr später zusammen »Unter falscher Flagge« aufnahmen, merkte ich, daß sie dabei waren, sich zu entwickeln und weiterzumachen – genau wie ich.

Ich wollte eigentlich immer schon in einem Tonstudio sein. Als ich dreizehn war, hatte meine ältere Schwester einen Freund, der jetzt ihr Ehemann ist und ein kleines Vierspur-Studio in Manchester besaß. Ich wußte sehr früh, daß es das war, was ich von nun an machen wollte. Zuerst stand ich aber mehr auf Reggae. Ich arbeitete im Goosberry-Studio, dem wichtigsten für Reggae in London, mischte die Platten von Linton Kwesi Johnson und Prince Far I und lernte viel von Dennis Bovell, dem damaligen Chief Engineer. Als Punk losging, war ich so mit Studioarbeit beschäftigt, daß ich es gar nicht richtig mitbekam. In meinem fünften oder sechsten Job war ich für die Sex Pistols-Platte engagiert worden, aber für mich lief es darauf hinaus, ein bißchen zu helfen und ans Telefon zu gehen.

Ich langweilte mich gerade im Hotline-Studio in London, als die Gelegenheit kam, nach Deutschland zu gehen. Ich hatte mich immer schon für deutsche Bands wie Kraftwerk und Can interessiert, und jetzt konnte ich mit Abwärts und den Einstürzenden Neubauten arbeiten. Mit den Hosen war es dann aber etwas anders. Sie waren nicht sehr teutonisch in ihrer Art und hatten immer viele Melodien. Und Campi war ein Sänger, der auf der Bühne von Anfang an sehr charismatisch wirkte.

Ich war früher sicher chaotisch und unzuverlässig, aber ich habe nicht ganz so viele Flugzeuge verpaßt, wie erzählt wird. Die Jungs übertreiben ihre Geschichten gerne. Aber ich erinnere mich, wie ich einmal nach der Arbeit mit den Neubauten aus Berlin zurückkam und sofort bei den Hosen weitermachte. Solange du in deinen Zwanzigern bist, kannst du dir sowas auch erlauben. Und einmal sauste ich so spät zum Flughafen Heathrow, daß ich an der geschlossenen Tür der Maschine anklopfen mußte, um noch mitgenommen zu werden.

Unsere langjährige Beziehung ist einer der Gründe, warum es so gut funktioniert. Ich weiß, wozu die Jungs fähig sind, wir kennen uns einfach. Manchmal steht Kuddel auf der anderen Seite der Studio-Glasscheibe, und ich brauche ihn nur anzuschauen, damit er weiß, was ich meine. Als wir an der »Learning English« arbeiteten und die Jungs wirkten, als könnten sie ebenso gut von neun bis fünf in einer Bank arbeiten, sagte ich zu Campi: »Vielleicht braucht ihr mal einen anderen Produzenten, um einen neuen Kick zu kriegen.« Aber Campi sagte, das sei das letzte, was sie wollten. Und dann fanden wir zusammen einen Weg.

Es gibt nicht viele Bands, die nach soviel Alben entscheiden, wieder etwas anderes zu machen. Als wir jetzt im Skyline-Studio die ersten Demo-Sessions für die neue Platte machten, konnte ich es fast nicht glauben. Es war aufregend, mit diesem Material zu arbeiten, aber es war auch ein ziemlicher Schlauch. Wir haben mehr als dreißig Stücke aufgenommen, und nebenbei hatte die Band noch so viele andere Verpflichtungen. Manchmal mußten wir die Aufnahmen regelrecht um ihre Promotion-Aktivitäten herumstricken, statt umgekehrt.

Wie ich mit dem neuen Album zufrieden bin, kann ich aber noch nicht sagen. Ich brauche ungefähr ein Jahr, bis ich den Abstand dazu habe und es mir daraufhin anhören kann. Du kannst nur so gut es geht deinem Gefühl folgen, während du damit beschäftigt bist, und ich fühlte mich ganz gut zu der Zeit. Andi hat mich vor den Aufnahmen mal gefragt, wie ich sie diesmal klingen lassen wollte, und ich sagte: »Ich werde euch klingen lassen wie Die Toten Hosen.«

Du sollst keine großen Ideen haben, heißt das elfte Gebot für jeden Menschen in einer Band. Höchstens ein paar kleine; zwei, drei kurze Enden, die in den Topf geworfen werden. Das Ding zum Kochen bringen muß die Band. Wir hatten nicht viel mehr als einen Titel, als wir im Winter 92/93 mit den Arbeiten an unserem ersten regulären Studioalbum seit der Doppel-LP drei Jahre zuvor begannen. Das Ding sollte »Kauf mich!« heißen, weil es darauf ja hinauslief; so gut wie alles andere mußte sich in den nächsten Monaten finden.

Anders als bei früheren Produktionen, waren wir von Konzept und Titel diesmal alle gleich begeistert. In »Kauf mich!« lag der Geist einer Zeit, in der die Dinge ganz direkt angesteuert werden. Von Mike Tyson bis Madonna peilten die Ikonen dieser Ära Ruhm und Reichtum ohne Umwege und völlig unverbrämt an. Keine B-Noten für besonderen Ausdruck, keine Skrupel und Ideologien – nur das nackte, gierige Individuum. Das war im Grunde nur noch zu steigern, indem man alle gängigen Schlüsselreize für den Kauf einer Platte – geköpfte Hühner, minderjährige Pin-Ups, die ganze Cover-Folklore – durch die Angabe der Bestellnummer in übergroßen Ziffern ersetzte. Diese Grönemeyer-Simulationen vom netten Kerl um die Ecke, die Mythen von weißen Soul-Marxisten und schwarzen »Gangstas« – alle Haltungen würden danach als Tricks erscheinen, um an die Kohle der Kids zu kommen, ob sie nun »ehrlich« gemeint sind oder nicht.

Und so sollten wir es dann auch machen. Das einzige, was vorher noch geschehen mußte, war Musik. Aber wie macht man Musik? Manchmal fing es damit an, daß einer von uns mit einer starken Ausgangsidee im Proberaum aufkreuzte. Breiti hat eine griffige Melodie auf der Klampfe, Kuddel baut schnell die Akkorde dazu, die übrigen steigen darauf ein - so einfach und so schnell entstand »Willkommen in Deutschland«. Bei anderen Stücken wurde die ursprüngliche Idee verworfen, wiederentdeckt und beinahe bis zur Unkenntlichkeit recycelt. Ein alter Grundbeat von mir, plötzlich mit einem ungewöhnlichen Groove gespielt, Andi steigt darauf ein, die anderen folgen, man bastelt, frickelt, feilt, aber erst Monate später, im neuen Proberaum, findet sich das Zwischenstück - und irgendwann ist ein Stück wie »Mensch« geboren und klingt komischerweise wie aus einem Guß.

Dinge entstehen lassen, zusammen mit anderen. Ich hatte nicht gerade das beste Lebensgefühl, als wir mit den Aufnahmen zu »Kauf mich!« begannen. Anja und ich, wir kriegten es seit einiger Zeit zusammen immer weniger hin und waren dabei, uns zu trennen. Es brach nicht in einem kurzen, schrecklichen Augenblick auseinander, natürlich nicht, sondern es zog sich wie Pizzakäse - und dazwischen stand der kleine Alex. Die Sessions mit den Jungs waren das einzige, was mir in der Zeit Spaß machte, sie wurden die eigentliche Kontinuität. Wenigstens im Proberaum und im Studio kriegte ich etwas Gescheites hin.

Wir hatten knapp drei Monate Zeit, die neuen Stücke im Tonstudio Dierks bei Köln einzuspielen. Wie immer blieben wir von der Plattenfirma unabhängig, indem wir die Produktionskosten selbst bezahlten. Es gab kein Gedrängel, keine Einmischung; der großen Jungfrau traten wir immer erst gegenüber, wenn wir das Masterband ablieferten. Damit hatte die Virgin-Mannschaft auch wenig Probleme, denn das Risiko eines völligen Flops ist ab einem bestimmten Bekanntheitsgrad recht gering. Wer 200.000 Vorbestellungen erhält, so wie wir damals für »Kauf mich!«, bekommt das Urteil der Fans in der Regel erst beim übernächsten Wurf zu spüren. Dann allerdings kann die Rache doppelt grausam sein, egal ob der Wurf danach gut ist oder nicht.

Es war aber ziemlich cool, auf diesem hohen Level zu operieren. Wir konnten machen, was wir wollen, wo und mit wem immer. Wir nahmen hundertfünfzig Riesen für das Video zu »Wünsch Dir Was«, der Single-Auskopplung, und flogen zu Regisseur Hans Nelemann nach New York. Hans hatte sich mit seiner Portrait- und Stillife-Photographie in den Staaten bereits einen Namen gemacht. Er war ein Gelegenheitsgast auf dem Videosektor und noch neugierig, nicht in Routine erstarrt. Beim Dreh für die internationale Version von »Alex« in Los Angeles hatten wir erlebt, wie Fließband-Filmer vorgehen. Regisseur Markus Nispel, der von George Michael bis Janet Jackson die ganze erste US-Liga bediente, hatte einfach noch mal dieselbe Highway-Kulisse genommen, die er bereits für ein Video von Jimmy Sommerville verwandt hatte. Das führte zu einigen echten Déjà-vus: Genau an der Stelle, wo »Alex« in einem schräg einfallenden Lichtkegel steht und nach oben blickt, hatte Sommerville in seinem Video nachdenklich auf einem Stuhl gesessen.

Das wäre mit Hans Nelemann nicht passiert. Hans hatte immer neue Ideen; diese hier spielte in Brighton Beach, rings um den Vergnügungspark von Coney Island, und dauerte drei harte, hingebungsvolle Tage lang.

Hans ließ uns zwanzigmal hintereinander über die alte, angerostete Achterbahn im Vergnügungspark brettern, bis unsere Eingeweide schon unaufgefordert rotierten. Sein Kameramann watete hodentief durch den aprilkalten Hudson, um uns von dort aus in der einzig richtigen Einstellung mit der Mole und den aufgeschütteten Steinen im Sucher zu haben. Und als das noch nicht reichte, stieg er bis zu den Schultern hinein – zwei Helfer immer hinter ihm, die das Kabel über dem Wasser hielten. Nirgendwo sonst auf dem Globus war uns bisher eine ähnliche Professionalität begegnet, nirgendwo sonst hatte sich ein fremdes Team so für uns eingesetzt. Was richtig und wichtig war fürs Endergebnis, wurde ohne Schonung von Mensch und Material durchgezogen.

Wir waren alle noch halb erfroren und taumelten regelrecht, als Hans uns am letzten Abend in dieses hippe Restaurant im East Village einlud. Das »Café Tabac« – Hans hatte oben auf der Promi-Etage einen großen Tisch für uns reserviert, und da saßen wir nun im Blickfeld von Robert de Niro, Jim Jarmusch, Johnny Depp und einer Handvoll Models, angeführt von Stephanie Seymour, die alle nicht richtig schlau aus unserer Bedeutung an diesem Ort wurden. Bis dann Hans mit seinem Dessertlöffel an ein Glas schlug, sich laut und vernehmlich bei uns bedankte und uns als eine der besten Bands in der Welt ausrief (die Blicke der Versammelten: »Wer denn, wer denn?«). Nennt es blöd oder sonstwas, in dem Moment war ich wirklich gerührt.

Das Video war großartig, doch niemand außer uns hat es in der ersten und besten Fassung je gesehen. Mit Verweis auf die Auflagen der »Independent Television Commission« (ITC) entschieden die Vorschmecker von MTV, daß es der europäischen Jugend so nicht zugemutet werden könnte. Es gab da eine kurze Szene, in der eine Justitia-Gestalt sich mit einem

Schwert durchbohrt, vergleichsweise harmlos eigentlich. Doch die Szene mußte rausgeschnitten und für sie eine andere montiert werden, und dann fanden sie wieder was, und noch etwas und noch etwas. Drei, vier Mal ging ein neues Masterband zwischen Düsseldorf, New York und London hin und her, bis »Wünsch Dir was« endlich laufen durfte. Jedes Mal wurden die Auflagen der englischen Kommission vorgeschoben, aber die Wahrheit war wohl eher, daß man bestimmte Bands nicht in die besten Sendezeiten lassen wollte. Denn während wir unseren Film zum Teil verstümmelten, passierten Videos mit viel härteren Szenen ohne Beanstandung das jüngste MTV-Gericht.

Es ist nicht eben billig, ein Video neu zu schneiden, aber das war für uns kein existentieller Punkt. Die Unverschämtheit war, daß hier Zensur ausgeübt wurde. Da saßen ein paar Leute auf ihren runzligen Arschbacken und entschieden im Namen der Jugend, was die Jugend sehen dürfe und was nicht. Sie entschieden nicht diktatorisch, denn man konnte das Video trotz der Beanstandung erneut in der ursprünglichen Form einreichen, wenn man darauf bestand. Nur lief es dann nicht mehr um neun Uhr abends oder um zwölf, sondern vielleicht um drei Uhr früh. Schließlich macht man ein teures Video in erster Linie, damit es irgend jemand sehen kann. Und MTV war zu der Zeit noch der einzige internationale Musikkanal, er hatte das europäische Monopol.

Ein Pastor, von hinten gefilmt, der einem vor ihm knieenden Jungen eine Oblate in den Mund legt – aber es könnte auch anders ausgelegt werden –, schon war das Video zu »Sexual« (von der »Love, Peace & Money«) gestoppt. Der abgetrennte Rinderschädel in unserem jüngsten Video »Ewigkeit«, ebenfalls mit Hans an zwei diesigen Dezembertagen im Amsterdamer Studio gedreht – gestoppt. Jeden Tag werden Millionen von hormongemästeten Rindern, Schweinen und Hühnern von Belfast bis Barcelona im Fließbandstil abgemurkst, nicht zuletzt auch für den Präsentator der jährlichen MTV-Awards, »Burger King«. Aber der europäischen Jugend wird der Kopf einer toten Kuh nicht zugemutet. Das ist schwer zu akzeptieren, wenn du fünfundzwanzig Jahre vorher in Berlin gegen Kartelle und Zensur, wenn du überhaupt gegen Autoritäten und Instanzen aufbegehrt hast.

Ich wurde dreimal geboren, bevor ich eine Tote Hose war. Jede dieser Geburten verlief nicht ohne Schmerzen und Komplikationen, aber jede läutete auch ein neues Leben ein.

Das erste Mal kam ich an einem kalten Januartag vor vielen Jahren in Kiel zur Welt, als drittes Kind einer ziemlich reinrassigen Beamtenfamilie. Ich konnte noch keine Farben erkennen, sonst wäre mir vermutlich schnell die gelbe Farbe auf die Nerven gefallen, in der die Gedanken der ganzen Sippe eingefaßt waren – die gelbe Farbe der Bundespost. Opa, Mama, fast alle waren bei der Post, und wenn sie wie Papa mal nicht bei der Post waren, hatte sie eben eine andere Behörde angestellt. Ich war aber eigentlich nicht wirklich lebendig in den nächsten achtzehn Jahren, denn alles, was man mir bis dahin vermittelte, lief auf ein stetiges Bemühen um Unsichtbarkeit hinaus.

Nur nicht herausragen und bloß keine Kapriolen schlagen, in der Schule am besten die »3« anpeilen, zwischen Himmel und Hölle den goldenen (gelben!) Weg der kleinen Zufriedenheiten wählen – das war die bewährte Lebenstaktik in der x-ten Generation, die ich fortsetzen sollte.

Es war nicht so, daß alle persönlichen Neigungen unterdrückt wurden. Mama hatte Klavier gespielt, war vor dem Krieg mit dem ersten Geiger der Semper-Oper in Dresden verheiratet gewesen. Ihr Vater spielte auch Klavier und dazu Cello. Gar nicht so selten konzertierten Mama und Opa gemeinsam, jedenfalls bis zu Opas erstem Schlaganfall. Aber das Zeug, das sie spielten, waren meistens Märsche, ganz nervige Sachen, und natürlich wurden sie nie so keck, ihre Musik außerhalb der eigenen vier Wände zum Besten zu geben. Es war Ausdruck eines ersten, inneren Boykotts, daß ich von den beiden keine Funken auf mich überschlagen ließ; doch der blieb mir genauso unbewußt wie der zweite, der sich auf die Einberufung zur Bundeswehr beziehen sollte. Und das wurde meine zweite Geburt.

Ich hatte keine Auswege ersonnen, als mich Erfassung und Musterung erreichten; Militär lief zu Hause unter Staatsbürgerpflicht. Aber dann kam eines Morgens um zehn das Einschreiben, ich sollte mich dann und dann in der Hindenburg-Kaserne in Neumünster bei der Flugabwehr einfinden. Glücklicherweise hatte die Mutter den Erhalt abgezeichnet. Da wußte ich sofort: Das geht nicht, das machst du einfach nicht. Eine Stunde später saß ich im Zug nach Hamburg und stieg dort um nach Berlin, das für viele damals wegen seines Vier-Mächte-Status eine Insel für Pazifisten und Totalverweigerer war: Wer in Berlin seinen ersten Wohnsitz hatte, konnte nicht »gezogen« werden.

Ich war achtzehn, ziemlich schüchtern und nicht mehr ganz naiv. Ich hatte das Elektro-Handwerk bei einem Freund meines Vaters gelernt, dem obersten Lehrlingswart von Schleswig-Holstein. Wie die anderen Leitungen liefen, hatte mir die frühere Frau eines Fischkonservenfabrikanten schon gezeigt, die ich mit 17 beim Urlaub in Dänemark traf. Ich blieb ein halbes Jahr, bis ich mich nach Kiel zurückholen ließ, wollte von nun an aber meine eigenen Gedanken denken, und dafür war Berlin Ende der Sechziger genau der richtige

Ort. Sobald ich in der Stadt war, fing mein persönliches Leben an.

Meine Stelle bei der AEG tauschte ich bald gegen kleine Gelegenheitsjobs, die mich locker über Wasser hielten, von wegen Zimmer streichen für vierhundert Mark. Aus dem Arbeiterwohnheim zog ich in die erste WG, anderthalb Zimmer auf der Forster Straße in Kreuzberg, geteilt durch vier. Die erste Hausbesetzung in Berlin, im ehemaligen Bethanien-Krankenhaus (»Georg-von-Rauch-Haus«), die Demos gegen die Alliierten-Paraden und den Schah-Besuch, komplett mit den ersten Gummiknüppel-Beulen, kleine Auftritte unter dem Motto »Gewalt gegen Sachen«, wie man den Widerstand damals genau abgrenzte – überall in der Stadt war dieser Aufbruch gegen das Etablierte zu spüren, und überall war ich dabei. Ein Mitläufer, aber immer in den vordersten Reihen.

Über uns in der Forster wohnten Rio Reiser und Freunde. Als die erste Platte von Ton Steine Scherben erschien, »Keine Macht für Niemand«, ging ich rauf in die dritte und half, diese Papp-Cover zusammenzuheften. Ein paar hundert Exemplare der legendären Scheibe gingen durch meine Manufaktur. Aber bis ich anfing, selber Musik zu machen, war ich schon Mitte zwanzig. Ich kaufte mir eine Gitarre und schrammelte zusammen mit mehreren Freunden. Schon damals zeigte sich, daß meine Stärke eher das Rhythmusgefühl war, also stieg ich auf Percussion-Instrumente um. Bongos, Timbales, der ganze Klötenklapperkram. Und plötzlich waren wir zu viert, da ging es los mit mehrstimmigem Gesang à la Crosby, Stills, Nash & Young. Und dann hatten wir einen Namen, der mit Runen-Mythologie zu tun hatte, »Barrita« oder so, aus den Runen »Bar« und »Rit«.

Sobald du aber einen Namen hast, bist du auch eine Band. Und wenn du eine Band bist, mußt du irgendwo auftreten.

Nicht lange und nicht im großen Stil, aber irgendwo, in Kneipen und Restaurants. Und damit fing mein drittes Leben an.

Wir hatten keine Lust auf das übliche Schema, als wir Anfang Mai '93 über neue Hosen-Konzerte nachdachten. »Kauf mich!« war gerade veröffentlicht; wir wollten unbedingt spielen, aber nicht wie zuletzt. Wenn die Westfalenhalle zur Gewohnheit wird, wird vielleicht auch die Musik, die du da machst, gewöhnlich. Also schlüpften wir abwechselnd in drei verschiedene Größen, um uns selbst zu unterhalten: »S«, »M« und »XXL«.

Wir hatten genug interessante Einladungen für Magical-Mystery-Gigs (S), hatten einige Termine in mittelgroßen Clubs abgemacht (M), und wir hatten zugesagt, bei den sechs Konzerten von U2 in deutschen Stadien (XL) den Opener zu machen. Oft wechselten wir in vier, fünf Tagen zwischen

Olympiahalle, München: Andi und Breiti (XL)

drei Ebenen, wie junge Seehunde im Zoo-Becken, die Spieldrang haben, und frischten eine alte Lektion auf: Es kann ganz einfach sein, vor sechzigtausend Leuten (und für 100.000 Mark) zu spielen, und ganz anstrengend, aber auch hochinteressant, sich vor hundertfünfzig Nasen (und ohne Gage) zu produzieren.

Niemand hatte Probleme damit, bei den sechs Terminen der U2-Tour für eine halbe Stunde etwas Gescheites zu bieten; unser normales Pensum sah zwei Stunden Vollgas vor. Nur die Typen der amerikanischen Produktionsfirma beargwöhnten uns anfänglich. Da war dieser komische Sänger der Deutschen, der trotz aller Verbote den Laufsteg entlang kletterte. Und da war Andi, der gegen die Scheibe im Bühnenaufbau gekotzt hatte, hinter der immer wenigstens drei von ihnen standen, um das Geschehen da vorne im Auge zu behalten. Drei Kontrollgesichter, die sich um dieses kleine Fenster drängten und plötzlich in ein speiendes Gesicht in Großaufnahme glotzten, wie Delphinfans in einem Aquadrome. Kind of strange, diese Burschen.

Später, als sie uns gehört und gesehen hatten, zollten sie uns aber einen gewissen Respekt für unsere Show, fragten nach CDs, T-Shirts und begannen sich zu interessieren. Genauso war es mit U2. Einmal miteinander in Kontakt gekommen bei diesem gemeinsamen Nachtmahl nach der Show in Stuttgart, hockten wir ein wenig zusammen und tauschten uns aus. Bono ließ sich von Campi seine Fragen zur aktuellen deutschen Politik beantworten, soweit das überhaupt noch ging – beide waren ziemlich dicht an dem Abend. Mit den anderen bei U2 konnte man sich sogar über die Platten von Stiff Little Fingers unterhalten. Es war ein angenehmes Miteinander. Die wirklich außergewöhnlichen Erlebnisse aber fanden bei den Konzerten der Größen »S« und »M« statt.

Die Magical-Mystery-Gigs führten uns in die Borsig Villa in Berlin, dem zukünftigen Sitz des Bundeskanzleramts, in das Wohnzimmer eines Hosen-Fans aus Zürich, das durch das allgemeine Gestampfe etwa zehn Zentimeter tief in den Putz des Stockwerks darunter getrieben wurde, trotz der vorher angebrachten Stützbalken, und sie hätten uns beinahe in den Tresorraum einer Filiale der Sparkasse geführt – hätten sich aufgebrachte Großkunden nicht beim Hosen-begeisterten Filialleiter dagegen verwahrt. Sie führten uns auf die Feier von Manfred »Bühnen-Security« Meyers Motorrad-Club »Black Devils« und in eine spießige Hochzeits-Gesellschaft in Hannover, wo wir das ungeliebte Geschenk eines Fans und geladenen Gasts blieben. Wir schickten einen von uns los, um von einer Telefonzelle aus die Bullen wegen Lärmbelästigung anzurufen, damit wenigstens etwas passiert. Die Sheriffs kamen dann, brachten aber auch keinen Schwung in den Abend. Einen Tag später, bei den Alsterdorfer Anstalten in Hamburg, erwischten wir dagegen wieder einen Treffer.

Wir hatten eine tolle, mit Selbstironie gespickte Postkarte erhalten, unterzeichnet von »Manic Mike« und »Schizo-Torsten«. Es war die Station der Depressiven und Suchtkranken und der verbundenen Handgelenke, aber als wir nach dem Gig noch zusammenhockten, kamen ein paar wirklich gute Gespräche zustande. Eine junge Frau von dieser Station bedankte sich bei uns mit der Bemerkung, unser Auftritt hier sei die erste Sache in ihrem Leben gewesen, die geklappt hätte. Mit Mike und Torsten war sie eine der Initiatoren der Veranstaltung gewesen. Solche Gesichter und ihre Geschichten vergißt du im Leben nicht.

Es war mitten in dieser Zeit, daß unser neues Album die Charts hochkletterte. Eines Abends waren wir gerade auf einem Mystery-Gig in einer Parterre-Wohnung auf der Oberbilker Allee, als uns ein Anruf aus dem Büro erreichte. Soeben war dort das Fax von Virgin angekommen mit der Meldung, daß wir zum zweiten Mal in unserer Geschichte die Spitze der LP-Charts genommen hatten. An diesem Abend drehten wir dermaßen auf, daß die Bullen uns zunächst den Strom abklemmten. Aus der Zimmerparty aber war wegen der geöffneten Fenster und der zum Haus strömenden Menschen längst ein kleines Straßenfest geworden. Es war ein wunderschöner, warmer Abend im Mai, alle wollten weitermachen, und am Ende lenkte auch die Polizei ein – sie sperrte die Straße für den Verkehr und gab den Saft für die Party wieder frei.

Der heißeste Gig wurde für mich aber der Abend, als wir im Kölner »Luxor« einen unserer Club-Gigs spielten. Wie bei all diesen Gigs, waren wir als »Katastrophen-Kommando« angekündigt, aber so ziemlich jeder wußte, daß wir dahinter

Oberbilker Allee, Parterre: Breiti und Andi (S)

steckten – »Katastrophen-Kommando« hieß auch der letzte Titel auf der »Kauf mich!«. Ich hatte Muskelkater vom großartigen Mystery-Gig in der Hamburger Markthalle, einen Abend vorher, und knallte mir ein superscharfes Sportgel auf Arme, Brust und Schultern. Natürlich viel zu viel: Als ich mich hinter meine Trommeln klemmte, brannte mein ganzer Oberkörper unter einer feuerroten Pelle. Hilflos schwitzend war ich in meinem Körper eingesperrt wie in einer Ein-Mann-Sauna. Selbst mit dem Olivenöl aus dem »Kebap House 2000« nebenan, das man mir beschafft hatte, ließ sich das Zeug nicht richtig abreiben. Ich saß da wie ein auf links gedrehtes Eichhörnchen hinter meinen Geräten und unterdrückte meine Pein, während es rings um mich herum immer lustiger wurde.

Nicht viel später brauchte ich aber (fast) jeden Zoll von meinem Alabasterkörper. Als wir für die Fotosession zur fälligen Best-of-Platte »Reich & Sexy« antraten, arrangierten wir um uns herum eine lustvolle Landschaft aus dreizehn nackten Mädchen, ein paar Flaschen Sekt, goldenen Schallplatten, Hundertmarkscheinen und Plattencovern, drapierten alles auf einer Leopardendecke – und plazierten uns dazwischen, so wie Mama und Papa (es war nicht Gott!) uns geschaffen hatten.

Es sollte eine ironische Anspielung auf das Image des fetten Rockstars werden: All diese blöden Platten hatten wir die ganzen Jahre hindurch natürlich nur gemacht, um an Weiber, Geld und was zu Saufen heranzukommen. Was glauben die Leute denn sonst, wofür es sich lohnt? Fencheltee? Sparbücher? Männerfreundschaften? Schon Jimi Hendrix ging es um die gleichen Dinge; sein Cover von »Electric Ladyland« hatten wir dabei schließlich geplündert. Und James Bond und Tom Jones und Joe Frazier und Schiller und Michelangelo, sie alle waren auf unterschiedliche Weise nicht abgeneigt. Tatsächlich waren Titel und Foto zu einer solchen Platte ein Vorsatz, den es schon zwei Jahre lang gab. Bevor wir mit der »Kauf mich!« überhaupt begannen, stand fest: Wenn dieses Album einschlägt, ziehen wir mit einer so konzipierten Veröffentlichung nach. Dann nämlich wären wir erfolgreich, und das gilt auch in unserer Branche als äußerst sexy.

Wie die meisten Träume, war die Realisierung im Foto-Atelier von Gabo in Hamburg aber höchstens halb so angenehm wie es aussehen mag. Wir hatten uns vorher gegenseitig aufgeputscht in frivoler Erwartung, wie Siebzehnjährige am FKK-Strand: Was, wenn wir einen Ständer kriegten? Doch dann war es natürlich vor allem Arbeit. Bis Mädchen, Männer und Moneten so drapiert waren, daß alle gut und ohne sichtbare Genitalien im Bild waren, vergingen einige schlaffe Stunden. Aber will das überhaupt jemand hören? Ich möchte nämlich nicht wissen, wie hart es für Sharon Stone und Michael Douglas war, als sie vor der gesamten Filmcrew aufeinanderlagen und loslegten. Ich kann es mir denken und will weiter betrogen werden.

Deshalb würde ich auch gerne erzähle, daß wir doch einen Ständer hatten, jeder von uns, und die Mädchen kamen auf uns zu und Gabo schimpfte anfangs, weil sie weiter knipsen wollte, doch dann zog auch sie ... »Reich & Sexy« erschien jedenfalls, im Spätsommer '94, und entgegen allen Erwartungen wurde auch diese Veröffentlichung ein Verkaufserfolg. Wir aber steckten mit unseren Gedanken bereits wieder in einem völlig anderen, neuen Problem, als wir uns daran machten, mit Hilfe von Campis Mutter, John Plain, Matt Dangerfield und Monica Byrne, einer Freundin aus Liverpool, die Texte der »Best of« ins Englische zu übertragen.

Die Auftritte im skandinavischen Festivalsommer und besonders die »Learning English« hatten uns genügend internationales Interesse beschert, so daß wir nun immer öfter gefragt wurden, wovon wir da singen. Nur eine englischsprachige Version von »Reich & Sexy« konnte Aufklärung bringen, und so verfügten wir uns von September bis November wieder ins Studio.

Ich war immer offen für den nächsten Zug, der in den Bahnhof fährt. Es gab keinen Musikstil, den ich von Anfang an und bis ins Rentenalter durchziehen wollte. Mit »Barrita« zogen wir durch die Berliner Szenekneipen und spielten eine halbe Stunde Folkrock, alles von Woody Guthrie bis zu irischen Saufliedern. Wenn wir gut ankamen, bekamen wir achtzig Mark, sonst sechzig - alle zusammen. Das reichte uns - es ging darum, sich den Arsch vollzukiffen und irgendwo abzuhängen und zu reden, denn Buddhisten und Pfadsucher waren wir mindestens eben so sehr wie Stadtguerilla.

Nach zwei, drei Jahren sagte ich mir aber: Jetzt mußt du lauter werden! 1977, als der Punk in die deutschen Metropolen kam, landete ich mit meinen Percussion-Teilen bei einer Jazzrock-Band. Wir peilten irgendwas zwischen Al di Meola und Genesis an, waren aber Sternzeitalter von dieser Ebene entfernt. Schon der Schlagzeuger war eine Katastrophe; bald ging ich eine Stunde vor den Proben in den Keller und setzte mich hinter High-Hat, Snare-Drum und Toms. Das war das Instrument, das ich spielen wollte, aber nicht für diese Band und nicht auf diese Weise.

Ich kriegte also mein erstes Schlagzeug zusammen und stellte es im Keller unserer damaligen Wohnung in der Augsburger auf. Mit einem Freund zusammen hämmerte ich in der Nacht darauf herum, daß es nur so durch das Haus dröhnte. Wir nagelten Matratzen an die Wände, bauten sogar eine neue Tür ein. Der Keller lag aber genau unter einem Juweliergeschäft, und als wir mit Hammer und Meißel loslegten, um Platz für die Türzarge zu schaffen, standen zwanzig Minuten später zehn Bullen vor uns. Die hatten wohl alle »Rififi« gesehen und solche Filme, wo sich die Gangster von unten durch die Decke buddeln. Es brauchte aber nicht viel Zeit, ihnen diese Idee auszutreiben.

Über Beate lernte ich dann John Frege kennen und erlebte mit ihm in London mein erstes Punk-Konzert. Im »Lyceum« spielten Squeeze, 999, die Radio Stars und die Vibrators. Ich hatte so etwas noch nie erlebt: Erst reihten sich alle in eine Warteschlange ein, die drei Häuserblocks weiter endete, dann wartete alles gelassen darauf, daß es losging – und beim ersten Akkord verwandelten sich diese Kids in ein Meer aus wild pogenden Leibern. Ich hatte anfangs ein Gefühl von Panik. Aber was von da oben auf der Bühne an Musik runterkam, war etwas, das ich auch immer machen wollte. So einfach wie möglich spielen, aus der Eingebung heraus, bloß nicht perfekt! Ich ließ mir die Haare abschneiden, sobald ich wieder in Berlin war. Aber für meinen Eintritt in diese Musik brauchte es noch einen zweiten, viel jüngeren Frege.

Eines Tages kreuzten Campi und Kuddel bei mir auf und fragten mich, was ich nachmittags um vier machen würde; sie hätten da einen Termin im »Vielklang«-Studio, für einen Punkrock-Sampler. Die Idee war, etwa zwanzig Sauflieder zu covern oder neu zu erfinden, Arbeitsmotto »Vollrausch in Stereo«. Alles weitere, wer mit wem spielt und wie, sollte sich ergeben – so war das mit diesen Jungs. Die Ärzte, die Suurbiers, Deutsche Trinkerjugend: So ziemlich alles, was man später »Fun-Punk« nennen sollte, war mit uns – den »Tango-Brüdern«, wie wir das Projekt tauften – auf dem Sampler vertreten. Doch auf der Dampferparty, die die Veröffentlichung einklingeln sollte, fehlten Kuddel und Campi. So trommelte ich an diesem Abend nicht bei den Tango-Brüdern, sondern aushilfsweise bei den Suurbiers, deren Schlagzeuger von den Ärzten gebraucht wurde – und wurde dann erstmal ihr Drummer, nicht der der Hosen.

Ich hatte kein Problem damit, einige Lebensjahre Vorsprung vor den anderen in diesen Bands zu haben. Wenn die anderen hochgehen vor Wut oder Triumph, muß einer auf dem Teppich bleiben. In vielen Bands sind die Drummer die Ältesten, die mit den besten Nerven. Wenn einer wissen wollte, wie die Hippie-Zeit wirklich war, konnte er mich fragen. Umgekehrt konnte ich bei ihnen lernen, was man ignorieren durfte, um in der Musik Sprünge nach vorne zu tun. Der Tag, wo du anfängst, die Luken dicht zu machen, ist der Tag, wo du abzusinken beginnst. Du wirst ein U-Boot, ein »Sorrow Submarine«, und gründelst in den Untiefen einer vermeintlich besseren Vergangenheit.

Überall in Deutschland sitzen Typen mit eingezogenen Schultern an einem Tresen, die dir erzählen, ihr Abitur-Jahrgang wäre der letzte gewesen, der noch was losgemacht hätte (»Wir haben noch Papierkörbe angezündet, aber heute die?«); die sagen, alle Tonträger nach dem Ende der Pretty Things/Doors/Pistols/Nirvana seien nur noch volksverdummender Schrott. Und während sie da sitzen und jammern, ziehen die wundervollsten Dinge an ihnen vorbei – die Love-Parade in Berlin zum Beispiel oder die neue CD von Compulsion, eine der jungen Bands, mit denen wir in diesem Jahr unterwegs sein werden.

Es gibt immer wieder Anlaß zu Hoffnung, solange es neue gute Bands und neue Stile gibt. Es fehlt nur manchmal an den Leuten, die der Industrie rechtzeitig auf die Finger klopfen, wenn die den Dingen ihre eiligen Etiketten aufklebt. Ich brauche keinen »Brit-Pop« und keinen »Neo-Punk«, und ich muß nicht jedes Mal informiert werden, wenn ein neunzehnjähriger College-Typ aus Kalifornien irgendwo ein Hotelzimmer auseinandernimmt.

Schickt die Rechnung an Sony oder Warner und baut neue, geile Songs. Der alte Mann und die Snare, wir beide machen euch den Rhythmus.

Es gibt eine kleine, wunderschöne Insel direkt vor der Küste Thailands, deren Namen ich nicht preisgeben will.

Auf dieser Insel geht das Leben so langsam vor sich, daß jeder mitkommt und einem einigermaßen entspannt entgegentritt. Man freut sich über jede Welle, die vom Ozean ans Ufer schlägt, jeden neuen Tag und jeden Besucher. Und am meisten scheint man sich über vierjährige, blonde Jungs zu freuen, wie es Alex einer war in diesen drei Monaten Anfang '94, als er mit seiner Mutter dort war.

Ich hatte mir sechs Wochen genommen, um die beiden zu besuchen und selbst mal runterzukommen. Ein ganzes Jahr auf Wolke Sieben mit den Hosen war eine tolle, aber zehrende Erfahrung. Zwei Alben in die Charts gebracht, jede Menge Club- und Magical-Mystery-Gigs gespielt sowie sechs Stadienauftritte mit U2, zum Abschluß drei ausverkaufte Weihnachtsvorstellungen in Düsseldorf – ich brauchte eine Pause, um das alles zu verdauen. Wir alle brauchten sie. Es ist nicht so, daß du nur übers Land fliegen kannst und dabei eimerweise Nektar abschleppst; du gibst auch reichlich ab und läßt entsprechend Substanz.

Alex war der King of Pommes in Thailand. Wo immer er auftauchte, sausten Leute auf ihn zu und wuschelten in seinen Haaren; es wurde soviel, daß er manchmal zurück ins Hotel flüchtete, statt an den Strand oder sonstwohin zu gehen. Das konnten wir nachvollziehen. Kaum zurück in

Düsseldorf, konnte ich für unseren alljährlichen Bandurlaub im März erneut den Koffer packen. Diesmal ging es nach Zermatt, wo wir einen Magical-Mystery-Gig spielten und als »Gage« eine Woche in einem guten Hotel verbrachten, das den Eltern des ausrichtenden Hosen-Fans gehörte.

Zwei Wochen lang nur klare Luft, hoher Schnee, schnelle Pisten und abends gutes Futter im Hotel. Und keine Leute, die einem in den Haaren wuscheln.

Gar keine? Einmal zumindest ergab es sich, daß wir in einer nahegelegenen Berghütte auf eine offizielle Delegation mit sperrigem Gepäck stießen. Es handelte sich um den Chef des Schweizer Virgin-Büros, seinen Vertriebsleiter und ihr Gefolge, die uns für mehr als 25.000 verkaufte Einheiten von »Kauf mich!« und »Reich & Sexy« (es ist eben ein kleines Land!) goldene Schallplatten überreichten. Die Schweizer hatten sich wirklich Mühe gegeben mit der kleinen Ehrung, aber niemand von uns kriegte dabei eine Gänsehaut. Du stehst da mit dieser eingerahmten, für dreißig Mark goldüberzogenen Vinyl-Scheibe und weißt später nicht recht, wohin damit.

Ich stelle meine goldenen Schallplatten gewöhnlich so unauffällig ab, daß ich sie bis zum nächsten Umzug vergessen habe. Andi hat seine in ein paar Kisten mit Gerümpel gelagert, Campi bringt seine Exemplare zu seinen Eltern.

Einmal versenkten Breiti und Kuddel ihre Gold-Auszeichnungen während einer Bootstour auf dem Chiemsee; es war ein echtes See-Begräbnis. Das Schlimmste an den Auszeichnungen aber sind meistens nicht die Trophäen, sondern die Prozeduren, die der Übergabe vorausgehen.

Wir liefen im gleichen Monat in der Alten Oper in Frankfurt/Main ein, um die »Echo-Preise« in den Sparten »Erfolgreichste nationale Gruppe« und »Erfolgreichste Kampagne des Jahres« (mit »Kauf mich!«) entgegenzunehmen. Das war so fade, daß

Auf Magical Mystery Tour in Zermatt, v.l.n.r: Andi, Campino, Breiti, Matterhorn

man selbst erfinderisch werden mußte. Kuddel fand heraus, daß man die Echo-Pokale umgedreht am Tisch befestigen konnte und auf diese Weise einen prima Aschenbecher besaß. Das wurde allgemein mißbilligend beobachtet, aber wir sollten uns noch steigern. Als Moderator Fritz Egner lahm und umschweifig die besondere Ehrung für ein künstlerisches »Lebenswerk« einbimmelte, erhob sich Campi vorzeitig, stieg auf den Tisch und bedankte sich. Der Saal tobte, die Szene mußte für's Fernsehen geschnitten werden, und Egner setzte wieder an – um noch einmal von Campi unterbrochen zu werden. Campi wußte, daß Udo Jürgens gemeint war, die entstandene Irritation und die düpierten Gesichter genoß er mehr als den Echo-Preis.

Die eindrucksvollste Auszeichnung jedoch folgte, als wir im April zur ausverkauften Deutschland-Tournee ansetzten. Abgesehen von unseren Magical-Mystery- und Clubgigs sowie den Festivals, war es die erste Tour nach zwei Jahren. Aber es schien so, als könnten wir einfach da weitermachen, wo wir aufgehört hatten. Wir hätten sie die »Kneif mich!«-Tour taufen sollen, denn es lief wirklich so perfekt, daß man an eine bösartige Täuschung glauben konnte.

Es war aber kein besonderes, irgendwie triumphales Gefühl damit verbunden. Wir registrierten das zufrieden und grinsten uns gelegentlich an. So wie wir uns früher nicht so klein gefühlt hatten wie andere uns sahen, fühlten wir uns jetzt auch nicht so überlebensgroß. Wir waren 's noch, mehr oder weniger, und wenn es eine Distanz zwischen uns und den anderen gab, war es nicht unsere Projektion. Halb verwundert, halb verärgert bemerkten wir, wie sich verschiedene örtliche Security-Typen (nicht unsere Crew!) plötzlich ins Zeug legten, um uns vor dem »gemeinen Volk« abzuschirmen. Die wenigen Leute, die noch zu uns durchkamen, verhielten sich inzwischen oft befangener, nicht mehr so spontan. Dann gab es Leute in der Crew, die es anfangs gar nicht wagten, uns anzusprechen, weil ihre Erfahrungen bei Produktionen solchen Kalibers ihnen das offensichtlich nahelegten. Diesen Leuten mußten wir erstmal Signale geben.

Wir tummelten uns mittlerweile ohne Zweifel auf einer Etage, wo bestimmte Dinge, die wir gar nicht wollten, verinnerlicht waren. Mein Schlagzeug-Roadie Jürgen erzählte mir mal von seinen Erlebnissen bei einer Westernhagen-Tour. Da gab es sauber getippte und sorgfältig fotokopierte Listen, die genau festhielten, wer von der Crew überhaupt das Wort an den großen Meister richten durfte. Ich wäre aufgeschmissen, würde ich nicht mit Jürgen kommunizieren. Jedes Mal, wenn Campi mir in die Drums springt und mit seinem Kopf die Becken bearbeitet, ist es Jürgen, der in Zehntelsekunden unter die Trommeln krabbelt und alle Teile wieder so ausrichtet, wie meine Arme und Beine es brauchen. Der Kerl ist nicht nur selbst Drummer in einer Herner Hardrock-Band, er wohnt in meinen Beinen. Genauso macht unser verrückter England-Import Rory seinen Job für die Gitarristen.

Alles war so unheimlich groß und wichtig geworden, zum Totlachen! Wir mußten uns selbst etwas einfallen lassen, um den Bierernst der Lage zu torpedieren. In dieser Zeit praktizierte Kiki mit den örtlichen Veranstaltern zum Beispiel den »Passus 13«. Diese Vereinbarung, unter »13.: Sonstiges« in allen Konzertverträgen der KKT enthalten, schrieb zwingend vor, daß alle Vertragspartner verpflichtet seien, »am Abend der Veranstaltung, während der Abrechnung, eine »Groucho-Marx-Brille« zu tragen«. Kikis so entstandene Polaroid-Serie mit Deutschlands größten Veranstaltern ist eine unglaubliche Kollektion, die ausgestellt gehört.

Abrechnung in der Festhalle: Veranstalter Ralf mit Kiki

Wir reisten aber nicht wie fahrende Komödianten. Wir hatten längst unsere Einzelzimmer in guten Hotels, schon um einen Rest von persönlichem Raum unterwegs zu retten. Wie ich Kuddels Dauertelefonate gehaßt habe, und wie Breiti den Qualm meiner Zigaretten! Es gab einen Bus für die Crew, und einen für die Band und ihren »Inner Circle«. Und dort löste ich Victor, den Fahrer, am Steuer und am Mikrofon ab, als wir am dritten Tag der Tour die Tore Kiels erreichten.

Zielsicher und etwas melancholisch lenkte ich den Bus entlang der Schauplätze meiner frühen Biographie. Hier der Park, die »Moorteichwiese«, wo mein Sexleben auf einer Bank Premiere feierte; dort der Knooper Weg, wo ich in die Lehre ging. Es wurde ein kurzer, sentimentaler Ausflug »Back down memory lane«, aber keine Loser-Story. Der halbgare Stift, der hier Drafi Deutscher, die Kinks, die Lords und die Liverbirds bei seinem ersten Konzert erlebt hatte – und die Kunst, eine komplette Saalbestuhlung zu atomisieren –, dieser Stift kehrte nun als Schlagzeuger der berühmten Band in die gleiche Halle zurück. Und seine Mutter, seine Schwester und sein Neffe, die halbe Familie stand im Ehrengast-Bereich. Es war, wie gesagt, die große »Kneif-mich!«-Tour.

Jeder von uns hatte früher oder später diese Momente, wo die Mamas und Papas plötzlich in der Halle stehen. So sehr sich die Family früher gesträubt haben mag, gegen den unsicheren, irgendwie verdächtigen Weg, den ihre Pflänzchen da einschlugen, so sehr wurden sie jetzt durch den allgemein abgesegneten Erfolg milde gestimmt. Diese Söhne mochten versoffen und verhurt sein, aber sie waren landesweit bekannt und standen auf goldenen, sockeldicken Füßen. Nur Breitis Mutter war durch Ruhm und Renditen absolut nicht zu korrumpieren. Bis heute hat sie sich standhaft geweigert, sich unseren »Krach« vor Ort anzutun. Und ich weiß, daß Breiti dafür alle Hochachtung empfindet.

Hat sie etwas verpaßt? Ich weiß nur, daß ich etwas verpaßt habe auf dieser Tour. Wir hatten im Mai die Olympiahalle in München gespielt und wollten nach Neumarkt, als wir vor der Abfahrt noch eine Gaststätte anliefen, um zu essen und zu pinkeln. Ich war der letzte Pisser in der Mannschaft, aus irgendeinem Grund, und als ich wieder auf der Straße stand, war der Hosen-Bus verschwunden. Was dann folgte, hatte sich ein Arschloch von Schicksal ausgedacht.

Ich hielt einen Wagen auf, um den Bus wieder einzuholen, aber der Kerl da drin rief »Schleich di!« und drohte mir Prügel an. Ich rief nach einem Taxi, aber es kam keins. Als ich nach einer halben Stunde doch eines erwischte, ließ ich mich zur Autovermietung fahren. Aber es war der letzte Bundesliga-Spieltag und ein Heimspiel für Bayern München, und gleichzeitig fand irgendeine große Messe statt. Es gab keinen Leihwagen, keinen Leihtransporter, es gab nichts, was Räder hatte und fuhr. Und als ich mir gerade vorstellte, wie die Jungs auf der Bühne stehen und einer sagt »Wo ist Wölli?«, genau da kam ein Japaner mit einem Autoschlüssel in das Sixt-Büro – das war der Weihnachtsmann.

Es wäre vielleicht wirklich so gekommen, daß bis zum ersten Takt vom Set niemand was gemerkt hätte. Als ich in Neumarkt eintraf und mir den Ärger über das Intermezzo aus dem Leib brüllte, verstand man mich einfach nicht. Keinem aus dem Bus war bis jetzt aufgefallen, daß ich gefehlt hatte! Bis heute gehört deshalb die Frage »Kommt Wölli mit?« zum Standard-Extro an allen Raststätten, wenn wir auf Tour sind. Bestimmte Geschichten bleiben an einem kleben.

Dabei ging es mir noch gold. »Napp«, unser holländischer Light-Rigger, der Klettermann in der Licht-Traverse, hat den gleichen Film einmal in ganz anderem Outfit mitgemacht. Er war nachts in Unterhose und auf Badelatschen, eine Decke um die Schultern, zum Pinkeln ausgestiegen - so stand er nachher da und sah die Rücklichter vom Crewbus in der Novembernacht verschwinden...

Es gab Abende, wo ich mich einfach großartig fühlte; wo ich fand, daß alles aufs Beste aufgegangen war, was wir in all diesen Jahren durchgezogen hatten. Die beiden Gigs in der Berliner Deutschlandhalle absolvierte ich fünf Zentimeter über meinem Hocker. Ich *schwebte*, angesichts dieser gewaltigen, enthusiastischen Menge. Dafür fand die Tour dann in Koblenz einen schwachen Abgang. Es war so, als würde man gleich nach der Meisterschaft sofort in die zweite Liga absteigen, denn das Gros der Kids in der Koblenzer Sporthalle stand uns ziemlich reglos und stumm gegenüber.

Immer wieder mal gibt es solche Abende, und wer öfter auf Konzerte geht, weiß, daß es so nicht funktioniert. Es reicht nicht, sich ein Ticket zu kaufen und darauf zu warten, daß jetzt irgendwas passiert. Du solltest dir wetterfeste Kleidung anziehen und dich selbst einbringen, wenn du Spaß haben willst bei den Hosen. Sonst kann die Party einfach nicht steigen.

Ein paar Wochen später hätten sie sehen können, wie es geht. Wir waren nach Istanbul eingeladen und hatten keine großen Erwartungen. Wer kannte uns da schon, wer würde kommen? Aber dann waren es dreitausend, die völlig außer sich gerieten und nicht mehr zu halten waren. Wir standen auf einer Freilichtbühne, vom pogenden Pulk durch einen Wassergraben getrennt, wie Elefanten auf einer Insel im Zoo. Die türkischen Kids begannen, mit Sand und kleinen Steinen zu werfen, ping-ping! machte es auf meinen Becken. Es war nicht böse gemeint, es war einfach so. Und dann war Campi so vorlaut, alle auf die Bühne zu rufen, denn im nächsten Moment drängelten und drückten sich wirklich alle über diese kleinen Holzstege auf die Insel und drehten völlig durch.

Es war Wahnsinn. Sie nahmen uns in Beschlag und unsere Anlage, um ein paar Souvenirs zu ergattern, sie schraubten alles auseinander und verschwanden damit ins Irgendwo. In dem allgemeinen Chaos gelang es mir einmal, eine Gitarre in Sicherheit zu bringen, doch genau in diesem Moment montierten sie an meinem Schlagzeug die Becken ab. Es war der Angriff einer Riesenheuschreckenart, die sich offenbar von Euphorie und Musikinstrumenten ernährte und deren Weg nun einmal genau über unsere Plantage lief. Und daran waren wir nicht unschuldig, denn wir hatten diese Schwärme schließlich selber angelockt.

Aber es war alles andere als ein Desaster. Alles was wir in dieser Juni-Nacht am Bosporus verloren, konnten wir ohne Probleme wieder beschaffen. Alles was du nirgendwo kaufen kannst, hatte man uns geschenkt.

Dinge besitzen, Dinge verlieren. Vor ein paar Tagen erst sind meine Ringe und meine CDs bei einem Einbruch weggekommen. Es war der 9. Januar – ich weiß es so genau, weil dies mein Geburtstag ist. Du gehst mit ein paar Freunden einen heben, kommst leicht angeschlagen nach Hause und blickst auf eine aufgebrochene Wohnungstür. Es soll ja Leute geben, die kriegen zu ihrem Geburtstag sogar noch was geschenkt.

Ich sollte mich vielleicht darüber freuen, daß Leute Türen aufbrechen, nur um CDs zu klauen, und alles andere liegen lassen. Aber unter den etwa fünfhundert Dingern, die sie aus den Ständern gezogen haben, sind etliche Raritäten, die ich mir in den Staaten oder sonstwo gekauft habe. Wo soll ich die jetzt wieder auftreiben?

Dinge besitzen, Dinge klauen. Gerade in diesen Tagen erreichte uns die Nachricht von einem zu allem entschlossenen Hosen-Fan. Dieser Kerl hatte von unserem Weihnachtsgig im Knast auf der »Ulmer Höh« in Düsseldorf erfahren und wollte unbedingt dabei sein. Aber es gab natürlich keine Tickets für die Show; es gab im Grunde nur eine Art, sich als Zuschauer zu qualifizieren. Also schmiß er einen Stein in die Auslage eines Geschäfts in Monheim bei Düsseldorf und blieb davor stehen, bis die Bullen aufkreuzten. Er hatte nur Pech – sie brachten ihn nicht in die Ulmer Höh, sondern nach Köln. Was für eine Demütigung für einen echten Düsseldorfer!

Hosen-Gigs waren eben selten geworden, seit wir an »Opium für's Volk« zu basteln begannen. Außer dem Knast-Gig haben wir '95 ganze drei Konzerte auf Festivals im Ausland gegeben. Kein Vergleich zu der Großoffensive in diesem Jahr, oder zu dem Mammutprogramm, das wir '94 in zwei sehr unterschiedlichen Halbzeiten bestritten.

Während wir bis zu dem Gig in Istanbul die deutschsprachige Region beschallt hatten, machten wir uns ab September wieder über das restliche Stück Welt zwischen Tampere und Buenos Aires her. Den skandinavischen Festivalsommer und seine traditionell gut abgefüllten Zuschauer wußten wir inzwischen sehr gut zu handhaben. Aufgrund des dortigen Mindestalters von 21 Jahren für Konzerte und Alkohol trifft man dort auf eine wohl einzigartige Kombination von ebenso mündigen wie steuerungsunfähigen jungen Bürgern, die jede Band gnadenlos toll finden. Wir genossen wieder die hellen Nächte, die Fähren und die Trips, die wir auf ihnen gelegentlich nach dem Essen einschmissen. Zwischen Göteborg und Helsinki behielt uns die halbe Crew skeptisch im Auge. Ein Glück nur, daß wir nicht auf den Horror kamen – später erfuhren wir, daß diese Fähre baugleich mit jener »Estonia« war, die zehn Tage nach uns auf der gleichen Strecke versank.

Wir genossen Oslo und die Inspektion der Holmenkollen-Schanze, und dann bauten wir kurzfristig eine James-Bond-Szene zur Unterbrechung der Tour ein. Wir nahmen einen Flieger nach Hamburg, zwei Taxen ins Elysee-Hotel, wo wir unter falschen Namen eincheckten, und trafen in dem eigens dafür angemieteten Saal eine Batterie Champagner, Krabben-Canapees und unseren Gastgeber, den handlungsbevollmächtigen Kontaktmann und Geschäftsführer Jürgen Otterstein. Ein paar Flaschen und Umdrehungen mit dem Füllfederhalter weiter, und wir hatten mit Ottersteins Firma »Eastwest« einen neuen, langfristigen Vertriebsvertrag abgeschlossen – und fuhren am nächsten Morgen wieder rauf nach Dänemark.

Das wäre eine schöne Filmszene, und nichts an ihr wäre gelogen. Gefälscht, weil weggelassen, wäre nur die monatelange Geschichte, die vor der Szene lag. Es fing ja damit an, daß die Verlängerung des Vertrages mit Virgin sich schwieriger als erwartet gestaltete. Eigentlich wollten sowohl wir als auch Virgin-Kopf Udo Lange weiter miteinander arbeiten. Zu Udo und seiner Crew hatten wir seit Jahren ein mehr als freundschaftliches Verhältnis; wir trugen Fußballspiele gegeneinander aus und besoffen uns gemeinsam auf ihren Jahrestagungen. Aber es gab auch immer schon den Traum, irgendwann mal eine eigene Firma zu gründen und damit die eigenen Vorstellungen so unabhängig und kompromißlos wie nur eben möglich durchzusetzen. Als Udo nun von der Firmenspitze kein grünes Licht für den neuen Vertrag zu verbesserten Konditionen erhielt, kamen diese Pläne bei uns auf einmal wieder hoch.

Wenn wir außer den Bereichen Vertrieb und Promotion sowieso alles selbst machten, von der Produktion druckfertiger Bänder über die Konzeption der Kampagnen bis zum Artwork – wozu dann noch mit einer anderen Firma zusammengehen, deren Apparat einen guten Teil der Umsätze schluckte? Was wir brauchten, war in erster Linie ein fähiges Vertriebssystem, und deshalb begannen wir Angebote für einen Vertriebsvertrag zu sondieren. Von den drei großen Companies aber, die uns ihr Angebot unterbreiteten, war das von Otterstein klar das beste.

Es war keine bequeme Entscheidung, sich vom Mutterschiff des großen Labels zu lösen. Wir mußten nun unsere eigenen Promotion-Leute herumschicken, die mit nichts anderem wedeln konnten als mit uns. Kein »Wenn-ihr-die-spielt-kriegt-ihr-auch-die« bei den Radiosendern mehr, definitives Ende aller Package-Deals. Aber selbst Udo Lange ließ uns wissen, daß wir diesen Vertrag besser unterschreiben sollten. Es sei »der Totengräber der Branche«, meinte er, wenn alle großen Acts in Zukunft nur noch solche Deals mit den Companies machten, aber für uns sei es von Vorteil.

Udo machte auch keine große Geschichte daraus, daß man je nach Sichtweise darüber streiten konnte, ob wir überhaupt schon die vertraglich vereinbarte Zahl an Veröffentlichungen bei Virgin abgeliefert hatten. »Ich sehe euch lieber *backstage* bei einem Konzert als mit Anwälten vor Gericht«, sagte er. Und damit hatte er selbst den Hammer fallen lassen, der Otterstein den Zuschlag erteilte.

Entscheidend war für uns, daß wir durch die Unterschrift im Elysee-Hotel nun ohne fremde Hilfe schwimmen konnten, als eigene Firma mit völliger Kontrolle und einem eigenen Apparat. Aber auch mit größerem Risiko: Sollten wir mit dem nächsten Album den Jackpot knacken, bliebe davon mehr bei uns hängen als je zuvor; sollte »Opium« floppen, müßten wir noch reichlich draufzahlen. Wir werden im Pantheon des Pop landen oder in der Hölle, aber nicht auf der Mitte, beim ewigen Unentschieden. So geht es in Ordnung.

Der Rest, das ist nicht einfach zu erzählen. Von einem bestimmten Punkt an wird es selbstgerecht, seine Erfolge auszuwalzen. Die noch erfolgreichere Platte, die noch erfolgreichere Tournee – na prima, Glückwunsch! Wichtiger ist doch, was sonst noch so passiert ist, denn die wahre Kreuzfahrt geht immer wieder in neue Gefilde.

Wir blieben auf großer Fahrt nach dem skandinavischen Festspiel-Sommer '94 und machten zweimal an der britischen Insel fest. Zunächst waren wir als Support für Terrorvision unterwegs, die uns in einer Art Schüleraustausch-Programm später als Vorband bei unseren Auftritten halfen. Wir hatten ohne Not die gesamte Crew mitgenommen und dadurch alles andere als Gewinne gemacht. Der Spaß dabei kompensierte aber unsere Verluste. Das zweite Mal, im Dezember, hatten wir eingedenk der englischen Küche gleich vorab in leicht zuzubereitende Lebensmittel investiert. Security-Meyer, Champion aller Fleischfresser, importierte etwa zweihundertfünfzig Rindswürste für den Eigenverbrauch. Auch diese Tour machte uns nicht berühmt in England, aber mußte sie das?

Wir wollten die Welt sehen und wer auf ihr lebt, und so unternahmen wir weitere Betriebsausflüge nach Kanada und an die Ostküste der USA, als Vorband für Green Day. Auf diese Art erlebten wir einige der schönsten Eishockey-Arenen der NHL-League, denn das waren gewöhnlich die Hallen, in denen wir spielten. Und endlich verschlug es uns Anfang Oktober noch einmal nach Argentinien.

Man stelle sich vor: ein vollgepackter Jumbo Frankfurt-Buenos Aires, die Hosen werden von der Besatzung erkannt und zum Käptn ins Cockpit gebeten. Die mittlere Bordküche wird beschlagnahmt, alle haben Spaß, nur der Schlagzeuger nicht. Der hat eine Fleischvergiftung noch gar nicht richtig hinter sich und drückt der Stewardess sein mitgebrachtes Alete-Fläschchen, neuntausend Meter über dem Atlantik, kleinlaut in die Hände. »Could you please, äh, boil up ...« Aber welcher normale Mensch möchte sowas von einem Rockstar hören: »Tja, neulich flog ich mal wieder nach Aires, so'n Konzert in so'nem Stadion geben irgendwie, aber ihr ahnt gar nicht, wie schlecht es mir da eigentlich ging ...«

Es war das Konzert im »Estadio Obras« in Aires bzw. die daran anschließende Reise nach Patagonien, die uns die letzte entscheidende Erleuchtung im Rock'n'Roll-Kosmos verschaffte. Hier unten, am windgepeitschten, menschenarmen Ende der Welt, direkt an der Steilküste, stießen wir endlich auf Elvis. Elvis, der Gigant, ist nicht nur ein Mythos; es gibt ihn wirklich, und hier konnten wir ihn endlich mit eigenen Augen sehen.

Etwa zwanzig Zentner schwer, die faltige Haut von dicken, rostbraunen Borsten überzogen, lag er bäuchlings im Sand und wachte argwöhnisch über zehn bis zwanzig See-Elefanten-Kühe, die seiner Meinung nach nur er, der Star der Felsen, bumsen durfte. Wann immer sich ein anderes Männchen seinen Weibern näherte, setzte er sich hüftschwingend und brüllend über Steinbrocken und Jungtiere hinweg und trieb die Konkurrenten aus dem Backstage-Bereich. Das war es auch, weshalb die Zoologen, die die fünfzig Tiere starke Gruppe monatelang beobachteten, ihm eines Tages den Namen des Kings von Memphis mit grüner Farbe auf die Wampe malten.

Zwanzig Weiber gleichzeitig am Start, die eine See-Elefanten-Erektion entfernt auf einen warten, und lauter junge Typen dahinter, denen man regelmäßig die Kante geben muß – wir hatten es also doch richtig gemacht! Es ist nur Streß, ein Rockstar zu sein, und man kriegt fiese, rostbraune Haare auf den Schultern.

Epilog

Campino brauchte sich nicht sämtliche Haare auszureißen. »Opium fürs Volk«, die neue CD der Toten Hosen, etablierte sich gleich in der ersten Erscheinungswoche (Februar '96) auf Platz 1 der deutschen LP-Charts – und blieb dort vier Wochen lang. Ihr Auftritt beim Düsseldorfer Rosenmontags-Zug, an dessen Spitze sie auf einem eigenen Wagen ihr Liedgut unter das närrische Volk streuten, wurde ebenso zu einem öffentlichen Kantersieg. Unmittelbar nach der Arbeit am vorliegenden Buch folgte die Band einer Einladung ins River Plate Stadion in Buenos Aires, wo sie mit Iggy Pop das Vorprogramm zum Abschiedskonzert der Ramones gestalteten. Die »Opium fürs Volk«-Tour mit über achtzig Konzerten beginnt Mitte April und wird mit dem traditionellen Weihnachtskonzert in Düsseldorf abgeschlossen.

Der Karneval geht weiter.

Der Karneval geht weiter: Rosenmontag 1996

Die Toten Hosen
Discographie

1982	Single:	Wir sind bereit
1982	Single:	Reisefieber
1983	Single:	Bommerlunder
1983	Album:	Opel-Gang
1983	Single:	Hip Hop Bommi Bop
1983	Single:	Schöne Bescherung
1984	Single:	Kriminaltango
1984	Single:	Liebesspieler
1984	Single:	Liebesspieler / John Peel Session
1984	Album:	Unter falscher Flagge
1985	Single:	Faust in der Tasche
1985	Mini-LP:	The Battle Of The Bands
1986	Single:	Das Altbierlied
1986	Album:	Damenwahl
1987	Single:	Im Wagen vor mir
1987	Single:	Alle Mädchen wollen küssen
1987	Album:	Never mind the Hosen here's die Roten Rosen
1987	Album:	Bis zum bitteren Ende – Die Toten Hosen live
1988	Single:	Hier kommt Alex
1988	Album:	Ein kleines bißchen Horrorschau
1989	Single:	1000 gute Gründe
1990	Single:	Alles wird gut
1990	Album:	125 Jahre Die Toten Hosen – Auf dem Kreuzzug ins Glück
1990	Single:	Azzurro
1990	Single:	All die ganzen Jahre
1991	Single:	Carnival in Rio (Punk was)

1991	Album:	Learning English – Lesson One
1991	Single:	Baby Baby
1992	Single:	Whole wide world
1992	Single:	Mehr davon (Toursingle: Limited Edition 700 Stück)
1992	Single:	Sascha … ein aufrechter Deutscher
1993	Single:	Wünsch DIR was
1993	Album:	Kauf MICH!
1993	Single:	Alles aus Liebe
1993	Album:	Reich & Sexy
1994	Single:	Kauf MICH!
1994	Album:	Love, Peace & Money (Japanische Version)
1994	5-Track E.P.:	Put your money where your mouth is (U.K. only)
1995	Single:	Tout pour sauver l'amour (Franz. Promotion-Single)
1995	Singlebox:	Musik war ihr Hobby
1995	Single:	Ewigkeit
1996	Album:	Opium fürs Volk
1996	Single:	Paradies

Außer Konkurrenz:
»Auf der Suche nach dem heiligen Gral – Sammelband 1«, die gesammelten Werke von ZK auf einer CD, erscheinen Anfang Mai 1996 bei Weserlabel/Indfigo

Bildnachweis

S. 15	Wolfgang Burat
S. 63	Peter Schmidt
S. 88	Carolin Kewer
S. 102	Peter Schmidt
S. 174	Markus Thommen
S. 180	Bernd Schweinar
S. 222	Wolfgang Burat
S. 228	Michael Quack
S. 277	Alpha
S. 290	F. Gabowicz
S. 293	Uli Linder
S. 314	F. Gabowicz

Alle anderen Fotos stammen aus Privatbesitz.